KB128442

나쁜 기업이 되라

김수욱 저

박영사

Preface

오래전 필자는 어느 회의석상에서 우리나라 유명 기업의 임원 한 분과 우연히 자리를 같이할 기회가 있었습니다. 그 자리에서 그 임원은 회사 경영과 관련한 일화 하나를 저에게 소개해 주었습니다. 몇 년 전 중장기 전략계획을 수립하던 그는 전략계획을 뒷받침할 새로운 사업기회를 발견하게 되었는데, 말단직원에서부터 수십 년간의 회사생활 동안 오랜 경험에 의해 축적된 나름대로의 경영 육감으로 그 사업의 성공가능성을 직감한 그 임원은 재무부서에게 그 사업의 경제적 타당성분석을 지시하였습니다. 그러나 재무부서로부터 올라온 분석결과는 실로 참담했습니다. 엄청난 총사업비에 비해 편익/비용 비율, 순현재가치, 내부수익률을 포함한 경제성평가지표 어느 하나 좋은 결과는 없고 기존 사업과의 시너지효과를 기대하기도 어려우며 워낙 불확실성이 높고 위험요인이 많은 사업이라 민감도 분석을 통한 대응전략을 마련하기도 어렵다는 것이었습니다. 이러한 타당성 분석을 근거로 밀려드는 엄청난 내부반발에 직면한 그 임원은 하는 수 없이 그 사업의 추진을 접어야만 했습니다. 그런데 몇 년이 지나 그 사업이 대박이 터져 엄청난 파급효과를 창출하게 되었으며 그제야 그 사업에 뛰어들려다보니 이미 진입장벽이 구축되어 어찌할 바를 몰라 발만 동동 구르고 있다는 것이었습니다. 아직도 그때 왜 좀더 적극적으로 그 사업을 밀어부치지 못했는지에 대한 아쉬움 가득한 눈으로 그 임원은 필자에게 꼭 이 말을 학생들에게 전해줄 것을 부탁했습니다.

"숫자를 믿지 마라."

과거 기업의 성공을 가늠했던 매출, 자본 등의 숫자나, 수요 예측을 위한 통계 분석 기법이 꼭 정답만을 알려주지 않는다는 것을 우리는 잘 압니다. 소셜미디어와 클라우드 컴퓨팅 등의 최신 IT 기술은 기업의 상품기획, 마케팅, 유통 시스템에 큰 변화를 야기했고, 정보의 접근성이 높아지면서 공급과 수요의 관계가 과거보다 긴밀하게 이루어지고 있습니다. 여가를 중요시하는 문화가 발달하고, 재화가 풍족해 지면서 고객들 역시 가격만으로 물건을 선택하지 않고, 자신만의 가치를 제품이나 서비스 소비에 부여하기 시작했습니다.

이러한 시대적인 변화는 경영인과 학자들에게 기업 운영을 위한 새로운 방법을 고민하게 만듭니다. 그러나 급박하게 변화하는 시대인 만큼 미래 기업의 모습을 예측하는 데 이론적인 접근으로는 한계가 있을 수밖에 없습니다.

이 책은 상식을 깨는 기업들에 관한 이야기를 모은 책입니다. 공부 잘하고 말 잘 듣는 학생처럼 통계에서 예측된 수요로 생산량을 가늠하고, 예측된 고객에게 최선을 다하는 착한 기업, 좋은 상품을 착한 가격으로 제공하는 착한 마케팅 전략이 아닌 이색적인 방법으로 고객을 끌어당기는 매력 넘치는 나쁜 기업들이 등장하고 있습니다. 이들을 통해 미래의 기업 모습에 대한 힌트를 얻어 보고 싶었습니다.

우리는 오늘날 다가오는 21세기의 새로운 경제를 창조해야 하는 전환기에 살고 있습니다. EU에서 영국이 탈퇴하고, 미국은 금융위기 이후 많은 것이 변했으며, 중국기업의 비약적인 성장은 세계의 기업 경영 생태계에 변화를 일으키고 있습니다. 또한 인터넷, 스마트폰 등 통신기술의 발달은 고객들이 해외 상품을 쉽게 접할 수 있는 통로 역할을 하고 있으며, 빠른 정보 습득으로 똑똑해진 고객들은 제품과 서비스를 선택하는 데 더욱더 새로운 가치를 찾고 있습니다. 한국 기업들 역시 이러한 영향에서 자유로울 수 없습니다. 모든 것이 변화될 미래의 기업 경영은 어떠한 모습이어야 하는가? 우리에게 미래의 기업경영 형태는 닫힌 기업에서 열린 기업으로, 경영진 중심의 기업에서 고객과 임직원 모두의 기업으로, 상식의 틀을 깨는 새로운 시도를 하는 기업으로 인식되어야 살아남을 수 있으리라 생각합니다. 이것을 가능하게 하는 것은 기존의 숫자, 효율성을 따지는 전통적인 경영전략보다 누구도 생각하지 못한 역발상의 패러독스 전략입니다. 이제 기업들에게 발상의 전환에 대한 시도는 선택의 영역이 아니라 필연적으로 대응해야 하는 대상입니다. 따라서 21세기를 주도할 기업 브랜드로 도약하기 위해서는 지금부터 고객의 마음을 사로잡을 수 있는 역발상의 패러독스 전략을 고민해야 합니다.

"만약 삼성전자나 현대자동차가 사업의 첫 삽을 뜨던 40여 년 전 타당성분석이나 수요예측시스템에 근거하여 사업추진 여부를 결정했다면 아마 지금의 두 회사는 없었을 것이다"라는 어느 명인의 얘기는 '내가 원하는 수요량이 바로 미래의 수요량이다'라는 자신감이 때로는 가장 강력한 경영의 무기가 될 수 있다는 패러독스 경영전략에 대한 필자의 평소 지론이 크게 틀린 것은 아니라는 안도감을 갖게 해줍니다.

이 책이 세상에 나오기까지, 많은 고민이 있었습니다. 과연 경영학을 가르치는 교수가 나쁜 기업이 되라고 기업들을 선동하는 것이 맞는 것일까 하는 우려도 있었습니다. 하지만 이 책의 핵심 내용은 최신 기업의 역발상 패러독스 전략들을 살펴보면서 그들의 치명적인 매력의 비밀을 알아내고, 그 동안 맹신했던 숫자의 허점을 밝혀 지금 이 시간에도 치열한 경영 현장에서 밤낮없이 고민하고 있는 경영자들과 경영학을 공부하는 예비경영자들에게 조금이라도 도움이 되게끔 구성되었습니다.

이 책을 통해 독자들이 착한 기업, 저렴한 가격 그리고 통계와 숫자가 아닌 개성과 매력이 넘치는 나쁜 기업의 참뜻을 이해하고 공감하며 의미 있는 인사이트를 얻으실 수 있기를 기대합니다.

2016년, 여름
연구실에서

Contents

숫자를
믿지 마라

생활 속의 여러 가지 '숫자'

부모(남편 45세, 아내 43세)와 두 자녀(16세, 14세)로 구성된 한 가정을 떠올려보자. 새벽 5시 30분에 아내가 일어나는 것으로 이 집의 하루가 시작된다. 아내는 결혼하면서 5년간의 직장 생활을 그만두고 전업주부로 지낸다. 사내 커플로 만난 남편은 현재 근무 21년째로, 부장에 올랐다. 가족이 사는 집은 32평형 아파트다. 6시가 되면 아내는 아침 식사를 차려놓고 남편과 두 자녀를 깨운다. 바쁘게 아침 준비를 마치면 오전 7시에 남편은 직장으로, 자녀들은 학교로 출발한다. 남편은 3,000cc 중형차를 아파트 주차장에 두고 지하철 2호선으로 통근한다. 지하철역에서 100m가량 떨어진 35층짜리 건물 17층에서 근무한다. 바쁘게 오전 업무를 처리하고 12시가 되면 부서원 5명과 함께 7,000원짜리 점심을 먹는다. 숫자가 빼곡한 서류와 몇 시간 씨름하고 나면 6시 퇴근 시간이다. 다시 지하철을 타고 집에 도착하면 저녁 7시가 조금 넘는다. 아이들은 같은 중학교 1학년과 3학년이다. 첫째는 4반 출석번호 23번, 둘째는 2반 12번이다. 1교시부터 6교시까지 수업을 듣고 방과 후 교실까지 끝나면 오후 4시다. 이처럼 한 가족의 일상과 정보는 시간, 나이, 돈, 번호 등 숫자로 표현될 수 있다.

위 예시에 나온 것처럼 시간, 나이, 돈, 번호 등 다양한 정보는 숫자로 표현된다. 또한 예시에 나와 있지는 않지만, 그리고 스스로도 인식하지 못하면서, 무수히 많은 사실과 정보가 숫자로 변환되어 머릿속에 인식된다. 자동차 번호판, 버스 번호, 상호, 주소, 거리, 무게 등 일일이 언급하기 어려울 정도로 숫자는 하나의 언어로서 일상생활에 녹아들어 있다.

게다가 아날로그 사회에서 디지털 사회로 넘어오면서 모든 정보가 숫자로 표현되거나 수량화되었다. 시계가 없던 옛날에 시간 개념은 오전, 오후, 낮, 밤으로 구분되는 정도였지만, 아날로그시계를 거쳐 디지털시계로 발전하면서 시간은 소수점 초까지 센다. 시간이 세분화되면서 속도, 거리, 무게와 같은 물리량도 더 작은 단위까지 세밀하게 표현된다. 음악이 테이프, CD를 거쳐 mp3로 바뀌고, 사진이 필름 대신 픽셀로 변환되며, 통신 수단이 삐삐와 휴대폰을 거쳐 스마트폰까지 발전한 것 또한 숫자와 깊은 관련이 있다.

이처럼 기본적인 의식주를 비롯하여 경제, 취미 사회, 종교에 걸친 모든 인간의 활동은 숫자로 다뤄진다. 돈, 시간, 거리, 나이와 같이 아예 숫자로만 표현되는 것도 있지만, 나와 타인을 구분 짓는 동시에 공동체를 이루게 하는 여러 사항들도 숫자가 기준이 되곤 한다.

예를 들어, 어떤 사람은 집의 평수, 차의 배기량을 성공과 실패의 기준으로 삼거나 행복의 척도로 여긴다. 또한 내일의 날씨는 확률로 설명된다. 어떤 사람은 메시지의 글자 수와 횟수로 타인의 감정을 판단하기도 한다. 어린아이들은 숫자를 배우고, 학생들은 산수, 수학을 배운다. 새로운 언어를 배울 때에도 언어의 숫자 표현을 먼저 배우고 익힌다.

　　이렇듯 숫자가 인간의 생활에 깊숙이 침투하고 쉽게 자리 잡을 수 있었던 것은 숫자만이 지닌 특수한 성질 때문이다. 문자나 문장은 여러 가지로 해석될 수 있는 여지가 있어서 모호할 때가 많다. 그러나 숫자는 논리적 근거가 명확하여 이견이 많지 않다. 특히 표현이 간결하고 객관적이기 때문에 정보를 전달하기에 좋다. 그래서 기업이나 업계에서는 숫자를 통해 제품 및 서비스의 품질과 효능, 특성을 표현하고 논리적 근거를 내놓는다. 마케팅할 때는 숫자를 사용하여 고객의 가치관이나 인식에 영향을 미쳐 구매를 이끌어내고, 제품 및 서비스를 홍보하는 마케팅 전략으로서 숫자 마케팅이 널리 사용되기도 한다.

　　"천재는 99%의 노력과 1%의 영감으로 이루어진다"는 말은 에디슨이 이야기한 것으로 잘 알려진 명언인데, 99와 1이라는 숫자가 들어 있다. 이 숫자가 갖는 의미는 무엇일까? 위 문장에서 숫자를 문장으로 풀어 쓰면 "천재는 끊임없는 노력과 약간의 영감으로 이루어진다"는 뜻일 것이다. 기본적으로 두 문장이 전달하려는 의미는 같다. 그러나 그 뉘앙스나 전달력에는 큰 차이가 있다. 99%와 1%는 대조적인 이미지를 명확히 드러내지만, '끊임없는'과 '약간'이라는 단어가 주는 느낌은 명확하지 않다. "천 리 길도 한 걸음부터", "구슬이 서 말", "내 코가 석 자"와 같이 숫자로 표현된 속담이 많은데, 그 의미를 정확하고 명쾌하게 전달하기 위해서다. 이처럼 숫자는 객관성과 정확성이 포함된 정보를 전달하므로 일상생활에서 의사소통하고 정보를 전달하는 데 유용하게 사용된다.

　　하지만 숫자가 포함하는 정보의 정확성과 이를 객관적으로 전달하려는 노력과는 무관하게 이를 해석하고 받아들이는 사람에 따라 의미가 달라지는 경우는 매우 많다. 연봉 5천만 원을 받는 직장인은 보는 사람에 따라 고소득자일 수도, 저소득자일 수도 있다. 누군가에게는 새벽 5시 30분이 꼭두새벽일 수 있지만, 누군가에게는 조금 이른 아침일 수 있다. 학생들에게 7,000원짜리 한 끼는 비싸게 느껴지겠지만, 직장인에게는 소박한 식사일 수 있다. 16세 중학생은 40세 어른에게는 어린 학생이겠지만, 14세인 후배가 보기에는 어려운 선배일 것이다.

앞서 말했듯 숫자를 사용해 표현하면 객관성과 정확성을 확보할 수 있다는 장점이 있고, 자신의 의사를 전달하고 타인과 소통하는 데 매우 효과적이다. 그렇지만 연봉 5천만 원, 새벽 5시 30분, 16세라는 숫자가 의미하는 바는 매우 정확하며 이견이 없지만, 이를 보고 듣고 느끼며 받아들이는 사람에 따라 다르게 생각할 수 있다.

이와 같은 사람의 다양한 느낌, 생각조차 계량화시켜 과학적으로 해석하려는 노력이 학문으로 성립된 것이 감성공학이다. 감성공학은 1988년 시드니 국제인간공학학회에서 처음 명명된 학문으로, 한국에서도 그 연구 분야를 넓혀가고 있다. 감성공학은 경험을 통해 느끼는 외부의 물리적 자극에 반응하는 감각이나 지각으로 인해 인간 내부에서 일어나는 복합적인 '감성'을 과학적으로 측정하고 분석해내는 학문이다. 이를 제품이나 환경 설계에 공학적으로 응용함으로써 편리하고 안전하며 인간의 삶을 쾌적하게 만드는 기술이 감성공학인 것이다.

예를 들어 어떤 모양의 의자에서 편안함을 느끼는지, 특정 색에 대해 어떤 느낌을 받는지, 어떤 특성을 지닌 소리를 들었을 때 소음으로 느끼는지 등등 인간이 느끼는 감성을 공학적으로 분석하고 해석함으로써 숫자의 영역과 그 밖의 영역을 이어주는 대표적인 분야라고 할 수 있다.

이와 같이 숫자로 표현되지 않는 부분까지도 계량화, 수치화하려는 노력이 꾸준히 이어지고 있지만, 이 세상은 다양성을 배제하고 오로지 정확한 사실과 이성적 판단만으로 설명할 수 있는 것이 아니다. 즉, 모든 행동에 사실과 정확성, 객관성만 요구되지는 않는다는 말이다. 실제로 타인과의 소통은 이성보다는 감성에 의해 좌우되는 경우가 많다. 똑같은 사실도 바라보는 시각에 따라 이견이 발생할 수 있다. 야구 선수 이승엽이 친 400번째 홈런은 숫자상으로는 399번째 홈런의 그 다음 홈런일 뿐이지만, 사람들은 저마다 다른 의미를 부여한다. 생일을 비롯한 각종 기념일, 공휴일 또한 기나긴 시간의 흐름 중 스쳐 지나가는 하루에 불과하지만, 그날에 큰 의미를 부여하거나 그 의미에 따라 판단하고 행동을 결정한다. 2만 9,000원, 99센트처럼 제품의 가격을 내려 큰 자릿수의 숫자를 바꾸어 책정하는 것 또한 작은 돈이 주는 의미가 금액 이상의 효과를 지니기 때문이다.

어떤 물건을 사기 위해 흥정하는 상황을 생각해보자. 기존 판매 가격을 모르는 구매자들에게 얼마에 그 물건을 구매하려는지 질문하면, 대개 25% 정도 싼 가격을 예상한다. 그런데 판매자가 물건 가격이 5만 원이라고 한다면, 대개의 구매자는 10% 내린 4만 5,000원 정도를 제시한다. 그렇게 되면 최종적으로 구매자는 4만 5,000원이나 그보다 조금 높은 가격에 구입하게 될 것이다. 즉, 스스로 물건에 가치를 매기려 하지 않고 상대방이 제시한 숫자에 사로잡혀 올바르게 판단하지 못하는 셈이 된다. 이러한 현상을 심리학에서는 '현상 유지 편향(status quo bias)', 또는 마음에 닻을 내려 고정된다는 뜻에서 닻 내림(anchoring) 효과라고 한다.

물건을 살 때만이 아니다. CEO나 조직의 리더라면 평소 중요한 대상이나 사람에 대해 어느 정도의 가치를 지불할지 결정해두어야 한다. 그러지 않으면 급변하는 환경이나 변화무쌍한 상황이 닥쳤을 경우, 중심을 잡지 못하고 임의의 숫자에만 현혹되어 제대로 판단하지 못할 수 있다.

　이처럼 인간은 수많은 숫자를 통해 판단을 내린다. 그러나 숫자는 매우 정확하고 객관적이지만 이를 해석하여 판단을 내리는 인간은 이성적이지만은 않다. 또한 사실상 숫자가 포함하지 않은 의미에 지배받곤 한다. 무의식이나 감정의 영향으로 수학적으로는 설명할 수 없는 행동이나 판단을 내리는 것이다. 그래서 인간의 무의식이나 감정의 영역마저 계량화, 수치화하려 노력하지만, 궁극적으로는 한계가 있을 것으로 보인다.

　최근 대학생들 사이에서 "문송합니다"라는 말이 유행한다. "문과라서 죄송합니다"를 줄인 신조어다. 이는 이공계 전공자에 비해 인문학 전공자의 취업률이 현저히 떨어지고, 이학과 공학에 비해 인문학이 경시되는 실태를 비꼬는 말이다. 물론 이윤을 추구하는 기업에서는 자연과학이나 공학을 전공한 사람을 고용하는 것이 가시적인 성과를 내는 데 유리할지도 모른다. 하지만 구글과 같은 기업에서 신입사원의 50%를 인문학 전공자로 채우고 IBM에서 인문학 전공 인력을 배치하는 것은 인문학이 기초 학문으로서 중요하고 가치가 있을 뿐만 아니라 장기적으로 성과를 내고 기업이 지속되는 데 필수적이기 때문이다. 디지털 시대에 자연과학이나 공학처럼 숫자를 기본 언어로 사용하는 학문도 중요하지만, 숫자가 나타내지 못하는 부분을 설명할 수 있는 인문학과 철학과 같은 학문이 경시되어서는 안 된다. 또한 기초 학문은 나라의 기초 체력이나 마찬가지이므로, 이를 소홀히 여기면 미래는 어두울 수밖에 없다.

기업 경영에서의 '숫자'

　일반적으로 경제 주체라고 하면 정부, 기업, 가계를 일컫는다. 이 가운데 기업은 영리 활동을 목적으로 하는 조직으로서, 인간의 욕구를 만족시켜주는 재화와 용역을 생산하고 판매하는 경제 활동의 주체라고 할 수 있다. 재화와 용역을 생산하기 위해서는 원재료(자원)가 필요하며, 재화와 용역을 구입하고 소비하는 소비자가 있어야 한다. 자원은 확보하기 쉬운 것도 있지만, 경쟁이 치열한 것도 있다. 게다가 소비자는 언제든 불확실하다. 이러한 환경에서 이윤을 극대화할 수 있도록 기업의 각 요소를 조정, 배치, 운영하는 것을 경영이라 한다.

　기업은 궁극적으로 이윤을 추구하는 영리 조직이므로 이윤을 극대화하기 위해 기업 가치를 높여야 한다. 기업을 오케스트라에 비유한다면 경영은 지휘라고 할 수 있다. 실력 좋은 연주자와 좋은 악기를 모아놓고 연주한다고 해서 그 결과물인 음악이 좋다고 장담할 수 없다. 마찬가지로, 훌륭한 건물, 자본, 직원, 기계가 충분하다고 해서 무작정 좋은 성과를 내는 것은 아니다. 이를 조직화하고 적재적소에 필요한 자원을 배치하여 계획적, 효율적, 효과적으로 활용해야 성과를 낼 수 있다. 이처럼 기업의 자원이 최대의 성과, 최대의 이윤을 낼 수 있도록 기업의 요소를 조직, 계획, 통제하는 활동이 경영 활동이다. 기업 경영은 기본적으로 이윤 추구를 목표로 하기 때문에 돈과 불가분의 관계를 맺고 있으며, 그렇기에 모든 정보는 숫자로 표현될 수밖에 없다.

기업이 돈을 추구하는 만큼 그 근간을 이루는 것이 재무와 회계다. 재무란 기업이 그 경영 목적을 달성하는 데 기본적인 기능으로, 경영하는 데 필요한 자본을 조달하고 자본을 효과적으로 사용하는 것이다. 오늘날 이와 같은 기능을 경영 재무 또는 재무 관리, 기업 금융, 기업 재무 등이라고 한다. 특히 주가, 환율, 금리, 수익률, 배당률, 코스피/코스닥 지수, 자산, 자본, 부채, 영업이익 등의 수치는 기업 경영과 매우 밀접한 관련이 있으며, 기업의 내·외부 상황을 설명하는 언어라고 할 수 있다. 특히 주가는 해당 기업의 경영, 재무 상태를 반영하여 결정되며, 개인 또는 기관의 투자자는 주가를 시간, 분기, 연 단위로 자세하게 분석하여 주식을 사고파는 것을 결정한다. 이 모든 것이 처음부터 끝까지 숫자에 의해 정해지는 것은 당연하다.

리먼(M. R. Lehman)은 기업이 수행하는 경영 활동 과정을 다음과 같이 정의한다.

"원자재의 구입을 위해 화폐를 지출하면 원자재가 들어온다. 구입한 원자재는 경영 활동에 사용되어 비용을 발생시키고, 그 결과 수익재가 생산된다. 이 수익재가 판매되면 화폐가 들어온다."

원자재 구입을 위한 비용, 원자재의 수량, 납품 시기, 수익재 생산을 위한 스케줄, 투입된 원자재의 양과 인력, 시간, 생산된 수익재의 양, 수익재의 판매량, 매출 그리고 영업 이익까지, 모든 것은 숫자로 기록된다. 사람들은 이 기록을 보고 해당 기업이 얼마나 경영 활동을 잘하는지, 어느 정도의 효율성을 내어 이윤을 발생시키고 기업 가치를 제고하는지 판단하여 재화와 용역을 구매하거나 투자하기도 한다.

재무와 회계가 기업에서 원자재와 재화, 용역을 구매, 생산, 판매하는 데 필요한 자본의 흐름을 기술하기 위해 필요한 것이라면, 판매를 위해 기업 외부에서 소비자와 소통하는 데 필요한 것이 마케팅이다. 마케팅은 소비자의 잠재적인 욕구를 자극하여 표면상으로 이끌어내기 위해 시장에서만 사용되었지만, 21세기 이후로는 일상생활에서도 자주 등장하기 시작했다. 좁은 의미에서 마케팅은 재화나 용역을 생산자가 구매자에게 효과적으로 전달하기 위한 활동을 일컫는다. 생산자는 가능한 한 많은 재화나 용역을 적은 비용에 공급하길 원하고, 구매자는 제품을 원하는 가격과 방법으로 구입하길 바란다. 이러한 서로의 니즈를 결합해 효과적으로 전달되도록 하는 것이 마케팅의 목적이다.

마케팅은 그 성격에 따라 종류가 매우 다양하며, 시대의 변화와 흐름에 따라 소셜마케팅 등 새로운 영역이 생겨나고 있다. 그중에는 숫자를 이용한 '숫자 마케팅'도 널리 활용된다. 숫자는 빠르고 정확하며 제품이나 서비스의 특징을 간결하고 함축적으로 전달할 수 있다는 장점이 있다. 숫자 마케팅은 전화번호를 이용해 이미지를 전달하고 소비자가 쉽게 기억할 수 있도록 하는 데서 출발했다. 그러기 위해서는 '골드 번호'라는 기억하기 쉬운 번호를 경쟁 업체보다 먼저 확보하는 것이 관건이었다. 2424(이사이사), 1472(일사천리), 7788(칙칙폭폭), 8282(빨리빨리), 7942(친구사이)와 같이, 전화번호만으로도 소비자에게 서비스나 제품의 이미지를 손쉽게 전달하는 것이 숫자 마케팅의 대표적인 예다. 콜택시 또는 대리운전 업체의 전화번호를 보면 쉽게 이해할 수 있을 것이다.

제품의 가격을 정할 때 10원 또는 100원을 줄여서 설정하는 것도 대표적인 숫자 마케팅이라고 할 수 있다. 대개 TV 홈쇼핑 광고에서 29,900원, 39,900원이라는 가격이 많이 등장한다. 미국에서 대부분의 제품 가격의 끝자리가 9센트로 끝나는 것과 같은 맥락이다. 제품 가격을 4만 원이 아니라 3만 9,900원으로 내려 잡아서 1만 개가 팔렸을 때, 100만 원을 손해 본다고 생각하는 기업은 없을 것이다. 같은 제품이라도 4만 원인 것과 3만 9,900원인 것은 액면의 숫자 100원보다 훨

숫자	의미
2080 치약	▶ '20개의 건강한 치아를 80세까지'라는 슬로건을 내세운 2080치약은 1998년 12월 출시해서 현재까지도 치약 시장에서 가장 많이 팔리고 있는 제품으로, 숫자를 제품명에 활용하는 '숫자 마케팅'의 효시이기도 하다. 출시 이듬해인 1999년 5.8%였던 시장 점유율이 2000년에는 10.9%로 올랐고, 7년 뒤인 2005년부터는 20%가 넘는 점유율을 유지하고 있다. 지난 10년간 판매된 2080치약은 총 1억 6,700만 개로, 하루 평균 4만 6,700개씩 팔린 것으로 집계됐다.
46cm	● 문화인류학자 에드워드 홀이 사람 사이에 친밀감과 유대감을 형성하는 거리가 46cm라고 한 내용에 착안해, LG생활건강에서 친밀감과 유대감을 형성하고 싶어도 구취가 있으면 어렵다는 뜻으로 숫자 46을 브랜드 네이밍에 적용해서 구강 제품 브랜드 페리오의 하위 브랜드인 '페리오 46cm'를 만들었다. 타인의 '숨결이 닿는 거리 46cm'라는 카피로 알려진 '페리오 46cm'에는 다른 사람과 가까워질 수 있도록 구취를 제거한다는 스토리텔링 기법이 담겨 있다. 페리오는 46cm 제품이 6초당 1개씩 판매되는 대성공을 거두며 현재 국내 시장 점유율 1위를 지키고 있다.
자일리톨333	▶ '3가지 기능과 3배의 풍부한 향, 3가지 맛'이라는 의미를 함축하고 있다. 이 참신한 이름은 시판 1년 만에 월 평균 60억 원이라는 매출액을 안겨준 효자 상품이 됐다.
삼천리 자전거	● 1952년에 탄생한 삼천리자전거는 첫 국산 자전거로, 삼천리금수강산을 뜻하는 이름을 제품에 붙였다.
코카콜라 187168	▶ 코카콜라에서 새롭게 선보인 '187168'은 단순한 숫자 나열로 궁금증을 일으키고 있다. '187168'은 청소년들이 가장 원하는 키가 남자 187cm, 여자 168cm로 조사되어 제품명에 반영한 것이다.
스톰 292513	● 회사 사장 딸의 주민등록번호 뒷자리를 그대로 제품명에 사용했다.

씬 큰 효용을 발휘하기 때문이다.

요즘은 명절만큼이나 큰 연중행사가 되어버린 2월 14일 밸런타인데이도 원래는 숫자 마케팅의 일환이었다. 한국과 일본 등에서 한 해 초콜릿 매출 중 밸런타인데이 점유율은 절대적이다. 1950년대 후반 일본 제과회사 모리나가에서 1년 중 하루만이라도 여자가 남자에게 먼저 고백하자는 이벤트를 벌인 것이 현재까지 이어진 것이다. 밸런타인데이에서 파생된 3월 14일 화이트데이, 3월 3일 삼겹살데이, 11월 11일 빼빼로데이 등도 숫자 마케팅의 일환이다.

위와 같이 매우 다양하게 숫자 마케팅이 이루어지면서 그 효과가 입증되었다. 하지만 코카콜라 187168이나 스톰 292513과 같이 숫자가 길거나 크게 의미가 없는 경우 효과를 보지 못하고 실패하기도 한다. 코카콜라와 경쟁관계에 있는 펩시는 코카콜라 제로에 대응하기 위해 260밀리리터당 1칼로리의 열량이라는 'Pepsi One'을 선보였다. 하지만 1이라는 숫자는 펩시 고유의 것이 아니라 많은 업계에서 널리 쓰이는 숫자이고, 제로에 비해 1칼로리 더 높다고 소비자들이 인식하면서 시장에서 실패했다.

이처럼 기업을 경영하는 활동은 숫자와 불가분의 관계에 있으며, 숫자를 잘 이해하는 것은 경영을 잘할 수 있는 지름길이다.

숫자로만 정보를 판단하지 마라

"지난해 친자 확인 유전자 검사 중 일치하지 않는 것으로 드러난 경우는 30%였다."

이런 신문 기사를 접했다고 하자. 어떤 생각이 드는가? 30%라는 숫자를 사람마다 다르게 받아들일 것이다. 누군가는 숫자가 크다는 사실에 놀랐을 것이고, 어떤 사람은 예상보다 숫자가 작다며 의아해했을 수도 있다. 하지만 겉으로 보이는 숫자만 보고 판단을 내렸다면 오류를 범한 셈이다. 위의 문장에는 나와 있지 않지만, 친자 확인 검사를 의뢰한 사람들은 애초에 친자 여부를 의심할 만한 정황과 전후 사정이 있었을 가능성이 높다. 이러한 사실을 감안하고 정보를 접하면 그렇지 않았을 때와 느낌이 달라진다.

숫자의 정보는 다른 언어적 표현에 비해 객관성과 정확성을 지닌다. 하지만 숫자가 담고 있는 정보 역시 오류가 생기거나 왜곡될 가능성이 있기 때문에, 객관성과 정확성을 과신하면 잘못 판단할 수 있다. 숫자를 전달하는 사람, 숫자를 받아들이는 사람, 숫자가 전달되는 과정과 배경, 환경 등에 따라 다양하게 해석될 여지가 있기 때문이다.

숫자 중에 가장 오류를 범하기 쉬운 것이 바로 확률과 통계다. 확

1장 숫자를 믿지 마라

률과 통계는 어느 정도 오류를 포함하고 있음을 전제로 한다. 확률은 어떤 사건이 일어날 가능성을 나타낸 것으로, 사건은 일어날 수도, 일어나지 않을 수도 있다. 통계 또한 수많은 데이터를 대푯값인 평균으로 나타낼 경우 데이터의 다양성은 사라진다. 이처럼 확률과 통계는 숫자를 잘못 해석하거나 다르게 받아들일 가능성이 있다. 확률에 속는 예는 수없이 많지만, 영화 <21>에 나온 몬티홀 문제를 살펴보자.

게임쇼에서 사회자가 출연자에게 제안한다. "저기 있는 문 세 개 중 하나 뒤에는 고급 승용차가 있고, 다른 두 문 뒤에는 염소가 있습니다. 당신이 선택한 문 뒤에 있는 선물을 주겠습니다."

사회자는 승용차가 어느 문 뒤에 있는지 알고 있다. 출연자가 문을 하나 고르자, 사회자는 고르지 않은 문 중 하나를 연다. 그러자 염소가 있다.

사회자는 다시 묻는다. "선택을 바꾸시겠습니까?"

이때 선택을 바꾸는 것이 바꾸지 않는 것보다 이길 확률이 2배가 되는데, 수학적으로는 조건부 확률이라고 한다. 하지만 실제 이 게임을 했던 미국 TV쇼 <렛츠 메이크 어 딜(Let's make a deal)>에서 대부분의 출연자는 선택을 바꾸지 않았다. 언뜻 생각하면 바꾸거나 바꾸지 않거나 동일하게 2분의 1 확률일 것이라고 잘못 계산했기 때문이다.

확률은 언제나 불확실성을 포함하며, 불확실하다는 것은 틀릴 수 있음을 의미한다. 비가 올 확률이 99%라고 해도 오지 않을 확률 역시 1%는 있으며, 비가 오든 오지 않든 처음부터 한쪽의 결과는 잘못된 것이다.

품질 관리 분야에서 대표적으로 널리 쓰이는 식스시그마 이론은 불량률을 제품 100만 개 중 2~3개 수준으로 낮추기 위한 것이다. 매우 낮은 수준의 불량률로 제품의 품질을 관리하겠다는 의미이지만, 동시에 이는 완벽하게 불량률을 줄여서 0이 될 수는 없는 한계를 드러내기도 한다. 이처럼 확률로 전달되는 정보는 그 의미를 해석할 때 신중해야 한다.

통계는 확률과 매우 밀접한 관계를 맺고 있으며, 일상생활에서도 익숙하게 쓰이는 수학 분야다. 통계의 평균과 석차로 나타나는 시험 결과 때문에 학생들은 괴롭고, 수학능력시험의 표준점수와 백분위점수는 인생의 향방을 결정하기도 한다. 젊은 세대들이 말하는 소위 금수저와 흙수저도 대한민국 사회에서 자신의 위치를 통계적으로 가늠한 결과다. 야구 역시 통계로 시작해서 통계로 끝난다. 이처럼 통계는 일상생활에 깊숙이 연관되어 있다. "여자들은 선물을 좋아한다"거나 "강원도 사람들은 무뚝뚝하다"거나 "10대는 어른을 싫어한다"는 등 성별, 지역, 나이 등에 관한 선입견 또한 자신이 보고 들은 경험에 기초해서 스스로 만들어내거나 학습된 통계적 개념인 경우가 많다.

통계가 사회적으로 가장 많이 쓰이는 영역이 있다면 여론 조사다. 여론 조사 관련 기사를 보면 "이 여론 조사는 전국 만 19세 이상 성인 남녀 표본 ○○명을 대상으로 실시했으며, 신뢰 수준 ○○%에 표본오차는 ±○○%p다"라는 말이 붙는다. 이는 여론 조사의 객관성과 정확성을 나타내는 것으로, 통계 자료에 반드시 포함되어야 한다.

그렇다고 해서 여론 조사 결과가 객관적이고 정확하다고 장담하기는 어렵다. 선거 관련 여론 조사는 무작위 전화 걸기(RDD) 방식을 많이 사용한다. 무작위로 전화를 걸면 여러 계층의 사람들이 고르게 선택되어 대중의 여론을 잘 반영하는 통계 결과가 나올 것이라 예상하기 때문이다. 하지만 전화를 평일 낮 시간에 건다면 많은 직장인들이 전화를 받지 못할 것이며, 여론 조사에 응답한 사람은 은퇴한 노인, 무직, 전업주부 혹은 학생일 가능성이 높아진다. 그렇다면 정보는 또 다른 식의 편향(bias)을 띤다. 그렇기 때문에 2016년 4.13총선 당시 어떤 여론 조사도 새누리당이 의석의 과반을 넘지 못할 것이라고 예측하지는 못했다.

커피가 지금과 같이 대중화되지 않아서 카페에 앉아 있는 사람은 '된장녀'로 취급받던 시절, 한 커피 프랜차이즈업체에서 '카페에 앉아 있는 사람의 이미지'에 대해 설문 조사를 한 적이 있었다. 그 결과, 긍정적인 답변과 부정적인 답변이 50 대 50으로 나뉘어 집계되었다. 이 결과만으로 판단한다면 카페에 대한 부정적인 인식이 전체의 절반 정도라고 결론을 내릴 수도 있다. 그런데 설문 조사를 면밀히 살펴본 결과, 카페 안에서 설문 조사에 답변한 사람은 긍정적으로, 카페가 아닌 다른 장소에서 설문 조사에 답변한 사람은 부정적으로 답변했다는 것을 알 수 있었다. 설문 대상의 절반은 카페에 앉아 있는 사람이었고, 절반은 식당, 길거리 등에서 설문 조사를 진행했다. 즉, 카페에 앉아 있는 사람에 대한 이미지가 설문 조사를 수행하는 장소에 영향을 받아 왜곡되었던 것이다.

많은 기업에서 수요를 예측하거나 고객 만족도를 조사하고 고객의 소리를 수집하기 위해 설문 조사를 활용한다. 최근에는 스마트폰 위치정보나 신용카드 결제 정보 등 개인정보가 노출되면서 많은 기업에서 불법 또는 합법적으로 마케팅이나 수요 예측에 이런 정보를 이용하고, 이렇게 수집된 데이터를 토대로 생산, 구매, 유통, 판매 계획을 세운다. 하지만 앞서 언급한 바와 같이 통계를 이용해 가공된 정보는 편향되거나 왜곡되기 쉽다. 10개의 데이터에 대한 평균은 중간

값을 제외한 나머지 9개의 데이터에 대한 정보를 포함하고 있지 않기 때문이다.

확률이나 통계에 관련된 숫자만 위험한 것은 아니다. 소셜마케팅 역시 숫자에 현혹되어 본질을 망각하기 쉽다는 사실을 보여주는 사례다. 기업은 블로그를 통해 쉽사리 소셜마케팅을 시작하는데, 그중에서도 네이버가 가장 많이 활용된다. 네이버는 자유롭게 메뉴를 구성하기는 어렵지만, 국내 검색엔진 중 점유율 1위인 만큼 검색 노출이 쉽다. 그래서 단시간에 많은 사람에게 제품이나 브랜드를 노출하기 쉬우므로 대부분의 기업이 활용하지만, 방문자수나 좋아요, 공유 숫자는 충분히 조작할 수 있으므로 숫자의 함정에 빠지지 않도록 해야 한다. 설사 숫자를 조작하지 않더라도 방문자수나 좋아요 숫자가 홍보 효과로 이어진다고 생각하면 오산이다. 온라인 환경에서는 사방에서 광고가 뜨기 때문에 소비자도 광고에 무심해지기 쉽다. 소비자 입장에서는 많은 광고를 접하기 때문에 피로도가 가중되어 오히려 홍보 효과가 떨어질 수 있다는 말이다.

숫자에 속아 제대로 판단하지 못하는 또 다른 사례는 경영학 필독서 중 하나인 「더 골(The Goal)」에서 찾아볼 수 있다. 이 책은 계속된 실적 저하로 폐쇄될 위기에 처한 공장에서 문제의 원인을 찾고 해결하는 이야기다. 공장장 알렉스는 납기일을 맞추기 위해 최선을 다해 공장을 운영하는데도 실적(이익)은 계속 저하된다. 저자는 이 문제를 해결하기 위해 세 가지 질문, 즉 "제품 판매량이 늘었는가? 직원을 해고시켰는가? 재고가 줄었는가?"를 던져야 한다고 말한다.

다시 말해, 납기일을 맞춘다고 해서 이윤이 극대화되지는 않는다는 말이다. 무조건 좋은 제품, 싸거나 비싼 제품을 생산하는 것도 답이 아니다. 재고와 운영 비용을 줄이는 동시에 현금 창출률을 증대시켜야 기업의 이윤이 극대화된다. 이와 같은 관점에서 공장을 살펴본 결과, 공장에 있는 로봇은 수익 창출에 전혀 기여하지 못한 채로 재고율만 상승시켜서 운영 비용(감가상각비)을 늘리기만 했다. 게다가 납기일은 계속 지연되어서 현금 창출률 역시 높아지지 않았다. 산업 로봇은 효율성을 증가시키기는 했으나 운영 비용이 증가하면서 원가 절감으로는 이어지지 못했으며, 로봇 투입 전후를 비교한 결과 오히려 매출이 하락하고 납기 지연 건수는 더욱 늘어났다는 것을 깨달은 것이다.

이는 공장과 같은 제조업뿐만 아니라 서비스업에서도 발생하는 대표적인 문제점 중 하나다. 기업이 성취할 목표를 명확하게 세우지 않으면 엉뚱한 지표에 속아 이윤을 창출하지 못하는 우를 범할 수 있다. 「더 골」이 처음 출간된 것은 30여 년 전인 1984년이지만, 현재에도 매출 수천억을 넘나드는 기업의 영업이익이 마이너스를 기록하는 것을 심심찮게 볼 수 있다. 단순히 줄어드는 수요와 매출 비중만 보고 관심 갖지 않았던 즉석카메라에 대한 생각을 바꿔서 대형 서점에 유통, 판매함으로써 대성공을 거둔 한국후지필름의 마케팅 직원 이야기는 기업이 숫자에 가려 좋은 기회를 살리지 못하고 놓치는 우를 범하기도 한다는 사실을 단적으로 보여준다.

이 밖에도 통계의 숫자에 속는 경우는 매우 다양하게 찾아볼 수 있다. 한 조사에서 55~74세의 흡연자와 비흡연자를 대상으로 20년 뒤 얼마나 생존해 있는지 알아봤더니 흡연자의 생존 비율이 높았다. 이에 따르면 담배를 피우는 사람이 더 오래 산다는 결론을 얻게 되지만, 이는 담배를 많이 피운 사람들이 일찍 죽어 표본이 적기 때문일 가능성이 크다. 또한 십이지장궤양이 파라세타몰(진통제)의 부작용이라는 연구 결과가 있었는데, 알고 보니 이는 십이지장궤양 환자들이 파라세타몰을 많이 복용하기 때문에 나온 통계적 착시현상이었다. 한편, 특정 지역의 치안 수준이 올라갈수록 범죄율이 높아진다는 통계는 반대로 범죄율이 높기 때문에 치안에 각별히 신경을 쓴 결과일 수도 있다. 세계 최고의 공기 청정 지대인 스위스 알프스의 폐결핵 사망률이 세계에서 제일 높은 이유는 폐질환 환자를 위한 치료, 요양 시설이 밀집되어 있기 때문이다.

숫자는 객관적이고 정확하지만, 숫자가 정보의 타당성을 보장해주리라는 믿음 때문에 오히려 시야가 좁아져서 큰 실수를 범할 수 있다. 따라서 숫자의 효과를 누리기 위해서는 숫자로 인해 발생할 수 있는 오류도 꼼꼼히 따져봐야 한다.

숫자가 아닌 감성으로 대처하라

컴퓨터와 통신이 크게 발달하면서 끊임없이 변화하는 오늘날에는 수많은 데이터를 이용하여 현재와 미래를 예측한다. 이러한 시대적인 흐름과 함께, 예측한 결과를 통해 의사결정을 내리게 해주는 빅데이터가 부각되고 있다. 경영, 경제, 자연과학, 사회과학 등 어느 분야라고 특정할 것 없이 현대인이 매순간 직면하는 다양한 분야에서 쏟아져 나오는 데이터는 사회현상을 비교적 객관적으로 제시하기 위해 수치로 표현되는 경우가 많다. 이렇게 얻은 수치로 표현된 데이터는 호모 이코노미쿠스(homo economicus)가 한정된 자원을 가지고 효율적으로 선택하는 필수적인 원료로서 중요하다.

미국발 서브프라임 사태로 인한 세계적 금융위기를 겪으면서, 사람들은 정량적인 수치에 근거한 인간의 합리성에 의구심을 품게 되었다. 실제로 금융위기와 경기침체는 합리적 인간이라는 전제를 굳게 믿은 낙관론 때문이라는 평가도 있다. 따라서 이성적이고 이상적인 경제적 인간을 전제로 하는 기존의 사고에서 벗어나 인간의 행동을 사회적, 심리적, 인지적 편향에 따라 고려하는 경향이 자리 잡게 되었다.

이는 경영학에서도 마찬가지다. 현대 경영학은 기술적 분석이나 통계적 수치를 바탕으로 하는 합리성에 근거하여 연구한다. 하지만 어떻게 돈을 잘 벌 수 있는지 연구하는 경영학에서는 개인 혹은 개인이 속한 조직 일반의 '마음'을 이해하지 않으면 성공적인 경영학 이론이나 전략이라고 할 수 없다. 더욱이 기업이 제공하는 제품이나 서비스를 소비하는 주체인 소비자는 감성을 가진 인간이기 때문에 합리적인 존재라기보다 제한적으로 합리성을 가진 존재로 생각해야 한다.

2002년도 노벨 경제학상 수상자이자 행동경제학의 선구자인 대니얼 카네만 프린스턴대 교수는 인간이 아인슈타인처럼 생각하고, IBM 컴퓨터처럼 기억력이 뛰어나며, 간디처럼 의지가 강한 존재라는 경제학 제1가정인 호모 이코노미쿠스에 대해 회의적이다. 그는 "인간은 미래가 불확실할 때, 논리적이고 합리적이라기보다 비합리적이고 편향된 사고에 의해 판단하고 결정한다"고 강조한다. '복권'이 그 예다. 복권이 당첨될 확률과 기대 수입을 곱한 값은 복권을 구입하는 데 지불한 총액수보다 턱없이 낮다. 그런데도 사람들은 복권을 구입한다. 호모 이코노미쿠스라면 내릴 법한 논리적이고 합리적인 사고와는 거리가 멀다. 그렇다면 왜 사람들은 이렇게 비합리적인 판단을 내릴까?

카네만 교수의 주장에 따르면, 사람들은 자신이 아는 것에 따라 모든 정보를 자의적으로 해석하고 판단하고 결정하는 확인 편향(Confirmation Bias)에 따라 현실을 재해석하곤 한다. 복권도 마찬가지다. 사람들은 복권이 가진 당첨 확률은 무시하고 1등 당첨액만 보고는 지나치게 낙관적으로 생각하고 비합리적인 선택을 내린다. 실제 복권 당첨자들의 이야기를 실은 기사나 인터뷰를 보면서 자신의 생각을 확인해주는 근거만 찾을 뿐, 그렇지 않은 부분은 무시하거나 흘려보낸다. 이처럼 경제학에서 가정하듯 합리적인 인간보다는 다소 완화된 경제

주체를 고려할 필요가 있다.

　사실 경영학의 사례를 살펴보면, 정량적인 숫자에 의해 이성적으로 판단하지 않는 경우가 많다. 소비자의 감성에 호소하는 방법을 통해 시장에 능동적으로 대처한 포드자동차는 '감성'을 자극하여 제품이나 서비스를 긍정적으로 인식시켰다. 1990년대 포드 사는 플래그십(flagship) 제품으로 잘 알려진 머스탱의 새 모델을 출시했다. 새 모델은 구형에 비해 성능이 뛰어났지만, 소비자들은 여전히 구형을 선호했다. 포드 사는 이런 시장의 반응에 당황했고, 원인을 찾기 위해 자문을 구했다. 연구팀은 '기술적 민족학(ethnography)'의 방법을 채택했는데, 이는 19세기 아프리카, 동남아, 오세아니아 등 서방 국가의 입장에서 낯선 미개척지를 연구하던 방법에서 발전한 학문으로, 통계에 따른 정량적 방법과는 다르다.

　연구팀은 통계적, 이론적 기준을 들이대기 전에 실제 현장에서 경험하고 정보를 얻는 방법으로 가설을 설정하고 검증하면서 문제의 원인을 찾았다. 머스탱 운전자와 동행하면서 관찰하고 인터뷰하는 방식으로 소비자의 일거수일투족을 조사한 것이다. 그 결과, 소비자는 자동차의 성능을 측정된 수치로 받아들이기보다는 본능적으로 느낀다는 점을 발견했다. 운전자들은 자동차 가속 시 떨림이나 가속장치의 소리 등을 통해 새 모델의 성능을 판단했다. 한편, 자동차의 성능을 겉모습만 보고 판단하기도 했다. 그래서 자동차의 세련된 디자인보다는 역동성을 강조하는 시각적인 표현에 의해 자동차의 힘을 이해했다.

　다시 말해, 소비자들은 객관적 테스트를 거친 측정 자료보다 자신이 감각적으로 받은 느낌을 통해 자동차의 성능을 판단했던 것이다. 중년층 이상의 소비자는 젊은 시절에 대한 향수가 자동차의 성능을 판단하는 요소로 작용하기도 했다. 포드 사는 연구 결과를 토대로 새로운 전략을 세웠다. 정차 시에도 자동차의 역동성을 강조했고, 젊은 시절에 대한 갈망이라는 중년층의 감성을 만족시킬 수 있도록 공감각적으로 디자인했다.

　포드 디자인 책임자 리처드 허팅은 새로이 수정된 머스탱 시리즈에 대해 다음과 같이 이야기했다. "새로운 포드 머스탱은 역동적으로 움직이는 듯한 느낌을 줍니다. 가만히 서 있을 때조차 마찬가지입니다. 멀리 떨어진 곳에서도 사람들의 눈을 사로잡을 수 있도록 새롭게 설계되었습니다. 이 자동차가 머스탱이라는 사실은 눈에 보이는 즉시 깨달을 수 있을 것입니다." 결국 포드 사의 머스탱은 시장에서 예전의 위치를 되찾았다.

　이외에도 성공적으로 감성을 자극하여 시장에서 훌륭한 성과를 거둔 사례는 많다. 코카콜라-펩시 블라인드 테스트나 글로벌 모터사이클 제조업체 할리데이비슨(harley davidson)도 그러하다. 할리데이비슨은 세계적으로 대형 고급 모터사이클의 대명사이자 남자들의 로망이라는 강력한 메시지를 전달하는 글로벌 기업이다. 모터사이클업계의 강자로 세계 시장을 선도했지만, 유럽이나 일본 모터사이클이 대량으로 유입되면서 명성과 경쟁력이 바닥으로 추락했다. 시장에서 재도약하기 위해 할리데이비슨은 고객의 감성을 자극하는 마케팅 전략을 세웠고, 교통수단이 아니라 예술작품이라는 콘셉트를 브랜드 이미지로 삼았다. 이 전략은 시장에서 맞아떨어졌고, 자유를 원하는 남녀노소에게 타는 즐거움을 선사한다는 강력한 이미지를 심어주게 되었다. 파산 직전까지 갔던 할리데이비슨은 경영 전략을 바꾸면서 다시 예전의 명성을 되찾고, 매년 기하급수적으로 매출액이 성장하면서 현재의 자리에 이르게 되었다.

그 당시의 이륜차 시장은 고성능, 저가격 모터사이클을 내세우는 것이 주된 마케팅 전략이었다. 그러나 할리데이비슨은 역발상적인 전략을 취해 효과를 본 것이다. 서부 개척 시대의 카우보이를 연상시키는 거친 남성, 미국의 자유, 일탈을 표현하는 할리데이비슨은 소비자의 감성을 읽었고, 정량적인 방법론을 채택하기보다 자신들만의 독창적인 감성 마케팅으로 목적을 달성했다.

이와 비슷한 국내 사례로는 오리온 초코파이가 '정'이라는 감성 마케팅으로 소비자들의 마음을 산 것을 들 수 있다. "말하지 않아도 알아요." 누구나 한 번쯤은 들어본 CM송은 '정'이라는 이미지를 내세운 오리온 초코파이를 감각적으로 표현한다. 초코파이는 단순한 과자가 아니라 다른 이들에게 따뜻함을 전해주는 '마음', 즉 '정'이었다. 이는 소비자의 감성을 자극한 감성마케팅의 대표적인 국내 사례다. 최근 흥행했던 <태양의 후예>에서도 초코파이로 '마음'을 전하는 장면이 연출되어 다시 한 번 소비자들 사이에 '정'이라는 초코파이의 이미지를 각인시켰다.

현대에는 IT 기술, 정보화, 시장 조사 방법 덕분에 방대한 양의 데이터를 처리할 수 있게 되었다. 수집된 데이터는 기업의 새로운 전략이나 계획에 사용될 수 있도록 알맞게 가공되고, 가공된 자료는 수치화되어 간편하게 활용된다. 분야를 가리지 않고 정량적인 수치의 활용 범주는 폭넓게 확장되어, 경영학의 마케팅 수요 조사, 재무 예측, 마케팅 전략 등에 사용된다. 일반적으로 미래의 재무 성과를 예측할 때는 지난 회계 연도의 매출액 추세를 확인하고 그 변화에 따른 재무제표상 항목의 변화를 추정한다. 마케팅 수요 조사 역시 설문지를 설계하고 답변을 수집한 후 각 보기를 수치화하여 정량적인 정보로 제시한다.

하지만 정량적인 숫자로 제시된 정보만 고려하면 문제가 생긴다. 앞서 제시된 예시 말고도 수요 조사 단계에서 기업의 의도가 드러나는 설문을 통해 제품이나 서비스의 장래성을 예측하게 되면 실제 소비자의 의사와는 동떨어진 결과를 얻을 수 있다. 또한 정상적이지 않은 정보가 개입해서 결과가 왜곡되는 경우도 많다.

기업 마케팅의 핵심은 소비자의 의사다. 따라서 이를 무시하고는 높은 수익을 올릴 수 없다. 정량적인 예측 자료 혹은 성능의 우위가 시장에서 항상 성공을 보장한다고 할 수 없다. 발전된 시장 조사 기술과 정량적 분석에 얽매이기보다는 기업 경제활동의 핵심은 소비자이고 소비자의 감성을 고려하는 것은 기업의 생존에 직결된다는 사실이 더 중요하다.

고정불변하는 미래의 숫자는 없다

미래를 내다보고 싶은 마음은 인간의 근원적인 욕망이다. 기원전 1100년경부터 사용한 갑골문자는 중국 은나라 때 미래를 점치기 위해 거북이 등껍질에 새겼던 문자다. 고서에 따르면, 점술가는 기원전 400년경부터 존재했던 가장 오래된 직업 가운데 하나라고 한다. 이처럼 인류의 역사가 시작되면서 인간은 끊임없이 미래를 예측하려 했다.

인류가 미래를 예측하고 싶어 하는 이유는 미래가 지닌 불확실성, 사회의 복잡성 등 사람들이 극복하기 어려운 요소가 많기 때문이다. 과거에는 현재에 비해 주먹구구식의 예측 방법이 많이 사용되었다. 점술가에 의존하여 미래를 예측하거나, 성직자를 통해 신탁을 받는 등 객관적이지 못한 방법으로 미래를 알 수 있다고 믿었다. 근대로 접어들어 과학기술이 급격하게 발전하고 인문주의가 대두되면서, 비이성적, 신 중심의 미래 예측에서 인간 중심으로 이동했다. 인간은 자신의 미래에 대해 수동적으로 판단받기보다는 능동적으로 예측함으로써 미래를 개척하기 시작했다. 이렇게 과학기술은 인류의 미래를 예측하는 원동력이 되었다.

그렇다면 과학기술이 제공하는 미래 예측은 항상 객관적인가? 이 질문에 자신 있게 그렇다고 말할 수 있는 사람은 없다. 지나간 시점의 규칙과 양상은 지금 이 시점에 들어맞지 않으며 다른 모습을 띠는 경우가 많기 때문이다.

예를 들어 출퇴근도 그렇다. 우리나라에서 가장 복잡하다는 강남역에 위치한 회사에 출근하는 사람이라면 아침 일찍부터 집을 나설 것이다. 강남역은 항상 길이 혼잡해서 서두르지 않으면 지각하기 일쑤다. 버스정류장에 설치된 서울시 버스 노선 대중교통 정보를 확인한다고 해도, 길 사정에 따라 버스가 몇 분쯤 늦게 도착할 수 있다. 다시 버스를 갈아타야 한다면, 그 몇 분 때문에 다음 차를 놓치고 지각할 수도 있다. 일기예보도 마찬가지다. 사실 현대인의 필수 정보인 일기예보를 보고 옷차림이나 행사 일정을 조율하는 등 다양한 의사결정에 참고 정보로 활용한다. "원숭이도 나무에서 떨어진다"라는 속담처럼 일기예보도 종종 오보하곤 한다. 더욱 정확한 기상 관측을 위해 예측 시스템의 성능을 향상시키고는 있지만, 어느 정도 정확도가 높아질지는 아직 미지수다. 이처럼 수차례 예측하고 예측된 숫자에 의해 의사결정을 내리지만, 예측은 기대한 대로 흘러가지 않고 자주 빗나간다.

기업도 마찬가지다. 기업은 새로운 제품을 출시하거나 서비스를 제공할 때 다양한 기법을 이용하여 가능성을 예측한다. 다른 경쟁자에 비해 강점은 무엇인지, 내가 가지고 있는 기업의 능력은 어떤 것인지, 어떤 시장을 표적시장으로 삼을 것인지, 기업이 가장 유리한 위치를 선점하게 하는 포지셔닝은 어떻게 할 것인지 말이다. 이는 예측을 통해 전략이 되고 기업의 목표가 된다. 그러므로 기업은 통계학적 기법을 적용하여 정확하게 예측하려 한다. 기업의 수익성과 직결되기 때문이다.

그중에서도 가장 흔히 사용되는 것이 회귀분석이라는 통계 기법이다. 회귀분석은 하나 혹은 그 이상의 독립변수에 대한 종속변수가 어떤 영향을 미치는지 추측하는 것으로, 변수들 사이의 관계, 특히 인과적 관계를 분석한다. 하나의 변수와 다른 변수가 변화하는 함수식을 통해 변수의 상호관계를 추측하는데, 수학적으로는 완벽하다. 하지만 회귀분석을 비롯한 여러 예측 기법은 공통적으로 과거의 데이터를 미래에 대입하는 체계라서, 심각한 오류를 범하게 된다. 이는 데이터가 수집된 시점, 즉 과거의 환경과 데이터를 이용해 예측하는 미래의 환경이 동일할 것이라고 가정하기 때문이다.

현대 사회는 10년이면 강산이 3번 변한다고 할 만큼 몇 년 사이에도 급격히 변화한다. 그만큼 점점 더 복잡해진다는 뜻이다. 이런 의미에서 과거의 환경과 미래의 환경이 같으리라는 가정은 많은 오류를 빚어내므로, 예측은 실패로 돌아갈 가능성이 크다. 미래의 불확실성을 숫자라는 정량적인 요소에 대입하여 그 값으로 미래를 위한 전략을 수립하는 것은 한계가 있을 수밖에 없다.

이렇게 예측한 수치에 근거한 전략을 따랐는데 결과가 전혀 다르게 나오면 기업은 어려움을 겪게 될 것이다. 예를 들어, 올해 A제품의 수요를 예측하기 위해 지난 몇 년간의 데이터를 활용했다. 그 결과, 2,016개일 것으로 추정했다. 그런데 올해 실제 수요가 1,500개에 지나지 않는다면, 기업의 입장에서는 나머지 516개의 제품은 재고로 남는 셈이어서 재고 유지 비용을 비롯한 부대비용이 발생한다. 반대로, 올해 수요가 2,500개로 예측한 수요를 초과하면 공급 부족 현상이 발생하여 수익을 놓치는 경우가 생긴다.

이와 관련한 사례는 주변에서 흔히 볼 수 있는데, 대표적인 사례가 지하철 9호선 수요 예측 실패다. 지하철 9호선이 처음 개통된 당시에 '지옥철'이라는 누명을 쓴 것도 수요 예측이 크게 빗나갔기 때문이다. 2009년 7월, 서울시는 수익형 민자 사업(BTO)을 통해 유동 인구가 많은 김포, 노량진, 강남을 잇고 이용객이 많은 역을 통과하는 지하철 노선을 새로 개설했다. 이 사업은 2000년부터 계획되었고, 2005년 9호선 2단계 건설 사업 예비 타당성을 조사했는데, 하루 평균 24만 명이 이용할 것으로 예측되었다. 그런데 2009년에 개통하고 보니 실제 이용자수는 이보다 150%가 넘는 38만 명가량이었다. 서울시는 승강장 플랫폼은 8량 분을 만들어놓고 실제로 열차 1대당 고작 4량씩만 운행하여 수용 가능한 승객수가 턱없이 부족한 채로 운영했다. 그 덕분에 국토부에서 고시한 지하철 1량당 정원은 약 160명인데, 9호선 출퇴근길에는 배가 넘는 승객들이 서로 뒤엉킨 채 힘든 발걸음을 해야 했다. '서민의 발'이어야 할 지하철이 골칫거리가 되어 서민을 되레 괴롭힌 셈이다. 이렇듯 잘못된 수요 예측으로 '지옥철'의 오명을 얻은 9호선은 전형적인 '수요 예측 실패'를 보여준다.

반대의 경우도 마찬가지다. 9호선과 달리, 인천공항철도와 인천공항고속도로는 수요를 과다하게 예측하여 실패한 사례다. 수요 예측은 대규모 사회간접자본(SOC) 투자를 추진할지 여부를 판가름하는 첫 단계이므로, 인구 및 도시의 변화를 예측해서 미래 수요를 예상한다. 그런데 미래를 너무 낙관적으로 바라본 나머지, 지금은 덩치만 크고 쓸모는 없는 시설이 되어버렸다.

인천공항고속도로 건설이 논의되던 1994년 당시에 한국도로공사가 발행한 교통영향평가서를 살펴보면, 인천 영종도, 무의도, 용유도 등지에 다양한 관광 및 휴식 공간이 조성될 것으로 되어 있다. 중국인과 동남아 인구 덕분에 관광산업이 두드러지게 성장하고 있었기 때문에, 매년 약 6천만 명 정도의 여행객이 방문할 것이라고 예상했다. 해당 보고서에는 2011년 8월 한 달 동안에만 600만 명 이상의 교통 수요가 발생할 것으로 예측했다. 1999년에 발간된 수요 예측 보고서 역시 크게 다르지 않았다. 그러나 뚜껑을 열어보니 수요는 예측의 절반에도 못 미치는 수준이었다.

인천공항철도 이용객도 개통 당시 수요 예측의 고작 8% 정도에 불과해 국민의 혈세를 낭비했고, 인천공항고속도로와 함께 최소운영수입보장(MRG)을 낭비하는 사례로 꼽히고 있다. 인천공항철도와 인천공항고속도로는 먼 장래를 예상하는 수요 예측에서 큰 폭의 오차로 9호선의 사례와 마찬가지로 오명을 얻었다. 윤순철 경실련 시민감시국장은 인천공항철도의 부진에 대해 "돈 먹는 하마는 출생부터 남달랐다"며 문제점을 꼬집었다. 결국 교통의 수요를 예측하는 다양한 기관이 잘못된 수요 예측으로 막대한 예산을 낭비하고도 전혀 책임지지 않으며 여전히 똑같은 실수를 되풀이하고 있는 실정이다.

이처럼 기업이 미래를 준비하기 위해 예측한 숫자가 도리어 악영향을 끼치는 경우가 있다. A회사의 이듬해 성장률을 8%로 예측했다고 하자. 하지만 일부 사람들이 실제로는 마이너스 성장이 현실적이라고 주장했다. 후자의 주장이 타당성이 있다고 해도 기존의 성장 예측 수치를 조금 낮출 수는 있지만, 마이너스 성장으로 예측 결과를 바꾸지는 않는다. 이는 기존의 예측 결과가 확신으로 자리 잡아서 다른 의견을 사전에 차단해버리기 때문이다. 다시 말해, 예측된 수치가 전략적 사고를 방해하는 셈이다. 일본 버블의 발생과 붕괴, 한국의 IMF 경제 위기, 미국의 서브프라임 사태, 인천공항고속도로와 인천공항철도 등 모두 수치가 사고를 방해한 예다.

때로 예측은 장밋빛 미래의 단면만 보게 하여 판단을 흐린다. 특히 수치화된 예측일수록 속내를 제대로 파악하기가 힘들다. 수많은 변수의 상호작용은 묻어두고 편리를 위해 미래의 가능성을 숫자만으로 표현하려 들기 때문이다. 이뿐만 아니다. 어떠한 자료는 정량적인 방법으로 수치화하기 어렵다. 그런데 이런 것을 편의를 위해, 혹은 이해를 돕기 위해 숫자로만 표현한다면 틀림없이 자료 그대로를 나타내지 못하고 왜곡될 것이다.

한국은 현재 단군 이래 최대 불황이라고 할 만큼 경기가 좋지 않다. 2016년 2월 기준, 청년 실업률은 12.5%로 사상 최악의 수치를 기록했다고 한다. 이렇게 경기가 안 좋을수록 여러 기관에서는 각종 예측을 쏟아낸다. 하지만 미래의 숫자는 바뀌게 마련이고, 단편적인 예측은 결코 정확할 수 없다. 때론 악영향만 끼칠 뿐이다. 미래를 현명하게 준비하기 위해서는 집약된 수치보다는 다차원적인 가능성과 종합적인 시나리오를 살펴보고 미래를 준비하는 통찰력을 길러야 할 것이다.

숫자의 이면을 보라

아라비아숫자는 인도에서 발생하여 숱한 변화를 거치며 현재에 이르렀다. 문자보다 이른 시기에 발명되었다는 숫자는 인류의 진보에 커다란 영향을 끼치며 역사와 함께 발전해왔고, 여전히 인간의 생활에서 중요한 역할을 담당하고 있다. 숫자는 인류가 낳은 최고의 발명품으로서, 불, 바퀴, 시계, 달력 등과 함께 어깨를 나란히 한다. 그만큼 인류의 발전과 떼려야 뗄 수 없는 관계이며, 숫자로 유의미한 정보가 표현되곤 한다.

현대인에게 숫자는 이미 익숙한 존재다. 증권 정보를 확인하고, 일기예보를 통해 입을 옷을 정하고, 출근 시간을 확인하는 모든 활동이 숫자로 유용한 정보가 제공되기 때문이다. 이뿐만 아니라, 기업에서 숫자는 핵심적인 의사소통의 수단이다. 기업 내외의 이해관계자에게 재무적 정보를 제공하는 회계 자료 역시 숫자로 되어 있고, 이해관계자들은 수치로 표현된 자료를 통해 합리적으로 의사결정을 내린다. 더불어 공공기관이나 민간 연구 기관 등에서 발표하는 자료는 숫자를 통해 간결하게 표현하고 의미를 명확히 전달한다. 때로는 경제, 사회의 현상과 움직임을 쉽게 나타내는 데 쓰이기도 한다. 이렇게 현대 사회

에 잘 적응하고 이해하기 위해서는 숫자에 담긴 의미를 읽을 수 있는
힘을 길러야 한다.

　그렇다면 정보로서의 숫자는 정보 제공자의 의도를 온전히 전달
할 수 있을까? 기업에서 이해관계자들 사이에 커뮤니케이션하는 수단
인 회계를 예로 들어보자. 1971년, 미국회계사회는 회계의 기능을 "정
보 이용자가 경제적 의사결정을 하는 데 유용하도록 경제적 실체에 대
해 재무적이고 양적인 정보를 제공하는 것"이라고 정의했다. 우선 회
계가 성립되기 위해 전제되는 경제적 실체는 다른 말로 회계 실체 혹
은 회계 주체라고 한다. 회계 실체를 대상으로 하여 화폐액이라는 단
위에 의해 경제적 현상을 나타내는 것이 회계 정보다. 경제적 현상은
화폐액으로 나타낼 수 없는 정보는 회계 대상에서 제외한다. 이는 실
제 발생했던 사실만 밝히거나, 미래에 발생할 것이라고 기대되는 현상
은 제외한 것을 객관적인 정보로 본다는 말이다. 이렇게 제공된 정보
는 이용자에게 유용한 정보를 제공할까? 국내 건설업계, 조선업계의 사
례를 보면 쉽게 이해할 수 있다.

　제조업은 제품을 대량 생산하기 위해 인력이나 기계력 등으로 가
공하는 것을 의미하는데, 2차 산업을 구성하는 제조업이라도 업종의
특성에 따라 재무적 정보가 달라진다. 회계 전문가들은 2차 산업에 속
한 다른 업계와는 달리, 조선업계와 건설업계가 제공하는 재무제표에
는 주관적 요소가 들어갈 수밖에 없다고 말한다. 대개의 제조업체처럼
가공된 제품을 판매한 수량과 그에 따른 매출액으로 회계 정보를 기록
하지 않고 공사 진행률로 수익을 잡기 때문이다.

　최근 금융위원회에서 회계 처리 투명성 향상을 명분으로 '수주산
업 회계 투명성 제고 방안'을 내놓았다. 현재 기업이 내놓는 제한적인

정보로는 손실 등을 감추기 쉬워서 기업이 직면해 있는 위험을 적절하게 추정하기 어렵기 때문이다. 예를 들어 총 공사원가가 500억 원이 들 것이라고 가정하고 사업을 진행하고 있다고 하자. 올해 500억 원의 20%인 100억 원을 원가(비용)로 사용했다면 공사 진행률을 20%로 본다. 그리고 이 사업이 600억 원에 수주한 사업이라고 하면, 공사 진행률을 반영해 당기에 얻는 수익은 600억 원에 20%를 곱한 120억이 된다. 여기에 원가(비용)로 사용한 총액을 빼면 손익은 10억 원이 된다. 하지만 공사에 드는 비용으로 600억 원이 들 것임을 알면서도 건설업체가 500억 원으로 비용을 추정한다면 공사에 드는 실제 비용과 수주 비용이 같아서 수익이 전혀 나지 않는 상황인데도 100억 원의 수익이 나는 것처럼 꾸밀 수 있다. 이처럼 건설업체가 총 공사원가 추정액을 임의대로 확대 추정하거나 의도적으로 낮게 추정하게 되면 실적에 반영될 손실을 멋대로 조정할 수 있게 된다. 이 같은 맥락에서 건설업체가 제공한 회계 정보를 곧이곧대로 믿은 선의의 투자자의 피해를 막기 위해 금융위원회는 새로운 회계 기준 개선 방안을 내놓은 것이다.

사실 건설업계는 오랜 기간에 걸쳐 공사가 진행되는 데다 원자재 값 변동 등 예측 불가능한 회계 특성이 있어서 원가 정보를 따로 공시하지 않는 것이 일반적이었다. 그래서 건설업계에서는 '수주산업 회계 투명성 제고 방안'에서 제시한 것처럼 전체 매출액 대비 공사비가 5% 이상인 사업장에 대해 공사진행률과 지출 예정 충당금, 분기별 총예정 원가, 원가율 등을 주기적으로 공시하게 되면 해외 수주 경쟁에서 경쟁력을 잃을 수도 있다고 우려했다. 건설업계의 거센 반발에도 불구하고 금융위원회는 정확한 회계 정보를 공개해서 주주 피해를 최소화하기 위해 건설업계의 원가 정보 공개를 강행하고 있다. 물론 '수주산업 회계 투명성 제고 방안'을 통해 건설업체가 받을 타격이 전혀 없다고 무시할 수는 없지만, 주주의 자금을 이용하면서 핵심적인 정보를 제공하지 않는 것은 억지일 뿐 아니라 더 나아가 배임이고 분식이다. 이런 건설업계의 특성을 감안하면 비교적 객관적인 회계 정보를 공시하더라도 어느 정도 현실에 대한 왜곡이나 은폐가 일어날 수밖에 없으니, 공시된 숫자의 표면적인 부분만 이해해서는 다소 부족하다.

최근 들어 조선업계는 핵심 수출 항목이 아니었던 해양 플랜트 공사에 손을 뻗기 시작했는데, 이는 2008년 글로벌 금융위기 이후로 선박 발주가 눈에 띄게 감소했기 때문이었다. 하지만 조선업계는 생소한 분야인 해양 플랜트의 예상 원가를 어떻게 측정할지, 혹은 공사 진행률에 따라 어떻게 수익을 산정해야 하는지 기준이 모호했기 때문에, 수익을 부풀리기 위해 무리하게 사업 원가를 추정했다. 이로 인해 계속 흑자를 내던 조선업계 회사들이 갑작스레 적자로 돌아섰다. 시장에서는 당혹감을 감추지 못했고, 심지어 분식회계 의혹까지 제기했다.

게다가 조선업계는 지속적인 경기침체로 인해 건조 대금을 나중에 받는 '헤비 테일(heavy tail)' 방식으로 계약했다. 경기가 좋지 않으니 발주사의 자금이 넉넉하지 않은 상태이고, 국내 조선업계 역시 사업을 따내어 수익을 창출해야 하니 자연스럽게 이런 방식이 선호된 것이다. 하지만 헤비 테일 방식이 여러 번 누적되면 걷잡을 수 없다. 제품이 완성되기까지 사업을 착수한 기업은 자비를 들여 사업을 진행하거나, 금융기관에서 진행 과정에 드는 비용을 조달해야 하기 때문에 그만큼 리스크가 크다. 불황이 장기간 계속되면 발주사는 품질을 핑계로 계약을 해지하기도 한다. 표면으로 드러나지 않은 리스크는 재무제표에 표시되지 않고, 숨겨지기도 한다.

실제로 2014년 이후로 국제 유가가 하락하면서, 수지가 맞지 않을 것으로 예상한 해외 발주사들은 유가가 다시 오를 때까지 공사 비용을 미루고 싶어 한다. 그래서 국내 조선업계의 공사 대금(미청구 공사)은 점점 쌓여만 가는 실정이다. 물론 선량한 투자자에게 피해가 돌아가지 않도록 미청구 공사 계정을 통해 이런 정보를 제공하고 있지만, 이 또한 전체 금액을 대략적으로 확인할 수 있을 뿐 사업별 금액이라든가 회수 가능성이 낮은 자산 액수는 구체적으로 알기가 힘들다. 그래서 금융위원회에서는 조선, 건설 등 수주산업의 장부상 이익이 대규모 손실로 전환되는 '회계 절벽' 현상이 연이어 발생하지 않도록 2015년 말 유관 기관과 함께 대책 본부를 구성하여 수주산업 회계 투명성 제고 방안을 모색하고 있다. 그러나 이 역시 어떠한 효과가 있을지 지켜봐야 하는 실정이다.

이와 관련한 대표적인 국내 사례가 STX조선해양이다. STX조선해양은 ㈜STX가 대동조선(주)을 2001년도에 인수하며 건실한 기업이었다. 2008년에는 도크 건조 세계 기록을 경신하고, 한국 경영대상 시상식에서 연속 5회나 생산혁신부문 종합대상을 차지할 정도로 굴지의 기업이었다. 그러나 2012년 1분기 영업 이익이 59억 원, 2분기 영업 손실 160억 원, 3분기 영업 손실 1,273억 원으로 연이어 적자를 내다가, 2014년 4월에는 상장 폐지에 이르렀다. 말 그대로 '회계 절벽'을 겪은 것이다. 당시 STX조선해양은 배 가격이 떨어져서 건조할수록 손해가 나는 상황인데도 의도적으로 매출과 영업 이익을 늘려 투자자들을 속였고, 자산 역시 부풀려온 것으로 나타났다. 그런데도 STX조선해양의 전 회장은 2조 원이 넘어가는 분식회계 혐의 중 4분의 1만 인정되었고, 횡령 및 배임 역시 상당액이 무죄라고 판시되었다. 이는 조선업 거래의 특수성인 헤비 테일을 반영한 결과였다.

당시 STX조선해양이 저지른 2조 원의 분식회계는 주주와 채권자에게 손해를 끼치고 탈세와도 관련이 깊어서 죄질이 나쁘다고 볼 수 있다. 그러나 업계 관계자들은 조선업의 특수성을 무시하고 일괄적인 잣대로 처벌하는 것은 부당하다고 주장하면서, 액면으로 드러난 숫자만 가지고 회사 사정을 제대로 반영하지 못하는 회계 방식에 불만을 나타냈다. 이처럼 회계와 통계는 현황을 파악하고 미래를 예측하는 데 매우 편리한 도구이지만, 수치를 계산하는 방법이나 수치 해석 과정에서 정보가 왜곡될 수 있으므로 주의가 필요하다.

정부의 입장에서 포착하지 못하는 경제활동을 지하경제라고 한다. 본래 지하경제는 '과세나 정부의 규제로부터 피하기 위한 것'이라는 부정적인 인식이 많지만, 이와 다른 의미에서 재무제표에는 드러나지 않는 숨은 지하경제가 있다. 이는 수치로는 표현되진 않지만 기업의 성패에 상당히 중요하다. 예를 들어 업무 효율성 향상을 위해 새로운 시스템을 도입한다든지, 직원들의 복지를 위해 서비스를 제공한다든지 하는 것이다. 숫자에 집착한 나머지, 이렇게 표현되지 않는 중요한 가치들을 놓친다면 어리석기 그지없다.

일반적으로 현대를 '정보화 사회' 혹은 '통계 사회'라고 부르는데, 현재 우리가 살고 있는 21세기에는 대부분의 정보가 숫자로 표현되고 특정한 정보를 포함한 숫자가 매우 중요한 시대인 것만은 틀림없는 사실이다. 하지만 숫자를 중시하는 수준을 넘어 숫자만 맹신하는 경우가 발생하기도 한다. 최근 출판된 경영학 도서들만 살펴보아도 이러한 양상이 충분히 드러난다. 이는 결과적으로 수치에 대한 막연한 믿음으로 이어져, 때로는 판단력을 흐리게 만들고 기업 전략을 실

패로 이끌기도 한다. "우리의 문제는 무지가 아니라 잘못 알고 있다
는 사실에서 비롯된다"는 유명한 작가의 격언처럼, 숫자를 액면 그대
로 맹신하기보다 표현의 한계를 인정하고 숫자가 이면에 숨은 의미를
분석해야 할 것이다.

숫자로 실패한 기업들

　　DCM 도요타를 인수하며 인도 시장에 진출한 대우자동차는 중형
차 중심의 전략을 세웠으나 수요 예측을 잘못하여 현지 시장 진출에
실패한 대표적 사례다. 대우자동차는 시장 조사보다는 예약 판매로 수
요를 파악하려 했는데, 11만 명이나 몰리자 설비 능력을 연 10만 대
규모로 확대했다. 그러나 예약 수요 중 실수요로 전환된 비율이 10%
수준에 그치면서 위기를 맞았고, 부품 현지화를 통한 원가 절감으로
상황을 타개하려 했다. 하지만 부품 공장을 신축하는 데 추가로 소요
된 투자금(약 10억 달러)이 큰 부담으로 작용하면서 끝내 경영 악화로 사
업을 접었다.

　　기업이 실패하는 데는 크게 두 가지 원인이 있다. 하나는 기업에
서 생산한 재화나 용역이 판매되지 않는 것이다. 기업은 반드시 무언
가를 판매해서 돈을 벌어야 살아남을 수 있기 때문에 가장 기본적이고
명확한 원인이라고 할 것이다. 기업에서 생산 또는 제공하는 재화나
용역을 필요로 하고 구입하려는 의사가 있는 대상을 수요라고 한다.
사람에게 공기가 필요하듯, 기업은 돈을 벌지 않으면 존재 이유가 없
기 때문에 생산품을 구입해줄 대상, 즉 수요가 어느 정도인지 확인하

는 것은 기업이 존재하는 한 끊임없이 관심을 갖고 고민해야 하는 부분이다.

하지만 생산한 재화나 용역이 잘 팔리는데도 기업이 실패하는 경우가 있다. 이는 기업 경영을 잘못했기 때문이다. 물론 기업 임원의 배임, 횡령과 같은 불법적인 행위도 있겠지만, 효율성 저하로 인한 수익 구조 붕괴, 이윤 감소 등도 원인이 될 수 있다. 즉, 100원을 들여 제품을 만들어서 90원에 파는 셈이다. 얼핏 말이 안 되는 상황처럼 보일 수 있지만 기업의 규모가 커지고 제품이나 용역이 다양해질수록 이와 같은 문제가 발생할 확률이 높아진다.

따라서 재화나 용역이 판매되지 않는 상황을 피하려고 기업은 최선을 다해 '수요 예측'을 위해 노력한다. 과연 기업에서 생산한 제품이나 서비스는 얼마나 팔릴까? 얼마만큼의 소비자가 기업을 찾아줄까? 고객은 무엇을 원하는가? 이렇듯 수요를 정확하게 예측하기 위한 노력은 경영학이라는 학문이 생긴 이래 지속적으로 이루어져왔다. 그런데도 수요는 완벽하게 알 수 없으며, 대강만 예측할 수 있을 뿐이다. 100% 완벽한 수요 예측은 없다.

하루가 다르게 급변하는 사회에서, 특히 모바일 시장에서 고객의 니즈를 예측하고 이에 대응하기란 결코 쉬운 일이 아니다. 워크맨과 CD 플레이어로 음향가전 시장에서 절대 지존으로 군림했던 소니는 mp3라는 디지털 혁명의 파도에 무너졌고, 이 시점에 등장한 애플 아이팟은 지금 모바일 시장을 지배하는 아이폰을 만들었다. 이렇듯 소니의 몰락은 많은 IT 기업의 타산지석이 되었다.

지금 대한민국의 IT 모바일 기업의 대표 주자는 다음카카오다. 그런데 혜성처럼 등장한 듯한 카카오에도 두 번이나 좌절과 실패가 있었다는 사실을 아는 사람은 많지 않다. 카카오는 2006년에 '아이윌랩'이라는 이름으로 설립되었는데, 부루닷컴(buru.com)이라는 소셜 북마킹 서비스를 만들었지만 3개월 만에 실패했다. 이후 위지아(wisia.com)라는 소셜 랭킹 서비스를 만들어 5만 명의 사용자를 확보했지만 역시 실패로 끝나고 말았다. 하지만 앞선 두 번의 실패가 없었다면, 3년 뒤 아이폰 출시와 더불어 등장한 기회를 잡지 못했을 것이다. 무엇이든 선점하는 일이 성공과 실패의 분수령이 되는 모바일 시장에서 실패해봤기에 아이폰에 최적화된 서비스를 누구보다 빨리 만들어낼 수 있었다. 그렇게 탄생한 것이 현재의 카카오톡이다. 전 카카오 대표인 이석우 회장은 이렇게 강조한다.

"잇단 실패에서 배운 사실은 사용자를 제대로 알아야 하고, 그들이 원하는 서비스를 만들어야 한다는 것이었다. 사용자들이 원하는 것을 서비스에 반영하고 업데이트해야 한다. 고객의 의견을 듣지 않으면 우리가 낼 수 있는 아이디어는 매우 한정적일 수밖에 없다. 서비스 제공자는 소비자들의 행동 패턴을 분석하고, 이를 바탕으로 재구성하는 형식으로 가야 한다."

그러나 카카오도 일본 시장에서 실패를 맛보았다. 현재 일본 모바일메신저 시장에서 점유율 1위를 달리는 최대 경쟁 상대인 네이버 라인과의 대결에서 패하면서, 다음카카오의 일본 현지법인 '카카오재팬'은 지난 2012~2014년까지 3년 연속 적자를 면치 못했다. 반면 카카오톡보다 3개월 늦게 일본에 진출한 네이버 라인은 3년 만에 5,400만 명의 가입자를 모으면서 일본 시장을 점령하는 데 성공했다.

이처럼 '수요'는 알고 싶지만 영원히 알 수 없는 숫자이기도 하다. 카카오는 초기 단계에서 고객의 니즈를 파악하지 못해 실패를 맛보았고, 이를 바탕으로 모바일메신저 시장에서 압도적인 성공을 이루었다. 하지만 일본이라는 또 다른 시장에서의 수요 예측에는 실패했다.

과거 소니는 번뜩이는 아이디어와 독창적인 제품으로 세계 시장을 주름잡았다. 애플의 스티브 잡스조차도 한때 소니를 모방하겠다고 공언할 정도였다. 기발하고 창의적인 기술적 아이디어를 바탕으로 혁신적인 제품을 만들어내던 소니는 사무직계 출신 CEO 이데이가 취임한 이후 EVA 시스템을 도입하여 조직의 평가와 임직원 급여에 사용하면서 점차 보수적으로 변했다. 따라서 새로운 기술 대신 기존의 기술로 수익을 극대화하는 데만 집중했고, 리스크를 최소화하기 위해 선행투자를 꺼리게 되었다. 아이디어를 실험할 수 있는 기반이 무너지면서 고객이 소니라는 회사에 기대하던 창의적인 제품을 만들기 어려워졌다. 그리고 점차 경영이 악화되면서 몰락하는 수순을 밟았다. 물론 수익성이라는 숫자는 기업이 우선시해야 할 가치 중 하나이지만, 큰 그림을 보지 못한 채 수익성에만 매달릴 경우 경영의 본질을 놓치고 실패할 수 있다.

기업이 실패하는 또 다른 원인은 수요를 적절히 예측해 많은 매출을 내고도 이익이 나지 않기 때문이다. 기업을 경영하는 경영자는 세세한 부분까지 직접 눈으로 보고 발로 뛰며 관여할 수 없다. 기업의 규모가 커질수록 불가능한 일이다. 그 경우 기업 경영 활동과 관련된 숫자는 재무제표를 통해 확인할 수 있으며, 이를 통해 기업의 경영 상태를 파악하고 분석하여 문제점을 해결하고 이익을 낼 수 있는 계획을 수립해야 한다.

경영 분석에 이용되는 자료로는 재무제표를 포함한 회계와 통계 등 각종 계량화된 수치가 있다. 하지만 이런 자료가 모든 정보를 포함하는 것은 아니기 때문에 불확실하며 오류를 범할 수 있다. 물론 일부러 왜곡하기도 한다. 재무제표에 기록된 숫자에 불확실성과 오류가 생기는 원인은 다양하다. 재무제표가 기업의 경제적 실태를 정확히 반영하지 못하거나, 업종마다 재무제표 작성 원칙이 달라서 다른 업종과 비교하기 어렵거나, 대손 예상액, 우발 채무, 재고 자산에 대한 판매 가능성 등 추정과 가정이 많이 포함되어 있는 경우가 그렇다. 또한 재무제표에는 질적 정보가 반영되지 않는데, 코카콜라나 나이키 같은 경우 브랜드 가치는 상당히 높지만 이는 재무제표에 적절히 반영되지 않는다. 게다가 회계 처리 방법이나 회계 기간이 기업마다 다르고, 재무제표는 역사적 원가로 측정되기 때문에 자산의 실제적 시장가치는 반영하지 못한다.

재무제표를 이용해 경영을 분석하면 기업 간 비교와 기간 비교 등을 통해 기업의 상대적인 재무적 강점과 약점을 평가해볼 수 있다. 그러나 대부분의 기업에서 다양한 회계 처리 방법과 회계 기간을 선택하여 재무제표를 작성하기 때문에 단순하게 비교하면 잘못된 결과를 얻게 된다. 따라서 재무제표를 비교하기 위해서는 비교하려는 기업의 회계 처리 방법과 회계 기간을 검토하고, 비교할 수 있는지부터 파악해야 한다.

최근 수치만 불리느라 무리한 경영 활동으로 실패한 기업의 사례로 카페베네와 스베누를 들 수 있다. 카페베네는 2008년에 창업한 이후 2010년에는 카페 전문 가맹점 평균 매출 1위를 달성할 정도로 규모가 커졌다. 그러나 2012년부터 난항을 겪으면서, 2015년에 김선권 회장이 최대 주주에서 물러났다. 카페베네는 바퀴베네라는 별명을 얻을 정도로 매장이 늘어나는 속도가 빨랐지만, 커피 사업이 어려워지자 이탈리아 레스토랑인 블랙스미스, 제과 브랜드인 마인츠돔, 드러그스토어 디셈버24 등을 론칭했고 모두 실패했다.

스베누 황효진 대표는 2012년 '신발팜'을 오픈했고, 2014년 신발 의류 브랜드인 스베누를 론칭했다. 2014년 7월에 1호점을 열면서 60여 개 가맹점을 포함해 오프라인 매장이 100개점을 돌파했다. 하지만 매출 104억 원에 영업손실액 2억 원을 기록하고 현재는 수백억대 사기 혐의로 고소당한 상태다.

두 기업 모두 내실을 다지지 않은 채 무리하게 사업 규모를 확장한 것이 실패의 원인이었다. 기업의 실제 재무 구조는 제대로 파악하지 못한 채 시장 점유율을 높이는 데만 급급해서 매출 규모를 늘리는 것에만 관심을 둔 탓이었다. 또한 가맹점주 및 직원에게 대금 및 임금을 제대로 지급하지 않거나 근로기준법을 위반한 사실이 많은 것으로 확인되었다. 이런 부분은 재무제표에는 드러나지 않으므로, 재무제표에 기록된 수치만으로는 기업의 허점을 파악하기 어렵다. 기업은 숫자로 파악할 수 있지만, 숫자가 알려주지 않는 부분에 의해 기업이 좌지우지되기도 한다.

기업은 처음부터 끝까지 모든 것을 숫자로 표현할 수 있다. 그러나 정작 기업의 경영자가 가장 알고 싶어 하는 수요(고객의 니즈)는 숫자로는 드러나지 않는다. 게다가 숫자로 기록된 수치라도 오류가 생길 가능성이 있으므로 숫자만 맹신했다가는 큰 위기를 초래할 수 있다.

기업에서 가장 중요한 숫자는 돈이다. 돈은 시시각각으로 변한다. 주가는 초 단위로 바뀐다. 환율은 매일매일 변하며 1달러의 값어치를 올리거나 내린다. 20년 전의 1만 원은 지금의 1만 원과 숫자는 같지만 가치가 엄청나게 차이가 난다. 그렇기 때문에 기업은 경영을 위해 주가를 올리기도, 내리기도 한다. 환율이 오르면 웃는 기업이 있고, 우는 기업이 있다. 이렇듯 기업은 숫자에 종속되어 있지만, 기업과 관련된 숫자는 매우 민감해서 이를 제대로 알고 다루지 못하면 한순간에 실패를 맛볼 수 있다.

왜 통계를 신뢰하는가?

일반적으로 통계라고 하면 경제성장률, 실업률, 성적 비율에 따른 내신등급 등 다양한 수치를 떠올릴 것이다. 위키백과에서는 "통계학은 응용수학의 한 분야로, 관찰 및 조사로 얻을 수 있는 불균형적인 데이터로부터 응용수학의 기법을 이용해 수치상의 성질, 규칙성 또는 불규칙성을 찾아낸다. 통계적 기법은 실험 계획, 데이터의 요약이나 해석을 실시하는 데 근거를 제공하는 학문이며, 폭넓은 분야에서 응용되어 실생활에 적용되고 있다"라고 정의한다.

현대 사회에서 통계학은 모든 분야에서 이용되며 그 중요성이 강조된다. 그 이유는 통계적인 결과를 얻는 과정의 과학성 때문이라고 말할 수 있다. 통계학에서는 어떤 결과를 도출하는 과정에서 막연한 추측이나 의사결정을 허용하지 않는다. 오로지 과학적인 이론에 근거하여, 대상을 선정하고 연구 목적에 필요한 자료와 정보를 수집할 때 경제성과 정밀도를 고려한다. 또한, 이러한 방법으로 수집된 자료는 과학적인 이론을 토대로 정리되고 분석된다.

그렇다면 비즈니스에서 통계를 활용하는 목적은 무엇일까?

우선 의사결정을 내릴 때 통계를 사용한다. 의사결정은 여러 가지 정보를 평가해서 최종적으로 단 하나를 선택하는 것이라고 할 수 있다. 특히 여러 가지 변수나 데이터가 복잡하게 얽혀 있어서 자료만 가지고는 판단하기 어려운 분야에서 통계를 많이 활용한다. 경영학에서 의사결정은 여러 가지 대안 중 하나를 선택할 때 사용되는데, 이럴 때 통계학은 아주 듬직한 지원군이 된다.

그런데 의사결정의 가장 중요한 특성은 불확실성이다. 그래서 불확실성을 제거하고 기업의 효율성과 안정성을 제고하기 위해 비즈니스에서 다양한 시도와 솔루션을 개발한다. 그리고 제품의 생산과 판매 과정에서 CRM(고객 관리), SCM(공급망 관리) 등 정보를 획득하고 고객과 시장에 대응하는 데 어려움을 겪는데, 통계는 이러한 약점을 극복하는 좋은 근거가 된다.

불확실성을 줄이는 방법으로는 요약이 있다. 통계에서 요약이란 데이터의 요약을 의미한다. 비즈니스를 하면 매출액이 발생하는데, 매출액 역시 데이터다. 이런 데이터를 날짜별, 월별, 분기별로 정리하거나 지역별, 지점별로 매출액을 산출하면 의사결정자는 비즈니스를 확장하거나 축소할 부분을 판단할 수 있다.

게다가 데이터 요약으로 매출액만 산출할 것이 아니라 날짜별, 월별, 주별, 분기별 광고비 지출 내역에 대비한 매출액 규모를 정리한다면, 의사결정자는 광고비와 매출액의 연관성을 판단할 수 있다. 목표 매출액을 정하고 광고비, 매장 규모, 청결도 등의 변수를 조정할 수 있다면 더욱 구체적으로 판단을 내릴 수도 있다. 즉, 광고비의 단위별 증가나 감소로 인한 매출액의 증가나 감소를 확인할 수 있는 것이다.

이러한 인과관계를 파악해서 매출액이 변화하는 패턴을 찾아내면, 이 패턴을 추세로 볼 수도 있다. 패턴이 산술적으로 반복되는 정형화된 결과로 이어지지는 않겠지만, 경영자는 광고비나 여러 변수를 통해 미래의 매출액을 예측할 수 있다. 또한 다양한 계량 기법을 적용하여 여러 변수를 효율적으로 투입함으로써 최소 비용으로 최대 수익을 올릴 수 있는 지점을 찾아낼 수도 있다.

이처럼 통계는 유용한 기준을 제시하는 데 편리한 도구다. 하지만 인간의 한계를 뛰어넘어 미래를 예언하는 전지전능한 학문은 아니다. 전체 모집단을 기준으로 조사한 자료라도 시간과 환경으로 인한 한계 때문에 그 결과는 얼마든지 달라질 수 있기 때문이다.

한편 표본으로부터 전체 집단을 추정하여 나온 값을 과학적으로 분석하면 전체를 일일이 조사하는 것보다 훨씬 빠르게 결과를 얻을 수도 있다. 이러한 결과는 의사결정자가 경험과 직관만으로 결정하는 것보다 정확하게 예측하게 해준다.

그렇기 때문에, 국가, 공공기관, 기업 등에서는 미래 계획을 수립할 때 통계를 이용한다. 즉, 통계는 정확한 통계를 기반으로 좋은 정책과 계획을 수립하는 데 중요하게 쓰인다. 게다가 통계 결과는 과학적인 방법을 통해 도출되기 때문에 사람들은 통계를 신뢰하게 된다.

통계 결과를 맹신하지 마라

하루에도 수많은 통계가 쏟아진다. 통계는 신뢰를 바탕으로 하는 것이고, 국가 기관이 내놓는 통계라면 신뢰는 더욱 중요한 문제가 된다. 그러므로 각종 통계가 얼마나 신뢰할 만한가 하는 것이 그 나라의 문화 수준을 알 수 있는 척도라고도 할 수 있다. 물론 정치적 이해나 상업적 논리를 위해 통계를 활용하는 것은 어느 사회에서도 있는 일이니 이는 예외일 것이다.

통계라는 것은 어떤 현상을 보여주는 대표적 지표다. 예를 들어 실업률, 경제성장률, 평균 연령, 휴대폰 교체 주기, 출산율 등은 모두 통계 지표다. 이런 통계를 활용하여 경제적, 사회적, 정치적 현상을 예측할 수 있다. 다시 말해, 통계는 미래를 예측하는 핵심 도구라고 할 수 있다.

또한 통계라는 도구는 사람들이 논리나 주장을 펼칠 때 설득력 있는 논거로 제시되고 활용되기도 한다. 여기서 주의할 점은 통계의 결과가 자주 왜곡되어 해석될 수 있다는 점이다. 예를 들어, 통계의 모집단을 한정해서 유리한 숫자가 나오도록 한다든지, 작은 모집단이 전체를 대변하는 것처럼 둔갑시키기도 한다.

왜 많은 학자들이 통계 분석 결과와 의미를 그대로 믿지 말라고 하는지 이해하기 위해 대표적인 통계 오류를 다양하게 살펴보려 한다.

예시 1 미국의 유명한 작가 대럴 허프의 <새빨간 거짓말, 통계>는 통계에 관한 대표적인 베스트셀러다. 이 책에서 저자는 "통계야말로 쉽게 믿어서는 안 되는 거짓말 중의 거짓말"이라고 강조한다. 현재 우리가 직면한 통계의 허점과 무분별한 맹신을 지적한 것이다. 저자가 책에서 제시한 숫자(통계)의 오류 중 하나는 미 해군이 신병 모집을 위해 인용했던 통계다. 해군은 신병 모집 광고에서 같은 기간 동안 뉴욕의 일반 시민 사망자 수가 1,000명당 16명인 데 반해 해군 전사자 수는 1,000명당 9명에 지나지 않는다고 주장했다. 언뜻 광고에 인용된 통계를 보았을 때, 누구나 해군 입대가 뉴욕의 평범한 시민으로 사는 것보다 안전하다는 생각이 들 것이다. 그러나 이는 통계적 착각이다. 이 광고의 가장 큰 모순은 뉴욕 도시에서 나이가 들어 자연사하는 사람이나 병으로 사망하는 영유아 등을 포함한 다양한 시민을 20대의 건강한 장병과 단순 비교했다는 점이다.

예시 2 이번에는 비행기 사고로 인한 사망자 통계를 살펴보자. 예를 들어, 2015년의 비행기 사고 사망자가 1960년에 비해 크게 늘어났다는 통계가 있다고 가정하자. 그러나 이를 근거로 '지난 55년간 비행기 사고 위험이 과거보다 크게 높아졌다'고 단정하는 것은 무리가 있다. 비행기 사고 위험도를 측정하기 위해서는 단순히 사고 사망자 수만 비교해서는 안 된다. 총 비행 거리와 비행 횟수, 비행기 승객 수 등을 모두 감안해야 하기 때문이다. 이렇듯 통계의 숫자는 교묘하게 눈을 속이기도 한다.

예시 3　한편, 명절 때 마트 또는 상점에서 대대적으로 할인 행사를 벌이면서 '50%＋20% 할인'을 내걸었다고 하자. 이 문구를 보았을 때, 일반적으로 대부분의 사람들은 할인율이 70%라고 생각하겠지만, 실제 할인율은 60%다. '50%＋20% 할인'의 정확한 의미는 50% 할인한 가격의 20% 더 할인해주겠다는 의미이기 때문이다.

예시 4　이런 예도 있다. 교도소에 수감되는 나이가 어릴수록 재범률이 높다는 통계가 있다. 그래서 이 통계 결과를 토대로 14세 이하의 청소년을 교도소에 보내서는 안 된다고 주장하는 사람들이 있다. 설득력 있게 들릴 수도 있겠지만, 통계 결과를 자세히 살펴보면 여기에서도 통계적 오류가 보인다. 이 통계는 무엇을 의미할까? 원래 경범죄를 저지른 사람들보다 강력범의 재범률이 높다. 그런데 청소년들은 중죄를 저질렀을 때만 교도소에 간다. 그러므로 청소년 재소자는 강력범이고, 원래부터 재범률이 높을 수밖에 없다. 이를 나이가 어린 재소자라서 교도소에 수감된다는 식으로 논점을 흐린 것이다.

예시 5　십이지장 궤양이 파라세타몰(진통제) 복용의 부작용이 원인이라는 연구 결과가 발표된 적이 있다. 그러나 나중에 연구를 통해 십이지장 궤양의 원인은 진통제가 아니라, 십이지장 궤양 환자들이 진통제를 많이 복용하기 때문에 통계적으로 착시현상이 일어난 것이라는 사실이 밝혀졌다. 한편 프탈레이트라는 바닥 자재가 천식을 유발한다는 논문도 발표되었는데, 이 또한 먼지가 줄어드는 대신 먼지 1그램에 함유된 프탈레이트 함량이 높아진다는 사실을 간과한 통계적 착시현상의 결과였다.

예시 6 UC버클리에서 남성 지원자보다 여성 지원자의 탈락 비율이 높다는 주장이 제기되어 법적 소송까지 간 적이 있었다. 실제로 UC버클리에서 전수 조사를 실시한 결과, 여성 지원자의 주장처럼 남성 지원자의 합격률은 44%, 여성 지원자들의 합격률은 35%였다. 그런데 놀라운 사실은 남성 지원자의 합격률이 여성 지원자보다 높은 학과는 한 군데도 없었다는 것이었다. 전체적으로 봤을 때는 남성 지원자의 합격률이 높은 반면, 개별적으로는 여성 합격률이 더 높게 나타났다.

이는 대부분의 학과에서 여성의 합격률이 높았지만, 여성 지원자가 많이 지원한 학과에서 대량의 불합격자가 나오면서 발생한 통계적 착시현상이었다. 이렇게 수치를 무턱대고 합산해서 비교할 경우 통계적 모순이 발생한다.

예시 7 증시 브리핑 통계를 맹신하지 마라. 2012년 11월, 우리나라 전국 대부분 주요 도시가 10년 만에 가장 추웠다. 때 이른 추위만큼 국내 증시 역시 얼어붙었다. 한파 수혜주 등이 부각되기도 했지만, 전반적으로는 상당한 부침을 겪었다. 1,800선에서 시작해 1,900선을 회복하고 1,930까지 올랐으나, 다시 미끄러져 1,860선까지 떨어지기도 했다. 다행히 2012년 11월 후반으로 가면서 재정 절벽(긴축 재정 정책)에 대한 낙관적인 전망으로 코스피지수도 1,930선을 회복했다. 하지만 기대감만으로 오른 탓에 여전히 불안한 상황이었다.

2012년 12월 첫째 주, 미국 하원 3차 회기가 시작되어 미국 정치계의 힘겨루기 상황을 판단할 수 있게 되면서 재정 절벽을 해결할 실마리를 가늠해볼 수 있었다. 재정 절벽 우려가 다시 불거졌다면 국내 증시는 또 힘든 한 주를 보낼 뻔했다. 2012년 12월에는 재정 절벽 이슈를 누를 만한 호재를 국내에서 찾기가 힘들었기 때문이었다. 매달 발표되는 국내 경제지표를 보면 침체 국면인 것이 분명했다. 2012년 10월 광공업생산은 전년 대비 2011년 1월 이후로 처음 감소세를 보였고, 경기선행지수(현재 경기 상태를 판단하거나 앞으로 경기가 어떻게 될지에 대해 예측하기 위한 대표적인 지표) 순환변동치(지표에서 추세치를 제거해 경기의 순환만 고려한 변동치)도 내리막길을 걸었다. 기업의 체감 경기는 더욱 얼어붙었다. 그나마 11월 수출이 전년 대비 3.9% 늘어나면서 두 달째 증가세를 이어간 점을 위안 삼을 수도 있었지만, 글로벌 경기가 나아지지 않는 상황에서 이와 같은 수출 증가세가 지속될지 의문스러웠다.

수급도 믿음직스럽지 않았다. 기관은 순매수(매수 금액-매도 금액)를 기록했지만, 이는 연기금(연금과 기금을 합친 말이며, 연금을 지급하는 원천이 되는 기금, 곧 연금제도에 의해 모인 자금을 의미함)의 힘이었다. 외국인과 개인은 동반 매도에 나섰다. 이 가운데 대장주인 삼성전자를 비롯해 대형주의 힘이 달리는 것처럼 보였다. IT주에 대해서는 장밋빛 전망 일색이었지만, 밸류에이션 부담도 조금씩 높아졌다. 2012년 11월 마지막 한 주 동안 외국인의 매도가 삼성전자에 집중된 것도 이와 무관하지 않았다.

물론 11월이 추웠다고 해서 반드시 한겨울에 혹한이 찾아오지는 않는다. 12월로 접어들면서 증시에는 산타랠리에 대한 기대감이 형성되었다. 지난 12년간 12월 증시를 살펴보면 8번 상승했고 4번 하락해서 확률상으로는 기대를 걸어볼 만했다. 하지만 통계는 통계일 뿐이다. 믿을 수 있는 구석이 통계뿐이라면 맹신하는 것은 위험하다.

예시 8 실업률을 그대로 믿어도 될까? 대학생과 밀접하게 연관된 경제지표 중에서도 대학생들이 가장 관심 있게 지켜보는 것이 있다면 '실업률'과 관련된 지표다. 현재 통계청에서 발표하는 실업률은 국제노동기구(ILO)의 기준을 적용한 것으로, 15세 이상 성인 남녀를 대상으로 면접 조사를 실시한 결과다.

실업률은 단순히 전체 성인 중 일하지 않는 성인의 비율을 뜻하지는 않는다. 15세 이상의 성인은 크게 '경제활동 인구'와 '비경제활동 인구'로 나뉘고, 그중 경제활동 인구는 '취업자'와 '실업자'로 나뉜다. 취업자에는 1주일에 1시간 이상 수익을 목적으로 일하는 사람, 18시간 이상 급료 없이 가족의 일을 돕는 무급 가족 봉사자, 노사분규 등으로 일을 못하는 일시 실직자가 포함된다. 취업 능력은 갖추고 있지만, 일자리가 없어서 적극적으로 구직 활동을 하는 사람은 실업자로 분류된다.

실업률을 이해하는 데 가장 중요한 변수는 '비경제활동 인구'와 '구직 단념자'다. 비경제활동 인구는 취업도, 실업도 아닌 상태에 있는 사람으로, 학생이나 노인, 가정주부, 고시생 등이 포함된다. 구직 단념자는 비경제활동 인구 중 취업 능력은 있으나 여러 가지 이유로 구직을 포기한 사람을 의미한다. 그러나 '구직 단념'은 심리적인 요소가 다분해서 정확하게 측정하기가 힘들다는 한계가 있다. 구직 단념 여부를 알기 위한 질문에 대상자가 거짓말을 한다든가 응답을 거부하면 '비표본오차'가 발생하기 때문이다.

대부분의 사람들은 실업률을 전체 성인 수를 실업 인구로 나눈 값이라고 생각하지만, 실제로 실업률은 경제활동 인구를 실업 인구로 나눈 수치다. 적극적인 구직 활동을 단념한 구직 단념자와 비자발적 시간제 근로자는 실업자에 포함되지 않기 때문에, 결과적으로 사람들이 체감하는 실업률보다 낮아진다. 통계청 사회통계과 김문숙 직원은 "비경제활동 인구로 분류되어 실업률 통계에 포함되지 않는 수치를 알고 있어야 실업률을 제대로 이해할 수 있다"며, 언론이 보도하는 실업률 수치를 액면 그대로 받아들이는 것은 바람직하지 않다고 강조했다.

예시 9 교육부의 엉터리 비만 통계를 살펴보자. 2014년 10월 12일에 새누리당 김회선 의원이 교육부로부터 받은 '2011~2012 초중고

2011~2013 초중고별 비만현황 2013년 초등학생 비만율 시도별 순위									
구분	초(A)			중(B)			고(C)		
	2011	2012	2013	2011	2012	2013	2011	2012	2013
	비만율	비만율	비만율	비만율	비만율	비만율	비만율	비만율	비만율
제주	18.5	20.5	20.2	14.7	19.4	22.7	18.9	17.5	17.4
강원	15.5	18.4	17.5	16.1	19.6	18.8	16.3	14.6	19
충북	16.8	17.2	16.5	16.6	15.1	14.3	16.3	14.8	18.4
전남	12.2	13.1	15.9	12.2	13.1	16	14.6	16.4	14.2
전북	13.3	12	15.4	12.5	14	14.6	14.7	20.8	17.3
경남	11.1	14.2	15.3	13.9	16.5	14.6	14.1	19.1	18
충남	15.3	15.9	15.1	16.3	12.8	18.4	18.5	18.6	21.7
인천	13.7	14.3	15	15.8	13.6	15.3	16	15.7	17.9
경기	13.7	13.6	14.9	14.5	14.1	14.7	14.6	13.5	15.2
경북	13.8	13.9	14.8	13.7	14.2	17.3	17.5	17.8	19.3
광주	13.4	12.2	14.3	11.8	12.7	14.6	13.8	13.1	18.4
울산	17.4	14.8	14.2	15.3	16	17.4	12.8	13.1	16.2
대전	12.7	16.8	14.1	12.2	15.6	13.6	14.8	17.3	16.5
부산	13.9	12.7	13.1	13.7	15.7	15.1	14.6	17.1	18.5
대구	15.7	14.1	12.1	12.4	13.6	14	14.4	15.8	15.5
서울	12.6	13.8	11.7	14.3	14.4	13.8	17	14.8	16.8
평균	13.7	14.2	14.4	14.1	14.6	15.1	15.4	15.6	17

출처: 2014년 교육부가 김회선 의원에게 제출한 국정감사 자료

비만 현황-2013 초중고 비만율 시도별 순위'는 참으로 황당한 통계 자료여서, 통계라는 단어를 사용하기도 부끄러울 정도였다.

교육부가 신뢰할 수 없는 통계를 아무 거리낌 없이 제출하면서, 국회의원은 국정 감사장에서 그것을 그대로 발표했고, 언론은 그것을 가지고 분석하며 보도하는 촌극이 벌어졌다. 교육부가 김회선 국회의 원에게 제출한 통계 자료는 앞의 표와 같다.

아동 비만에 관심이 있는 사람이라면 위의 통계 자료가 신뢰할 수 없다는 사실을 한눈에 알아볼 수 있을 만큼 허점이 많다. 오류를 몇 가지로 요약하면 다음과 같다.

첫째, 충남 중학생의 2011년 비만율이 16.3%이고 2012년 비만율 이 12.8%다. 한 학교에서 1년 사이에 이렇게 비만율이 줄어들었다면 이해가 되지만, 충청남도라는 광역단체에서 1년 만에 비만율이 3.5%나 낮아졌다는 것은 통계 전문가가 아닌 일반인이 보기에도 불가능한 일 이다.

둘째, 전북 고등학생의 비만율을 보면 2011년 14.7%인데 2012년 비만율이 20.8%로 1년 동안에 무려 6.1% 늘어났다. 이것이 사실이라 면 전북도지사, 전북교육감, 전북의 고등학교 교장은 사퇴 이상의 책임 을 져야 할 수도 있다.

셋째, 대구 초등학생의 비만율이 3년 동안 지속적으로 낮아진 것 으로 되어 있는데, 이것은 명백한 사기다. 별 노력도 기울이지 않았는 데 비만율이 이렇게 낮아졌다면 연구가 필요한 이슈일 것이다. 그리고 대구뿐만 아니라 우리나라 초등생 비만율은 매년 조금씩 높아지는 추 세다.

그렇다면 어떻게 해서 이렇게 황당하고 오류가 있는 통계가 제출되고 아무런 문제 없이 유포된 것일까?

우선, 이 통계는 시도별 3,000명을 조사한 통계이기 때문에 통계에 사용된 모집단이 그 지역을 대표하지 못한다. 3,000명이라면 몇 개 학교를 선정하여 합산한 것이다. 그런데 우리나라의 경우 빈부의 격차에 따라 아동 비만의 차이가 크다. 예를 들어, 강남 부촌의 학생과 서민이 밀집한 동네의 학생의 비만율은 대략 3배 정도 차이가 난다.

통계에서는 서울의 비만율이 가장 낮은 것으로 나왔는데, 이 또한 명백한 거짓이라고 말할 수 있다. 서울 초등학생의 비만율은 약 16% 내외, 여자는 14% 내외다. 그런데 2013년 서울 초등생 비만율이 11.7%다. 서울은 비만율이 낮은 학교를 선정했기에 이런 결과가 도출되었다고 볼 수 있다.

그렇다면 이런 황당하고 오류투성인 통계가 아무렇지도 않게 작성되고 유포된 이유는 과연 무엇일까?

아동 비만에 대해 교육부 정책 담당 공무원의 기본적인 이해가 부족했기 때문이다. 그래서 3,000명이라는 숫자가 표본으로서 의미가 있다고 판단했던 것이다. 또한 이는 김희선 의원 역시 아동 비만에 대해 통계적 이해가 부족함을 보여준다. 게다가 언론에 종사하는 기자들조차 아동 비만에 대해 이해가 모자라 엉터리 통계를 믿고 기사를 작성했고 보도한 것이다. 더 큰 문제는 언론이 보도한 내용을 보고도 누구도 엉터리 통계라고 이해하는 사람이 거의 없다는 것이다.

다양한 통계 사례를 통해 통계를 맹신하면 안 되는 이유를 살펴보았다. 한 가지 분명하고 중요한 사실은 통계 자체가 문제가 아니라 통계 결과를 분석 또는 해석하는 과정에서 잘못하여 오류를 만들어낼 수 있다는 점이다.

통계 결과를 분석하고 해석하는 것 역시 사람이 하는 일이라 오류를 범할 수는 있지만, 통계 분석가 또는 관련 기관이 자신의 입맛에 맞는 결과를 도출하기 위해 의도적으로 조작하는 일은 일어나서는 안 될 것이다. 그러므로 통계를 해석할 때 기간과 변수, 표본 설정 등을 명확하게 하고 세부적인 요소를 반영해서 결과를 산출해야 할 것이다.

통계의 허점

통계 분석 결과는 진실만을 말하지 않는다. 근거가 없는 통계 결과는 공허하다. 부실하거나 입맛에 맞게 만들어진 통계는 신뢰할 수 없다. 통계와 숫자를 내세우며 진실로 변모하는 현실에서 살아남으려면 '속지 않는 안목'이 필요하다.

통계학자 게르트 보스바흐는 <통계 속 숫자의 거짓말>에서 통계를 대하는 기본 원칙을 제시했다. 기존 자료를 입수해 현 상황과 비교하고, 근거 자료를 요청하며, 실제로 파악할 수 있는 수치인지 검토하고, 자료의 출처를 확인해 이해관계가 얽혀 있는지 살피는 것이다.

유명한 영국의 정치가인 디즈레일리에 의하면 거짓에는 세 가지가 있다. 거짓, 새빨간 거짓 그리고 통계. 이는 가장 심한 거짓말이 바로 통계라는 뜻이다. 사실 통계는 작성 대상과 분석 방법에 따라 결론이 정반대가 되는 경우가 허다하다.

예를 들어 살펴보자. 작년에 우유 한 컵의 가격이 1,000원이었고 빵 1개는 500원이었는데, 올해 우유는 500원으로 내렸고 빵은 1,000원으로 올랐다고 해보자. 이 경우, 물가가 올랐다고 해야 할지, 내렸다고 봐야 할지 난감해진다. 이때 동원되는 것이 물가지수다. 작년의 우유와 빵 값을 100으로 잡고 올해의 지수를 산출해보면, 우유는 절반 값으로 내렸으니 50이고 빵은 200이다. 두 가지 지수의 평균은 125다. 결국 올해 물가는 25% 올랐다고 해석할 수 있다.

그런데 올해를 기준(100)으로 다시 계산해보면 결과는 달라진다. 작년의 우유 지수는 200이 되고, 빵은 50이 된다. 그 평균 역시 125다. 통계를 그대로 해석하면 작년의 물가가 올해보다 오히려 25%나 높았다는 결론이 나온다.

이와 마찬가지로, 요즈음 연중무휴로 실시되는 백화점 세일 기간에 보면 "지금 물건을 사면 값을 100% 절약할 수 있다"는 선전 문구를 발견할 수 있다. 그러면서 1만 원짜리 물건을 5,000원으로 할인해준다. 산술적으로는 50%를 할인한 셈이지만, 정상 가격이었더라면 1만 원으로 1개밖에 살 수 없었던 것을 지금은 2개를 살 수 있으니 100%가 절약된다는 표현도 무리는 아니다. 새로운 가격, 즉 5,000원을 기준으로 하면 분명 100%가 줄어들었기 때문이다.

청년 실업률 통계의 오류

통계라는 것은 힘이 되기도 하지만, 사기일 때도 있다. 이런 극단적인 평가는 어디서, 어떻게 비롯된 것일까? 사람 또는 기관에서 어떤 주장을 할 때 '숫자'를 덧붙이고 그 숫자의 의미를 해석하는 것은 매우 중요하다. 추상적인 말만 늘어놓기보다는 구체적인 숫자 또는 데이터를 인용하는 것이 신뢰성을 높여주기 때문이다. 물론, 그 숫자의 대부분을 차지하는 것이 바로 통계다. 그러므로 통계는 힘이 된다고 말할 수 있다.

통계는 사람들을 설득하는 데 큰 역할을 하고 힘을 발휘하기도 하지만, 그렇기 때문에 통계 결과와 의미가 때로는 사람들을 현혹시키기도 한다. 물론, 통계가 처음부터 그런 목적을 가지는 것은 아니다. 다만 통계 결과를 활용하는 주체의 방향성에 의해 결정되곤 한다. 예를 들어, 정부의 실업률 발표를 생각해보자. 정부의 입장에서 '실업률'은 낮을수록 좋은 것이다. 그렇기 때문에 통계 결과의 분석의 목적과 방향은 이미 정해져 있다고 말할 수 있다. 즉, 어떻게든 실업률을 낮추려 한다.

실업률을 낮추기 위한 가장 효과적인 방법은 더 많은 고용을 창출하는 것이다. 정부가 이를 위해 많은 노력을 기울여 고용률을 높이고 자연스럽게 실업률이 낮아지는 것이 가장 이상적이다. 그러나 전 세계의 모든 정부가 그렇게 노력하지는 않는다. 그 이유는 '통계'를 가지고 정부에 유리하게끔 해석해서 발표할 수 있기 때문이다.

2015년 11월 11일 청년 실업률 추이에 대한 <연합뉴스>를 살펴보면, 최근 내수경기가 살아나고 산업생산이 호조를 보이는 가운데 취업자 수 증가폭이 5개월 만에 가장 높은 수치를 나타냈고 청년층 실업률은 2년 5개월 만에 최저 수준으로 떨어지는 등 고용 관련 지표가 대체로 개선된 모습을 보였다고 한다. 2015년 10월 청년 실업률이 7.4%로 2년 5개월 만에 최저치를 기록했고, 또 청년층(15~29세) 고용률은 41.7%로 작년 같은 달보다 1.1% 상승했다.

그런데 이 통계 결과를 피부로 체감할 수 있는가? 정말 청년층의 사정은 나아지고 있는가? '헬조선'이라는 신조어가 생길 만큼 청년층들이 취업에 고전하는 상황인데, 통계는 "좋아지고 있다!"라고 말한다. 과연 그럴까? 통계청이 발표한 2015년 10월 고용 동향 기준을 살펴보면, 취업준비생은 63만 7,000여 명으로 작년 같은 달보다 8만 2,000명이 늘었다. 14.7%나 늘어난 숫자다. 비경제활동인구 중에서 취업준비생이 차지하는 비율은 4%에 이른다.

취업을 하지 못해서 졸업을 늦추는 학생들이 점점 늘어나는 상황인데도 정부의 통계 발표에 따르면 청년 실업률은 최저치를 기록했다. 이러한 기사들이 우습지 않은가? 과연 이 괴리는 어디에서 비롯된 것일까? 한국개발연구원(KDI)의 박윤수 연구원에 의하면 "청년 실업률이 떨어지는 것을 긍정적으로 해석할 수만은 없다"면서 "실업률 하락은 취업자가 늘어서 생긴 결과일 수도 있지만, 구직 활동이 그만큼 줄었다고 해석할 수도 있다"며 통계의 오류와 허점을 지적했다. 또 다른 허점이 있다면, 인턴이나 아르바이트생도 통계상 취업자로 분류한다는 것이다. 이렇게 취업자의 값을 늘리는 것 역시 통계가 저지르는 오류라고 할 수 있다.

어떻게든 실업률을 낮추고 싶은 정부로서는 실상을 비추는 통계가 아니라 허울만 좋은 통계를 내세우게 된다. 통계라는 것은 속이는 자의 무기가 되기도 하지만, 속고자 하는 자에게는 좋은 위안이 되기도 한다.

여론 조사 통계의 오류

여론 조사에는 엄격한 객관성이 필수적인데도, 설문의 객관성을 지키기가 어렵다. 조사원이 직접 질문지를 들고 시민을 찾아가 설문할 경우, 사람들이 설문에 잘 응하지 않으면 지인, 가족 등에게 설문을 받아 무작위로 조사한 것처럼 꾸미는 경우도 많다. 조사원들이 표본에서 벗어난 대상자를 상대로 설문하는 경우도 비일비재하다. 음식점 만족도를 평가할 때 그 식당에서 음식을 먹은 사람을 대상으로 조사해야 하는데, 빨리 일을 마치기 위해 조사 지역에서 벗어나 설문을 수집하는 경우도 있다. 직접 설문할 때는 이름, 전화번호를 기재하는데, 전화번호가 결번인 경우도 있고 연구 용역 비용이 적을 경우 검수를 하지 않는 경우도 있다.

여론 조사의 진실성 논란은 주변에서 쉽게 볼 수 있다. 2015년 3월, 경남에서는 무상급식 여론 조사 결과를 두고 논란이 일었다. 한 여론 조사 기관이 '전면 무상급식'에 대해 조사한 결과 찬성 34%, 반대 63%로 나타났는데, 이는 홍준표 경남도지사에게 유리한 결과였다. 그러자 야당에서 반론을 제기했다. "정부 지원을 늘려서라도 소득에 관계없이 전면 무상급식을 하는 게 옳은가?"라는 설문 항목에서 '정부 지원을 늘려서라도'라는 문구가 설문을 왜곡했다는 것이다.

또한 경남대 지방자치연구소가 실시한 무상급식 여론 조사는 50~60대 장년층의 의견을 과도하게 반영해 객관성을 잃었다는 지적을 받았다. 연구소는 여론 조사에서 무상급식 반대가 77.7%(1,618명), 찬성이 17.2%(359명)로 나타났다고 발표했지만, 응답자 중에 실제 학부모 세대인 20~40대는 29.5%에 불과했다. 반면 자녀가 성장하여 무상급식과 이해관계가 그다지 없는 50대가 24.1%, 60대 이상이 46.3%를 차지했다.

매년 언론에 회자되는 '변리사 연봉 6억 원' 기사도 대표적인 통계 왜곡 사례다. '국세청 부가가치세 납부 현황'을 근거로 변리사가 매년 6억 원을 버는 최고의 직업이라고 하지만, 변리사는 변리사 사무소의 전체 수입이 통계로 잡히기 때문에 1인당 연봉은 1억 원 수준에 불과하다.

가계 동향 조사 통계의 오류

2010년 8월 13일에 교육과학기술부(이하 교과부)는 통계청의 '분기별 가계 동향 조사' 결과를 근거로 "지난 2분기 가구당 월평균 학원비는 17만 7,400원으로 작년 2분기의 17만 8,032원보다 0.3% 감소했다"고 발표했다. 이 발표에 의하면, 2007년 1분기 이후 3년 만에 처음으로 사교육비가 감소한 셈이었다. 그동안 사교육비를 줄이기 위해 학원 심야 교습 금지, 대학 입학사정관제 도입 등을 추진해온 교과부는 보도 자료를 통해 경감 정책이 성과를 나타내고 있다고 발표했다.

하지만 대다수의 국민들은 이 결과가 현실과 다르다고 느꼈다. 통계청 자료를 분석한 결과, 실제 사교육비는 오히려 증가한 것으로 나타났다. 통계청의 '분기별 가계 동향 조사'를 보면 2010년 2분기에 학생 학원비가 오히려 0.056%(94원) 증가한 반면에, 성인 학원비는 지난해보다 6.7%(683원) 감소했다. 이 통계에서 주의할 점은 한 가구당 학원비에는 유치원, 초·중·고교 학생, 대학생, 일반 성인의 학원비 지출액이 모두 포함되었다는 것이다. 일반적으로 국민들이 생각하기에 사교육비는 학생들에게 들어가는 금액이다. 결국 정부가 학생 사교육비가 감소한 듯 보이기 위해 억지로 통계를 꿰맞춘 셈이다.

2010년 2월 이주호 교과부 차관은 2010년 사교육비 증가율이 3.9%로 2008년 증가율(5%)보다 낮아졌고 사교육비 조사 이래 최저라고 발표했다. 그러나 이 역시 통계의 함정이다. 이주호 차관이 인용한 근거 자료는 통계청의 '2010년 월평균 초·중·고 학생 1인당 사교육비 조사 결과'다. 이 자료를 자세히 분석해보면, 사교육비 지출이 가장 큰 중·고생의 사교육비 증가율은 전년의 2배 이상 높아진 것으로 나타났다. 중학생은 3%에서 7.9%로, 고교생은 4.6~5.3%(일반고 3.8~8%)로 가파르게 올랐지만, 증가율이 6.6%에서 1.2%로 둔화된 초등생과 마이너스를 기록한 전문계 고등학생(-13%) 덕분에 평균 증가율이 낮아진 것이다.

그러므로 "학부모 대부분이 사교육비 부담이 더 커지고 있다고 하는데, 교과부만 한가한 소리를 하고 있다"며 "국민들의 현실과 동떨어진 통계치가 과연 어떤 의도로 나왔고, 앞으로 어떻게 정책에 활용될지 생각하면 답답하다"고 말하는 국민들이 많았다.

이처럼 통계는 작성 대상과 해석 방법에 따라 전혀 다른 결과를 도출해내기도 한다.

통계의 분석과 기업의 흥망성쇠

　　최근 많은 국내외 기업에서 국가 통계를 적극적으로 활용함으로써 상품 개발, 경쟁 우위 확보, 마케팅 전략 수립 면에서 성공적인 성과를 이끌어내는 사례가 늘고 있다.

두산주류

　　국내의 대표적인 성공 사례 중 하나인 소주 '처음처럼'을 탄생시킨 두산주류 이정태 브랜드팀장은 '대박 상품의 비밀, 통계에 있다'란 주제로 강연을 한 적이 있다.

　　그는 "'처음처럼'은 제품 기획 단계부터 소비자의 생활방식과 소비 동향에 관해 다양한 국가 통계를 활용했다. 국내 소득과 지출의 변화 통계를 분석한 결과, 식자재 구입 지출이 줄어드는 반면 외식비가 늘어나 소비 형태가 변화하고 있음을 읽었다. 또한 소비의 동기가 경제적인 요인보다 즐거움이나 건강, 휴식 등을 중시하는 정서적인 요인이 강해지고 있음을 파악하고, 이를 제품 개발에 반영했다"고 말했다.

　　또한 '처음처럼' 출시를 위해 가장 먼저 활용한 통계 자료가 생산

인구 추이, 인구 비중 추이, 국내 소득과 지출 변화, 1인당 알코올 소비량이라고 밝혔다.

그러면서 "소비 동향에 관한 통계를 통해 건강·감성·개성이라는 트렌드를 읽을 수 있었다. 이를 토대로 여성 경제활동 참가율과 음주율 증가 추세까지 감안해 숙취 부담이 적은 맞춤형 '웰빙 소주'를 개발한 것이 적중했다"고 설명했다. 그리고 "급속한 고령화 현상을 보여주는 인구 통계를 보고, 주요 소비자인 30~40대뿐만 아니라 50대 이상의 소비자까지 마케팅 타깃으로 삼았다"고 밝혔다.

청정원과 제일제당

'대박 상품'으로 손꼽히는 청정원의 튜브형 '순창 쇠고기볶음 고추장' 또한 통계에서 아이디어를 얻었다고 한다. 청정원 마케팅팀은 '해외관광 여행객 수' 통계에서 1998~2001년 사이에 연평균 24%씩 급증한 출국자 수에 주목했다. 그래서 해외여행객들이 휴대하기 쉽도록 고추장을 튜브형 용기에 담아 신제품을 개발한 것이다. 매출액은 2004년 20억 원에서 2015년에는 36억 원으로 껑충 뛰었고, 올해 예상 매출액은 52억 원에 이른다.

한편 CJ㈜는 통계 자료인 인구주택총조사를 살펴본 결과, 1985년 66만 가구에 불과했던 1인 가구 수가 1995년 164만 가구로 10년 사이에 2.5배나 늘어난 것을 발견했다. 우리나라의 경우, 가장 대표적인 가구 유형은 2인 가구로, 2010년 인구가계조사에 따르면 2인 가구가 24.8%이고 4인 가구가 그 다음, 세 번째가 1인 가구다. 1인 가구와 2인 가구를 합치면 48.2%를 차지했다. 이를 좀 더 쉽게 풀어서 설명하면, 아파트에 살 경우 우리 집이나 앞집, 둘 중에 한 집은 두 사람이나 한 사람만 사는 집이라는 의미다. 통계의 결과대로라면, 나 홀로 가구가 엄청나게 증가하고 있는 것이다.

CJ(주)는 이러한 결과를 토대로 '햇반'이 정말 필요할 것이라고 예측했다. 그 결과, 1996년 전자레인지로 몇 분만 데우면 먹을 수 있는 즉석 밥을 출시했다. 현재 점차 늘어나는 1인 가구 수와 더불어 앞으로도 햇반은 매출액이 더 오를 것으로 보인다.

보령메디앙스와 해태음료, SK커뮤니케이션즈

보령메디앙스 마케팅팀은 2001년 초 인구동태조사의 합계 출산율 지표가 1990년대 이후부터 계속 감소해 1.3명까지 떨어진 것에 주목했다. 그리고 하나밖에 없는 자녀를 위해서는 비싸더라도 더 좋은 것에 아낌없이 지출하리라고 생각했고, 프리미엄 상품인 나노실버 젖병 등을 개발해 출시했다. 그 결과, 2002년 이후 작년까지 매출액이 10배 정도 늘었다.

그뿐만 아니라 해태음료는 장래인구추계를 활용해 고령 인구가 급증할 것으로 보고 중장년층 남성과 실버 세대를 겨냥한 한방 음료를 출시했고, SK커뮤니케이션즈는 사이버쇼핑몰 통계 조사를 활용하여 여성 상품군(패션과 의류 포함)의 매출액이 급격하게 증가한 것을 보고 여성 상품 카테고리에 집중하는 전략을 쓴 결과 전체 주문건수가 200% 늘어났다.

롯데마트

국내의 또 하나의 대표적인 사례로 롯데마트의 마케팅 전략을 예시로 들 수 있다. 전세값 상승률 통계 자료를 활용해서 매출 신장을 기록한 롯데마트의 마케팅 전략을 살펴보자. 롯데마트는 전세값 상승률이 높은 지역이 매출 상승률 또한 높고, 전세값 상승률이 낮은 지역은 매출 상승률이 낮게 나타난다는 사실을 통계 자료 분석을 통해 알게 되었다. 이러한 통계 자료를 토대로 매출 상승률이 낮은 지역, 즉 전남, 제주, 부산 등지의 점포 상품을 매출 상승률이 높은 지역인 서울, 세종시, 대구 등에 이동하여 배치했고, 이러한 결과는 매출 증대를 가져왔다.

메르세데스 벤츠의 성공 사례

독일의 명품 자동차업체인 메르세데스 벤츠는 국내외 시장에서 성공한 대표적인 글로벌 자동차 기업으로 꼽힌다. 메르세데스 벤츠의 성공 요인으로는 세계적으로 새로운 자동차 문화를 이끌어가면서도, 각 나라의 특성에 맞고 각 소비자의 니즈를 충족시키는 개별화 전략을 내세웠기 때문이다. 이런 기업의 성공에는 통계를 적극적인 활용한 것이 큰 역할을 했다.

메르세데스벤츠의 경우, 본사와 지사가 활발히 논의해서 개별화 전략을 수립하고 현지 시장에 진입한다. 본사에서는 타깃 국가의 GDP, 지역별 자동차 시장 성공률과 판매 수치를 근거로 향후 10년간의 세계 지역별 계획을 수립한다. 이와 동시에 세계 각 지역의 예상 판매율, 공장 시설, 고용 등에 대한 통계를 반영하여 전략을 수립한다.

한편, 현지 지사는 1~3년간의 현지 시장 계획을 본사에 보고한다. 여기에는 여러 통계 항목이 포함되는데, 각 국가의 GDP, 평균 수입, 국내외 자동차 시장 성장률, 판매 수치, 부동산 시장 변동률, 주가 등 현지 시장을 파악하기 위한 세세한 항목이 들어간다.

메르세데스 벤츠에서 만드는 자동차는 통계를 통해 발전된다고 해도 틀린 말이 아니다. 메르세데스 벤츠의 R&T(Research&Technology) 센터는 여러 통계 자료를 철저하게 분석하여 자동차를 개발한다. 통계 조사 중에 대표적인 항목은 안전벨트의 높낮이, 의자와 운전대(사람들의 평균키와 몸무게를 조사한 자료를 바탕으로 만들어진다), 나이트 뷰(시야나 집중력 정도, 반응 시간을 반영하여 기능을 향상시킨다)다.

여러 통계 자료를 수집하기 위해 직접 조사할 때도 있지만, 대개는 전 세계 각 정부에서 제공하는 통계 자료를 토대로 개발 방향을 찾는다. 안전성과 편안함에 중점을 둔 디자인과 연비 향상을 위한 성능 개발은 고령화 시대의 트렌드를 반영한 것이다. 주5일제가 시행된 이후 SUV와 RV가 인기를 끌면서, 많은 자동차 회사에서 주목하고 있다. 이는 주말 동안 가족 단위로 여가를 즐기는 사람들이 늘어났다는 통계를 기반으로 한 것이다. 게다가, 1인 가구가 늘어났다는 통계를 반영하여 '스마트'와 같은 초소형 자동차(1인승)가 개발되어 사랑받고 있다.

또한 가격과 예산 정책, 네트워크 계획, 시장 조사 등 마케팅 부문에서도 통계 조사를 활용한다. 자동차 시장 성장률이나 인플레이션, 환율을 고려해서 매월 판매 대수 및 예산을 편성하고, 지역별 평균 수입이나 가구 수, 차량 등록 대수에 따라 전시장이나 서비스센터를 배치한다.

이처럼 통계를 바탕으로 시장을 공략한 메르세데스 벤츠는 지난

해에만 전 세계적으로 485만 대를 판매했고, 시장점유율에서 신차 판매 기준 6.8%를 차지했다. 한국에서도 4,000여 대를 판매하며 수입 자동차 시장에서 13%의 점유율을 기록했다.

미국의 성공 사례

전 세계적으로 유명한 마케팅 통계 전문회사인 JNC의 론 제이콥스 대표는 성공적인 미국 글로벌 기업에서 어떻게 효과적으로 통계를 활용하는지 소개한 적이 있다. 그에 의하면 "미국 소매 기업은 전국 도시의 지리와 인구 통계, 도심의 시간대별 통근 현황, 지방 소도시의 6~17세 자녀가 있는 가구의 연간 소득 등 수많은 통계를 세밀하게 조사한 ACS(American Community Survey)를 적극 활용한다"고 밝혔다.

"미국 3위의 유통기업인 시어스는 ACS를 이용해 주방과 욕실 리모델링 제품 판매에서 큰 성공을 거뒀고, 월마트도 지역 매장의 제품 구성 차별화를 위한 기본 자료로 사용하고 있다"며, "통계 데이터를 분석해야 미래에 닥칠 기회와 위험을 제대로 예측할 수 있다"고 말했다.

미국의 기업뿐만이 아니다. 야구선수 김현수(볼티모어 오리올스 소속)는 2016년 2월 미국 메이저리그에 진출했는데, 성공적으로 데뷔하리라고 예상된다고 볼티모어 지역지 <볼티모어 선>이 보도했다. 특히 야구 통계 사이트인 팬그래프의 분석, 볼티모어의 댄 듀켓 부사장과 벅 쇼월터 감독의 믿음을 그 근거로 들었다.

팬그래프는 스티머(Steamer) 시스템으로 김현수의 KBO리그 성적을 메이저리그에 적용했는데, 김현수가 올해 WAR(대체 선수 대비 승리 기여도) 1.7, 타율 0.273, 출루율 0.338, 장타율 0.420에 홈런 18개를 기록할 것으로 예측했다. 지난 시즌에 스타 중견수라고 하는 애덤 존스가 WAR 3.2를 기록했을 뿐 나머지는 이에 못 미치는 성적을 냈던 것에 비해 뛰어난 예측 결과인 셈이다. 앞으로 선전하여 통계 예측을 사실로 이뤄내길 바란다.

숫자를
믿지 마라

멀리, 길게
보라

"얼마가 투자되었고, 얼마가 이익인가?"

"사람은 얼마나 필요하며, 언제까지 가능한가?"

매출액, 영업 이익, 직원 수, 날짜 등, 모든 것은 숫자다. 경영 활동의 대부분은 숫자로 이루어지고, 결과 또한 숫자로 나타난다. 하지만 1장에서 살펴본 것처럼 수치와 통계에 의존하여 의사결정을 내리는 것은 위험하다. 특히 숫자를 통해 확률을 예측하는 통계는 결과를 분석하고 해석하는 과정에서 입맛에 맞게 조작되거나 오류를 만들어내는 경우가 있기 때문에 무조건 신뢰해서는 안 된다.

앞에서 여러 가지 사례를 통해 통계의 오류가 어떻게 일어나고 어떤 식으로 문제를 만들어내는지 알아보았다. 물론 복잡하게 얽혀 있는 수많은 데이터를 정리하고 분석하는 과정에서 통계 기법은 매우 중요하게 사용되며, 없어서는 안 될 도구다. 통계는 패턴을 찾아내고 불확실한 미래를 예측하는 데 매우 유용하게 사용된다. 그러나 앞서 말했듯이 통계의 결과를 해석하는 과정에서 대상과 분석 방법에 따라 결론이 정반대로 나타나는 경우가 허다하기 때문에 결과를 객관적인 관점에서 바라볼 수 있는 안목이 필요하다.

물론 객관적인 통계 결과를 잘 사용하면 경영에서 유용하게 활용할 수 있다. 앞 장에서 소개했듯, 이러한 통계 기법을 사용하여 두산주류의 '처음처럼'과 독일의 명품 자동차업체인 메르세데스 벤츠, 미국의 시어스와 월마트는 대박을 냈다. 이들은 통계를 적극적으로 활용하여 소비자의 생활방식과 소비 동향을 파악해 소비자의 니즈를 충족시키는 전략을 세울 수 있었다.

통계와 숫자는 그 자체로 의미가 있고 많은 정보를 담고 있기 때문에 이를 잘 활용하면 소비자가 원하는 것을 파악하고 그에 맞는 상품을 만들어낼 수 있다. 하지만 단순히 숫자의 의미를 파악하는 것만으로 기업의 지속 가능성(Sustainability)을 보장받는 것은 아니다.

그렇다면 기업이 향후에 지속 가능성을 지니기 위해 어떠한 전략을 취해야 하는지 살펴볼 필요가 있다. 그래서 2장에서는 기업들이 어떠한 방법으로 오랫동안 롱런할 수 있었는지 살펴보려 한다. 특히 2,200년간 명맥을 이어온 로마제국의 유구한 역사를 통해 롱런 전략에 대한 지혜를 배워보려 한다. 로마제국에서 이루어졌던 개방적 구조가 기업문화에 자리 잡았을 때 조직원에게 어떤 긍정적인 영향을 미치는지 알아볼 것이다. 이와 달리, CEO가 중심이 되는 권력 구조가 기업의 조직원과 전체적인 성과에 어떻게 부정적 영향을 미치는지도 고민해보고자 한다.

한편 기업이 소비자에게서 멀어지지 않고 살아남을 수 있는 데는 여러 요소가 작용한다. 그중 기업의 사회공헌이 소비자에게 미치는 긍정적 효과에 대해 자세히 알아보고, 실패를 전화위복의 기회로 삼아 일어선 기업의 사례를 소개할 것이다. 또한 기술이 빠르게 변화하고 역동하는 21세기의 사회에서 살아남기 위해 발 빠르게 적응하는 기업도 살펴보려 한다. 최근 기업들은 기업 내부뿐만 아니라 외부의 기술과 소통하며 더욱 큰 가치를 창출하는 전략을 펼쳐 성과를 내고 있다. 이러한 '오픈 이노베이션(Open innovation)' 전략을 통해 기업의 생존 방식을 살펴보자.

로마제국에서 배우는 개방적 구조 조정의 지혜

로마제국은 기원전 753년에 로물루스와 레무스라는 쌍둥이에 의해 작은 도시국가로 시작하여, 475년 게르만 용병 오도아케르에 의해 서로마제국이 멸망하고 1453년 동로마제국이 오스만튀르크에 멸망할 때까지 2,200년간 명맥을 이은 대제국이었다. 2,200년 동안 이탈리아 반도 및 유럽(지금의 프랑스와 독일), 지중해를 넘어 북아프리카와 페르시아, 이집트에 이르는 광활한 영역을 지배한 고대 최대의 제국이기도 하다.

우리나라 역사상 가장 오래 지속된 왕조는 신라인데, 통일신라를 포함해도 1,000년에 지나지 않는다. 영토 역시 가장 넓었던 시기에도 대동강 이남 지역 정도였다. 역사상 가장 넓은 영토를 지배했던 발해는 겨우 250년을 넘기지 못하고 멸망했다.

그렇다면 로마제국은 여러 대륙을 아우르는 광활한 영토를 어떻게 오랫동안 지배할 수 있었을까? 위대한 로마를 가능하게 한 원동력은 바로 로마의 개방성이다. 로마가 정복했던 많은 나라 중 하나가 그리스였다. 그리스는 서양 문명의 기원이 되었으며, 수많은 철학자, 사상가, 예술가를 배출했다. 로마는 그리스를 정복한 후 얼마 지나지 않아서 모든 교육 시스템을 그리스식으로 바꾸었다. 역사적으로 거칠고 힘이 센 민족인 갈리아와 게르만족을 정복하고는 곧 모든 군권을 갈리아와 게르만족이 장악하게 했다. 상술이 뛰어난 카르타고인, 기술력이 뛰어난 에트루리아인 역시 로마에 정복당한 뒤, 로마의 상권과 엔지니어링 시스템을 맡아 관리했다.

로마는 많은 국가와 민족들을 굴복시킨 정복자였지만, 제국 내부에서 정복자와 피정복자의 구분은 무의미했다. 로마에 정복당한 민족들은 잃어버린 나라를 그리워하거나 나라를 되찾기 위해 노력하지 않았다. 대신 "우리가 로마 시민이다. 우리가 노력하지 않으면 로마는 유지될 수 없다"는 주인의식을 가졌다.

이처럼 로마제국은 수많은 나라와 민족을 정복하면서 제국의 위대함을 일방적으로 강요하고 모든 시스템을 로마식으로 바꾸게 하기보다는, 개방적으로 국가를 운영하면서 여러 나라와 민족의 장점을 받아들여 부족한 점을 보완해가며 더욱 강한 제국으로 거듭났다. 이런 운영 체제는 오늘날 현대 사회에서도 찾아볼 수 있는데, 바로 기업의 개방적 구조조정 방식이다.

개방적 구조조정은 기업에 각 분야의 전문인을 투입하여 적극적으로 기업 경영에 참여하게 하는 방식이다. 소수의 임원이 경영에 대한 모든 사안을 결정하고 밀어붙이는 하향식 의사결정이 아니라, 실력 있는 인재에게 실무와 관련된 팀, 부서의 경영 권한과 기회를 주고 각 분야에서 최적의 성과를 창출하게 하는 것이다. 잘 알려진 개방적 구조조정의 사례로는 삼성그룹과 SK그룹을 꼽을 수 있다.

삼성그룹은 1997년부터 삼성물산, 삼성전자 등 여러 계열사에 '소사장제'를 도입하여 운영하고 있다. 각 계열사의 주요 사업부별 대표에게 사장의 권한을 위임하여 급변하는 경영 환경에 능동적이고 신속하게 대처할 수 있도록 하는 책임 경영 체제다. '소사장제'를 통해 여러 계열사의 각 사업부마다 최적의 선택을 내리고 이익 창출과 발전에 힘을 쏟을 수 있다.

또한 계열사나 부서에 상관없이 그룹의 인재상에 맞는 인재를 길러내기 위해 모든 직원에게 다양한 교육 프로그램을 제공하고 철저하게 공통 교육을 시행한다. 이는 직원들이 현재 자신들이 속해 있는 계열사나 부서의 업무에만 집중하게 하는 대신, 전체 그룹의 관점에서 직원을 최적의 자리에 배치하고 이들이 임원에 올랐을 때 전체 기업의 업무 흐름을 꿰뚫어 보게끔 하기 위해서다.

삼성그룹뿐만 아니라 SK그룹도 2008년부터 SK에너지, SK네트웍스, SK텔레콤 등 주요 계열사에서 개방적 구조조정을 실시하고 있다. 각 계열사의 조직을 4개의 사내 독립 기업제(Company-In-Company, CIC)로 개편하고, 각 기업별로 성과 관리, 인력 배치를 비롯하여 구조조정의 권한까지 주는 등 예전과는 차별화된 과감한 구조조정 방식을 실행하고 있다.

두 그룹 모두 각 사업부나 독립 기업의 대표에게 많은 권한을 위임하는 대신, 성과를 철저히 평가하고 그 책임을 물음으로써 경영 권한을 남용하지 않고 기업의 발전에 최대한 기여할 수 있도록 한다. 또 직급과 승진에 얽매여 조직이 경직되거나 임원 수는 많은데 실무자는 없는 문제를 해결하기 위해, 임원 인사 관리를 직책 중심으로 전환하여 실력 있는 인재에게 기회를 준다. 삼성그룹과 SK그룹 이외에도 많은 기업에서 개방성을 강조하며 자율 및 책임 경영으로 발전을 꾀하고 있다.

셀 단위 조직 개편과 책임 근무제 등을 도입하며 유연한 조직 문화를 만들어가는 네이버도 2015년부터 사내 독립 기업제를 도입했다. CIC제도는 창의적인 아이디어를 가진 직원들을 발굴하고, 가능성 있는 서비스가 독립적으로 성장할 수 있도록 도와주며, 기업가 정신을 갖춘 경영자를 육성하기 위한 제도다. CIC의 리더에게는 대표라는 호칭을 부여하고, 의사결정권, 서비스, 예산 재무 등 전반적인 경영 권한을 부여한다. 별도의 보상 체계나 인사 제도를 수립하게 하여 서비스 특징에 맞게 조직 문화를 만들어가고 있다. 이는 CIC 조직 전체가 기업의 기존 경영 방식에 얽매이지 않고, 자율성과 책임감을 가지고 독립적으로 성장하게 하기 위해서다.

그래서 네이버에서는 '웹툰&웹소설셀'을 첫 번째 CIC로 결정했다. 웹툰 서비스는 2004년 출시된 이후 하루 방문자가 620만 명에 이를 만큼 대표적인 인기 콘텐츠로 자리 잡았다. 이에 네이버는 웹툰 서비스를 더욱 발전시켜 글로벌 시장에 진출시키기 위해 CIC 제도를 도입한 것이다. 웹툰 CIC 첫 대표직은 10여 년 전부터 웹툰 서비스를 담당해오던 김준구 웹툰&웹소설셀장이 맡았다. 이는 로마제국이 그리스를 정복한 후 교육 시스템을 그리스식으로 바꾸어 발전했듯이, 일방적인 하향식 경영 방식이 아니라 실력 있는 인재를 인정하고 실무를 맡기는 개방적 구조조정의 방법을 활용한 것이다.

다음카카오의 캐릭터 사업 부문인 '카카오프렌즈'도 이러한 사례다. 모바일메신저 '카카오톡'을 통해 친숙하고 호감도 높은 캐릭터가 인기를 끌자, 오프라인 스토어를 열어 캐릭터 사업을 성장시켰다. 모바일메신저 사업의 한 부문으로 출발했지만, 실력 있는 인재들이 책임감 있고 능동적인 실무 경영과 창의적인 마케팅을 통해 메신저 사업과 대등한 사업으로 성장했다. 2015년 5월에는 캐릭터 브랜드화를 추진하며

'카카오프렌즈'를 독립 법인으로 분사시켰다. 그뿐만 아니라 국내외 유명 브랜드 등 파트너사와 제휴 및 협력하고, 신규 모바일 및 온오프라인 연계(O2O) 서비스에 투자하는 등 사업을 확장해가고 있다.

사내 독립 기업제의 궁극적인 목표는 인재와 기업 모두 각자의 목표를 이루게 하는 것이다. 인재들에게는 전문 분야에서 실력을 쌓고 경영 능력을 기르게끔 하고, 기업에는 성과를 통한 수익 창출과 시장 장악력을 키울 수 있게 하는 것이다. 이런 면에서 '카카오프렌즈'의 독립 법인 분사는 대표적인 성공 사례로 꼽을 수 있다. 개방적 구조조정을 통해 사업 부문 소속의 리더와 직원이 하나의 법인의 대표이자 경영을 담당하는 직원으로 거듭나고, 업무에 대한 자율성을 보장받으며, 기업 또한 수익 창출 덕에 더욱 큰 기업으로 성장할 수 있다.

개방적 구조조정의 장점은 사기업뿐만 아니라 공기업에도 해당된다. 어떤 사람들은 공기업은 사기업처럼 이윤 추구를 목적으로 하기보다는 공공성을 추구하고 공익성을 제고하는 것이 목적이므로 개방적 구조조정을 할 필요가 없다고 보기도 한다. 그러나 경영 효율성을 향상시키는 것은 공기업 역시 지속적으로 노력해서 달성해야 할 과제라고 할 수 있다. 경영 효율성은 이윤 창출을 의미하며 경영 효율성을 달성하기 위해서는 경영 혁신이 필요한데, 개방적 구조조정 역시 경영 혁신의 방법 중 하나이기 때문이다.

오히려 강력한 경영 혁신과 구조조정 압박에 시달리고 있는 공기업에서 개방성은 진지하게 고려해야 할 요소다. 공기업은 경영을 통해 국민과 기업에 혜택을 주면서도, 투자의 대가나 비용을 제대로 보상받지 못하는 '외부 효과'가 큰 조직이다. 그렇기에 경영 성과와 기대 효과를 정확히 측정하고 조직원의 성과를 평가하기도 쉽지 않다. 인센티브를 제공해 조직원의 사기를 진작시키고 동기를 부여하기도 어렵다. 게다가 CEO와 이사진의 임기가 제한적이기 때문에 지속적으로 혁신을 추진할 가능성이 적다. 그래서 효과적으로 경영 혁신을 이루려면 소수의 임원이 혁신의 필요성을 밀어붙이는 하향식이 아니라 전체 조직원이 혁신의 필요성과 당위성을 인식하고 스스로 혁신의 주체로 나서는 상향식이어야 한다.

상향식 경영 혁신을 이루기 위해 공기업 직원의 긍정적이고 적극적인 참여를 유도하는 방안이 바로 개방적 구조조정이다. 일단 연공서열 위주의 경직된 계급 구조 대신, 성과를 중시하는 차등 성과급 제도부터 확대·운영해야 한다. 또 대팀제 도입, 의사결정 단계 축소, 팀장 권한 강화를 통한 팀제 운영을 추진하여, 팀장에게 팀원 선발, 팀 내 업무 분담, 팀 단위 예산 배정 집행권 등을 주어야 한다. 팀 및 팀원 성과를 평가하여 팀장의 성과급에 차등 반영할 필요도 있다.

어느 유명한 교수가 "최고의 경영은 방치 경영이다. 알아서 하게 내버려둬야 누가 뭐라 하지 않아도 조직원 스스로 위기의식을 갖고 열심히 뛰기 때문이다"라고 말한 적이 있다. 로마제국의 역사와 개방적 구조조정을 생각해보면 우스갯소리로 치부할 수만은 없다.

경영진을 보면 기업의 미래가 보인다

월트 디즈니 사는 1923년에 창립한 이래 90여 년간 세계적인 엔터테인먼트 기업으로 성장해왔다. <포춘>에서 선정한 '세계에서 가장 존경받는 엔터테인먼트 기업'에서 3년 연속 1위를 차지하기도 하고, 2013년 <포브스>가 선정한 '세계에서 가장 평판 좋은 기업' 2위에 오르기도 했다. 만화영화 제작을 통해 창조적인 애니메이션 콘텐츠를 지속적으로 제공할 뿐 아니라, 독보적이고 창의적인 콘텐츠를 바탕으로 디즈니월드를 운영하고 있다.

디즈니월드는 미국 플로리다 주에서 1971년에 개장한 세계적으로 가장 큰 놀이 시설이다. 4개의 테마파크, 2개의 워터파크, 32개의 테마 호텔 및 리조트, 쇼핑센터와 레스토랑, 엔터테인먼트를 위한 공간으로 나뉘어 있다. 마법의 왕국은 디즈니랜드와 유사한 시설로 이루어져 있으며, 신데렐라 성, 모험의 나라, 개척의 나라, 자유 광장, 환상의 나라, 미래의 나라 등의 테마랜드가 조성되어 있다. 건설 당시 면적은 1955년 캘리포니아 주 애너하임에 개장한 디즈니랜드보다 넓었다.

월트 디즈니 사의 설립자인 월트 디즈니는 디즈니월드 설립을 발표하고 1년이 지난 1966년 12월에 돌연 세상을 떠났다. 최고의 놀이동산을 꿈꿨던 월트 디즈니의 바람은 미완의 유작으로 남았다. 그를 대신하여 형제인 로이 디즈니가 월트 디즈니 사의 경영을 맡았다. 그는 "월트의 회사를 그가 설립하고 이끌던 방식대로 계속 운영할 것"이라는 성명을 발표하고, 동생 월트 디즈니 대신 디즈니월드를 성공적으로 개장했다.

로이 디즈니가 세상을 떠나고 1971년에서 1984년까지 경영을 맡은 월트의 맏사위 론 밀러는 월트 디즈니 사를 침체의 늪에 빠뜨렸다. 그는 창의적이고 주체적으로 경영하지 못하고, 의사결정의 순간에 월트 디즈니라면 어떻게 했을지 되물으며 소극적인 경영 태도로 일관했다. 그가 경영한 10여 년간 월트 디즈니 사는 단 3편의 장편 애니메이션밖에 만들지 못했고, 그나마 내로라하는 히트작도 없었다.

론 밀러 이후 위기에 빠진 월트 디즈니 사를 구한 것은 마이클 아이스너였다. 그는 패러마운트 사의 사장 출신으로, 1984년 월트 디즈니 사의 CEO로 취임했다. 마이클 아이스너는 론 밀러 시절에 잃어버린 월트 디즈니의 경영 정신과 시스템을 되살렸다. 진취적이고 열정적인 경영 태도로 TV 시장을 공략하여 디즈니채널을 열고 디즈니랜드를 업그레이드했다. 또한 디즈니 애니메이션의 캐릭터 상품을 전문적으로 판매하는 디즈니스토어를 개장하여 콘텐츠에 기반한 파생 사업도 강화했다. 실사 영화에도 도전하여 취임 2년 만에 월트 디즈니 사의 수익을 2배로 늘리는 쾌거를 이룩했다.

마이클 아이스너가 이끄는 1990년대는 디즈니 애니메이션의 르네상스라 해도 과언이 아니었다. 1991년 <인어공주>를 시작으로 <미녀와 야수>, <알라딘>, <라이온 킹> 등이 이 시기의 결과물이다. 이 작품들은 대중적인 인기와 수익뿐 아니라 예술성까지 인정받았고,

<미녀와 야수>는 애니메이션 최초로 아카데미 최우수 작품상 후보에 오르기도 했다.

마이클 아이스너가 이끄는 월트 디즈니 사는 애니메이션이라는 장르를 변화시키도 했다. 1995년 픽사 스튜디오와 합작하여 최초의 컴퓨터 애니메이션인 <토이 스토리>를 제작했던 것이다. 무모한 도전이라고 생각하는 사람도 많았지만, 결과는 대성공이었다. 마이클 아이스너의 과감한 모험 정신이 빛을 발한 순간이었다.

애니메이션의 성공에 기반하여 월트 디즈니 사는 날로 사업을 확장했다. 1992년 파리에 새 디즈니랜드가 문을 열었고, 1996년에는 방송사인 ABC를 인수했다. 1998년에는 유람선 '디즈니매직'과 '디즈니원더크루즈' 사업에도 도전했다. 이처럼 1990년대는 월트 디즈니 사의 황금기였다.

하지만 황금기는 길지 않았다. 월트 디즈니 사의 침체기는 아이러니하게도 황금기를 이끌어낸 마이클 아이스너 때문에 찾아왔다. 1984년 CEO에 취임한 그는 2005년까지 CEO 자리를 맡았다. 문제는 그에게만 집중된 권력 구조에 있었다. 취임 후 15년간 일구어낸 성과는 창의적 콘텐츠를 끊임없이 생산해내야 하는 월트 디즈니 사에는 바람직하지 않은 권력 구조를 만들어냈다. 그가 이루어낸 성공과 실적은 그를 독단적인 CEO로 만들었고, 그 때문에 많은 인재들이 회사를 떠났다. 이러한 문제로 월트 디즈니의 조카 로이 E. 디즈니는 공개적으로 마이클 아이스너의 퇴진 운동을 벌이기까지 했다.

CEO의 경영 성향 및 가치는 기업의 의사결정에 중요한 역할을 한다. 그래서 CEO의 나이, 성별, 출신, 배경, 학벌 등을 근거로 경영 스타일과 예상 성과를 분석해내는 연구도 있다. 경영진의 권력 구조가

한 사람에게 장기간 집중되면 다양한 의견이 나오지 못하고, 한 사람의 시각과 생각에 의해 중요한 의사결정이 이루어진다는 문제점이 발생한다. 월트 디즈니 사도 그러했다. 마이클 아이스너는 월트 디즈니 사의 황금기를 만들어냈지만, 장기 집권은 다양성이 배제된 권력 구조를 초래했고 궁극적으로 창의성이 고갈되어가는 기업 구조를 형성했다. 그 바람에 1990년대 황금기는 길게 지속될 수 없었다.

2005년, 지금의 CEO인 밥 아이거가 새로운 리더로 취임하면서 월트 디즈니 사는 오랜 침체에서 벗어나 제2의 황금기를 맞이하고 있다. 그는 취임과 함께 마이클 아이스너 시절에 회사를 떠난 최고 전략 책임자 피터 머피를 재임용했고, 회사 전체의 전략을 기획하는 부서를 해산했다. 밥 아이거는 월트 디즈니 사의 개별 사업 단위를 곧 의사결정의 단위로 보고, 이전에는 CEO에게만 집중되어 있던 권한의 대부분을 각 개별 사업 단위에 돌려주겠다고 선언했다. 그 결과, 월트 디즈니 사는 <스타워즈>와 마블의 슈퍼 히어로 영화를 꾸준히 제작하여 히트시켰고, <겨울 왕국>, <빅 히어로>, <인사이드 아웃> 등 애니메이션도 연속해서 성공을 거두었다. 경영진의 권력 구조를 분산시키고 각 부문의 의사결정을 활발하게 하겠다는 밥 아이거의 경영 전략은 창의적 콘텐츠를 지속적으로 창출해야 하는 엔터테인먼트업계에는 좋은 본보기가 된다.

이처럼 CEO의 경영 전략이나 성향은 기업의 성패를 좌우한다. 우리나라에서도 매년 연초가 되면 대기업 사장단 인사가 신문의 주요 기사로 등장한다. 인사가 이루어지기 전부터 어떻게 인사가 이루어질 것인지 전망하기도 한다. 사장단 인사를 바탕으로 올해 기업이 추구하는 전략이 무엇인지, 실적은 어떻게 될지 예측하기도 한다.

2016년 삼성 사장단 인사는 3세대 오너의 경영권을 뒷받침하기 위해 파격적으로 이루어질 것이라고 예측되었다. 그런데 실제 인사 결과는 달랐다. 젊은 피가 대거 수혈되고 기존 세력이 물러날 것이라는 예측과 달리, 삼성은 변화에 대한 혼란을 최소화하면서 미래 사업에 적합한 인재를 승진시키거나 미래 사업을 이끌 수 있는 주력을 발탁하는 데 초점을 두었다.

특이한 점은 삼성전자의 무선사업과 반도체 등 핵심적인 기술 제품의 개발을 진두지휘한 인재를 사장으로 승진시킨 것이었다. 무선사업과 반도체 부문에서 기술적인 안목을 갖추고 기술적인 능력을 인정받은 인재를 사장으로 승진시켜 미래 신기술 연구 개발의 주력으로 배치하겠다는 것인데, 이는 앞으로 삼성전자의 행보가 기술 중심적이 될 것을 암시한다.

2005년 기아자동차가 아우디-폭스바겐 그룹 출신으로 세계 3대 자동차 디자이너인 피터 슈라이어를 영입하여 디자인 총괄 부사장으로 임명하고 그를 중심으로 전체 디자인을 개편한 사실과 비교해보면, 경영진의 권력 관계나 배경을 통해 앞으로 기업이 추구하는 미래 중심 가치를 가늠할 수 있다는 말은 설득력을 지닌다.

또한 삼성은 2016년 사장단 인사에서 그간 신규 사업을 추진하여 성공을 이끌어낸 주역을 사장으로 발탁하여, 미래 먹거리에 집중 투자하겠다는 의지를 보이기도 했다. 특히 바이오사업 전문가가 사장으로 승진하여 바이오사업에 대한 삼성의 의지를 확인할 수 있었다.

이는 경영진의 권력 관계, 경영 철학 및 배경이 기업의 미래를 결정한다는 것을 다시금 확인할 수 있는 사례이기도 하다.

경영진의 특성이 경영 전반을 관통하는 의사결정에 미치는 영향에 대하여 연구하는 학파(최고 경영진 이론: Upper echelons theory)가 있다. 하버드 대학의 햄브릭 과 메이슨 교수에서 시작된 이 학파는 TMT(top management team)의 나이, 교육 정도, 배경, 임기 뿐 아니라, 오너십, 경영진 내의 다양성 정도가 기업의 의사결정에 어떠한 영향을 미치는 지 연구한다.[*] 간단한 예를 들면 더 젊은 CEO가 운영하는 기업이 더 혁신적인 의사결정을 한다는 것이다. 이러한 연구에 대해 '기업(오너 혹은 주주)이 추구하는 기업관에 따라 그에 맞는 CEO를 고용하는 것이 아닌가'라는 역인과성(reverse causality)에 대한 질문이 있지만, 실제 기업 상황에서 보면 그것이 주주의 의도였든, 아니든 기업의 경영진이 기업의 의사결정과 그와 함께 기업의 현재와 미래에 큰 영향을 미치는 것은 자명한 사실임을 알 수 있다.

---

[*] Hambrick, Donald C., and Phyllis A. Mason. "Upper echelons: The organization as a reflection of its top managers." Academy of management review 9.2 (1984): 193-206.

나눌수록 커지는 기업이 살아남는다

　　압구정 로데오거리에 위치한 갤러리아백화점은 2013년 10월 유방
암의 달을 맞이하여 대한암협회가 주관하고 충남대학병원이 후원하는
'핑크 리본 바자'를 개최했다. 핑크 리본 캠페인에는 여성을 주 고객으
로 하는 기업인 아모레퍼시픽, 헤라를 비롯하여 요플레, 불스원, 금호
타이어 등 국내외의 많은 기업에서 참여한다. 전 세계적으로 매년 10
월을 '유방암 예방의 달'로 정하고 핑크 리본 캠페인을 전개하는데, 유
방암에 대한 이해를 넓히고 예방하는 것이 주된 취지로 여성들의 유방
건강의 생활화를 촉구하는 다양한 활동으로 이루어진다.

　　갤러리아백화점의 '핑크 리본 바자' 역시 핑크 리본 캠페인의 연장
선상에 있다. 핑크 리본 바자회는 수원점, 센터시티, 타임월드, 진주점,
동백점 5개 지점에서 개최되었고, 본점 명품관은 10월 내내 서관 외부
의 LED를 통해 핑크 리본 영상을 상영했다. 의류, 잡화, 유아동 의류,
홈리빙 바자회를 열었고, 명사를 초청하여 건강 강좌를 제공했으며, 구
매 금액에 따른 기부금 프로모션을 진행했다. 행사 시간 동안에는 구
매 금액에 관계없이 제품을 구매한 모든 고객에게 핑크 리본 바자를
상징하는 핑크 밴드와 유방암 자가 진단 테스트를 증정했다. 구매 금

액에 따라 지급되는 백화점 상품권을 받는 대신, 이를 대한암협회에 기부하는 행사도 진행되었다. 또한 당첨자에게 지역 병원 건강 검진권을 제공하는 프로모션도 진행했다.

이런 나눔 활동은 백화점의 지속적인 발전과 성장에 연결된다. 백화점의 주 고객은 여성인 만큼, 여성들의 관심사인 '유방암'을 사회공헌의 주제로 선정해서 고객들의 관심을 끌고 실질적으로 도움을 주면서 유방암에 대한 의식을 향상시키는 계기가 되기 때문이다. 이러한 노력은 백화점의 사회적 이미지를 높이고, 건강한 이미지를 만들어주며, 바자회를 통해 추가적인 매출 증대도 기대할 수 있다.

대개 돈이 많은 큰 기업이 되어야 나눌 수 있다고 생각한다. 하지만 작은 기업도 사회에 공헌할 수 있다. 악기 방문교육을 전문으로 하는 뮤직홈의 대표이사는 음악 전공자로서 작은 기업체를 운영하며 사회공헌을 실천한다. 음악을 전공한 대표이사는 노숙 생활을 한 적이 있었는데, 그 경험에서 느낀 점을 적용해 사업을 시작했고 나눔 활동을 꾸준히 하고 있다. 그는 노숙자를 위해 할 수 있는 일을 고민하다가, 자신이 전공한 음악을 떠올렸다. 음악이라면 그들의 삶에 희망의 빛을 전할 수 있으리라는 생각을 하게 되었고, 서울역 노숙자 밴드를 시작했다. 그가 결성한 노숙자 밴드는 얼마 후 일반인을 위한 미니 콘서트도 개최했다.

첫 프로젝트를 성공적으로 이끈 그는 사업을 확장하기로 마음먹었다. 노숙자뿐 아니라 어려운 이웃들에게도 음악을 전하고 즐기게끔 하고 싶었다. 그가 구상한 사업은 무상으로 악기를 임대하고, 악기 레슨을 통해 수익을 창출하는 사업이었다. 저소득층, 교도소 수감자 등 소외 계층을 대상으로 사업을 시작했다. 뮤직홈의 CSR 활동이 신규 사업의 아이디어와 기회를 준 셈이었다.

그러나 이 활동은 비교적 초기 투자 비용이 많이 필요했다. 고가의 악기를 임대해주려면 돈이 들기 때문이다. 그렇지만 음악 애호가의 저변을 확대하기 위해 필요한 일이라고 판단했다. 그가 구상한 사업은 단기적으로는 크게 수익이 나기 힘들다. 하지만 세계적인 뮤직 마케터로 성공하는 데 기반이 되는 음악 애호가의 저변을 확대하는 일이기도 하고, 뮤직 마케터로서의 활동에 도움이 되는 명성을 쌓을 수 있었다. 그리고 뮤직홈의 주요 소비층이 확대되면서 유아, 고소득층에까지 이르러 이윤 증대라는 기업의 목표도 달성할 수 있었다.

현재 뮤직홈은 '기적의 오케스트라'라는 별명으로 불린다. 뮤직홈을 통해 고객은 가정방문이나 개인 지도로 음악을 배울 수도 있고, 오케스트라 단원이 되어 음악 공부를 시작할 수도 있다. 고가의 악기, 비싼 레슨비 등이 부담스러워서 즐기지 못했던 음악 활동을 뮤직홈을 통해 시작할 수 있을 뿐 아니라, 음악을 통해 사회생활까지 할 수 있어 학생이나 취미 활동을 하고 싶어 하는 성인에게 큰 인기를 끌었다. 뮤직홈의 활동은 다양한 악기, 다양한 배움의 길을 제공함으로써 음악을 통해 사회에 공헌하고 수익을 창출하는 CSR 경영의 대표적인 사례라고 할 수 있다. 나누고픈 마음으로 시작한 사업이 신규 시장 창출과 매출 증대 효과까지 끌어온 셈이다.

CSR의 또 다른 예로 웅진코웨이를 들 수 있다. 대표적인 정수기, 비데 렌트 및 판매업체로, 사랑의 실천은 되풀이되어야 한다는 '또또사랑'을 경영 이념으로 삼는다. 웅진코웨이는 지난 2006년부터 글로벌 사회공헌 활동인 '캄보디아 우물 파기'를 진행하고 있다. 수질 환경이 열악한 캄보디아의 식수란을 해결하는 데 앞장서며 환경 개선에 도움을 주는 활동이다. 캄보디아는 열대 몬순 기후에 속하고 동남아의 젖줄인 메콩 강과 바싹 강이 흘러서 수자원이 매우 풍부한 나라 같지만, 실제로 아시아에서 수질 환경이 가장 열악한 물 부족 국가다. 또한 상하수도 시설이 전무하다시피 해서 주민들은 빗물을 받아 여과해서 쓰거나 웅덩이에 있는 물을 식수로 사용하곤 하는데, 이마저도 넉넉하지 않다고 한다. 비위생적인 수질 환경으로 캄보디아 주민들은 이질, 뎅기열, 장티푸스 등 각종 전염병에 노출되어 큰 문제가 되고 있다.

그래서 2006년 대한지질학회 등과 함께 캄보디아의 수도 프놈펜 인근의 26개 마을에 75개의 우물을 만들어 '1,000개의 사랑, 1,000개의 우물'이라는 봉사 활동을 시작했다. 그 결과 2007년에는 100개의 우물을, 2009년에는 355개의 우물을 만들었고, 2015년 12월 말에는 캄보디아 주민 5만여 명이 1,000개의 우물이 이루어낸 혜택을 누리게 되었다.

우물을 파기만 할 뿐 아니라, 물이 쉽게 오염되지 않도록 우물을 관리하는 방법을 교육하고 수질 검사를 실시하며, 우물 주변에 나무를 심어 물을 깨끗하게 유지하도록 주변 환경을 가꾸는 노력도 병행했다. 그런 노력 덕분에 우물 파기 사업이 진행된 마을에서 주민들의 피부병 발생률이 현저히 떨어졌다고 한다.

이러한 글로벌 봉사 활동은 단기적으로는 웅진코웨이의 이윤 극대화에 전혀 도움이 되지 않는 듯 보인다. 그리고 실제로 단기적 이윤은 마이너스가 될 수 있다. 하지만 건강한 식수, 친환경적인 이미지를 내세운 기업이 지구의 식수 환경을 위해 노력하는 모습은 소비자들에게 건강하고 믿을 수 있는 기업이라는 이미지를 심어주는 데 큰 역할을 한다. 웅진코웨이는 글로벌 CSR 활동을 통해 고객에게 기업의 이미

지와 신념을 부각시키고, 한국 시장뿐 아니라 해외 시장에 진출할 수
있는 터전을 마련했다. 웅진코웨이의 활동은 단기적 손실에도 불구하
고, 장기적으로 기업의 지속적인 성장과 발전에 밑거름이 된다는 점에
서 기업 성장 측면에서도 높게 평가받는다.

기업의 나눔 활동은 기업의 이념과 신념을 실현하고 이를 알리는
계기가 된다. 또한 기업이 보유한 기술의 수준, 활동 능력을 고객에게
알릴 수 있는 기회이기도 하다. 따라서 기업의 나눔 활동은 장기적으
로 기업의 지속적인 성장에 밑바탕이 된다. 바꾸어 생각하면, 나눌수록
성장하는 기업은 기업의 이념과 그 이념을 실현하는 데 적합한 능력을
갖추고 있음을 증명하는 것이기도 하다.

실패를 드러내고 기억하라

경영자는 기업을 경영하면서 수없이 실패를 겪는다. 예기치 않게 화재나 붕괴 사고가 발생하거나, 시장에 내놓는 제품의 품질이 악화될 수 있으며, 제품을 출시한 후 안정상 결함을 뒤늦게 알아차려 대량 리콜을 실시할 수도 있다. 2010년 한 해 동안 대부분의 자동차업체에서 차량 리콜 사태가 일어났다. 현대자동차는 앞문 잠금장치 결함으로 미국과 한국에서 신형 쏘나타를 대규모 리콜 조치했으며, GM과 혼다, 도요타 등도 적게는 40만 대, 많게는 200만 대 이상 회수한 아픈 경험이 있다.

그러나 대형 사고가 발생하기 전에 실패를 예견할 수 있는 징후가 전혀 없었을까? 1931년 허버트 윌리엄 하인리히가 펴낸 책에 따르면, 여러 산업재해를 분석한 결과 모든 사례에 적용될 수 있는 통계 법칙이 있는 것으로 나타났다.

치명적인 실패가 발견되기 전에는 같은 원인으로 발생한 작은 실패가 29번 있었으며, 이로 인한 이상 징후는 무려 300가지에 달한다는 것이다. 따라서 하인리히의 법칙은 1 : 29 : 300법칙이라고도 한다. 타이타닉호가 침몰해 막대한 인명 피해가 발생하기 전, 선장은 빙하와 충돌할 수 있다는 경고를 여러 번 무시하여 작은 빙하와 수십 차례 부 딪쳤다. 이 밖에도 선장이 예전에 저지른 실수와 과속 운행, 해상 감독 미비 등 300여 가지에 달하는 이상 징후가 있었다. 이런 징후를 미리 포착했다면 대형 참사를 막을 수 있었을 것이다.

실패는 일어날 확률은 낮지만 일단 발생하면 기업에 심각한 위협 이 되므로 위기관리는 무엇보다 중요하다. 따라서 실패의 징후를 찾으 려면 원인 파악이 우선이다. 보통 실패의 원인은 크게 세 가지로 나눠 볼 수 있는데, 고의적인 행동으로 인한 실패, 능력 부족이나 부주의로 인한 실패, 제도적 결함으로 인해 발생하는 실패가 있다.

고의적인 행동으로 인해 발생한 실패는 베어링스은행 파산을 예 로 들 수 있다. 200년이 넘는 전통을 자랑하는 영국 베어링스은행은 1995년 파생금융상품 불법 거래로 졸지에 파산하게 되었다. 싱가포르 지사에서 파생상품 거래 담당자였던 닉 리슨이 불법으로 거액을 파생 상품에 투자했고, 이로 인한 손실을 비밀 계좌에 숨겼으며, 결국 본사 감사팀이 사건을 발견했을 때는 손실액이 무려 13억 달러에 달했다고 한다.

능력 부족이나 부주의로 인해 발생한 실패로는 일본의 명문 기업 인 유키지루시유업의 명예 실추 사례가 대표적이다. 2000년에 일본 최 대 우유업체인 유키지루시유업은 사소한 부주의로 역사에 남을 만한 대규모 식중독 사건을 일으켰다. 우유 저장 탱크 청소를 소홀히 하는 바람에, 일주일도 안 되어 무려 1만 4,789명의 식중독 환자가 발생했 던 것이다.

그렇다면 두 가지 원인 중 어느 쪽이 더 치명적일까? 사례를 통해 알 수 있듯 고의적인 행동으로 인한 실패는 기업에 돌이킬 수 없는 결과를 초래할 수 있다. 이는 자주 일어나지 않지만, 발생한다면 기업이 파산할 수도 있다. 횡령이나 기밀 유출, 실수의 은폐는 업무 태만이나 기물 파손보다 기업에 훨씬 큰 타격을 입힌다.

다행스럽게도 탄탄한 예방책이 있다면 고의적 행동이나 부주의로 인한 실패는 막을 수 있다. 그러나 이 예방책이 제대로 작동하지 않으면 '제도적 결함'으로 인해 실패할 수 있다. 실패의 징후를 포착하여 각 원인에 맞게 적절한 예방책을 만들어두면 실패를 예방할 수 있다.

먼저 고의적 행동으로 인한 실패를 근본적으로 없애려면 종업원의 가치관을 철저히 교육해야 할 것이다. 흔히 감시 시스템을 강화하는 것으로 사태를 무마시키는데, 이는 근본적인 해결 방안이 아니다. 오히려 직원이 범죄 행위를 저지르지 않도록 높은 도덕의식을 심어준다면 근본적으로 이런 실패를 방지할 수 있다.

한편 업무 누락이나 설비 오염 등 능력 부족 혹은 부주의로 인한 실패를 방지하려면 체계적인 직능 교육과 업무의 매뉴얼화가 필요하다. 종업원의 실수로 인한 문제를 사전에 예방하기 위해 정기적으로 교육하고, 다양한 위기상황에 대처할 수 있도록 행동 지침을 제시해야 한다.

이런 예방책을 조직 문화로 연결하면 자칫 큰 실패로 이어질 수 있었던 작은 실패가 오히려 성공의 씨앗이 된다. 다시 말해, 작은 실패를 성공의 씨앗으로 만들기 위해서는 예방책을 일시적인 조치가 아니라 조직 문화로 자리 잡게 해야 한다. 그러면 큰 실패를 일으키는 작은 실패를 미연에 방지하여 회사는 더욱 견고해질 것이다.

예방책을 조직 문화로 연결시키려면 세 가지를 기억해야 한다. 첫 번째는 '드러내라'는 것이다. 실패는 숨기거나 왜곡하기 쉽다. 실패가 발생했을 때 잘잘못을 따져 책임 소재를 묻는 데 집중하기보다는, 다 각도로 조명해 실패의 근본 원인을 찾아내는 것이 중요하다. 특히 비난 여론이 두렵거나 책임을 회피하기 위해 문제를 왜곡하는 상황이 발생하곤 하기 때문이다.

두 번째는 '기억하라'는 것이다. 아버전략그룹(Arbor Strategy Group)은 신제품 및 브랜드 출시 컨설팅 서비스를 제공할 때, 실패 제품을 모아놓고 그 원인을 분석하여 활용하는 NET(New Product Works)를 고안해냈다. 실패의 원인으로 지목되는 것은 특이한 경우에만 해당되는 것이 아니다. 실패는 반복되기 때문에 그 정보를 잘 관리하고 현재와 미래의 전략에 활용하는 것이 중요하다.

그래서 GE에는 실패 데이터베이스가 있다. GE는 지난 50년간 제품마다 사고나 고장 등의 실패 정보를 체계적으로 정리해두었고, 이를 전략을 세우는 기초로 활용해왔다. 한 번 실패를 경험하고도 똑같은 실패를 반복한다면 그 기업은 같은 실패에 발목이 잡혀 성공할 수 없다. 실패를 기억하고 다시는 반복하지 않도록 실패의 정보를 관리하는 조직 장치는 실패를 오히려 성공의 씨앗으로 만든다.

'대륙의 실수'라 불리는 샤오미에는 중국 스마트폰 브랜드의 '혁신적 실패작'이 100개 넘게 있다. "시장에서의 실패는 외부 경제 효과를 가진 바람직한 양(+)의 공공재다. 개인에게 책임을 맡기면 누구나 실패를 줄이려고 하기 때문에, 시장에서 필요로 하는 수준보다 실패가 적게 공급될 수밖에 없다. 국가가 실패 리스크를 보장해주는 역할을 해야 실패를 두려워하지 않고 실패가 더 많이 공급될 수 있다. 따라서 실패 사례를 공동으로 축적해야 원천 기술 등에서 더 많은 혁신을 일으킬 수 있다."

영국 런던의 바이오의학중앙센터(BioMed Central) 과학자들은 2002년 <바이오의학의 부정적 연구 성과 저널(Journal of Negative Results in Biomedicine)>이란 학술지를 창간했는데, 주로 바이오의학 분야의 연구 실패 사례를 다룬다. 지금껏 200여 개의 실패 사례가 공개되었으며, 온라인 누리집에서는 "엄밀한 실험에서 나타난 부정적 결과나 결론은 공표되어 토론에 부쳐져야 한다. 성실히 연구했는데도 실패한 사례는 일반적이고 지배적인 처방이 갖는 근본적인 결점과 장애를 드러낸다"고 설명한다.

연구 실패 위험을 국가가 보장해주는 제도나 관행은 미국과 일본 등에서 10년 전쯤부터 본격화되었다. 미국에는 국립과학재단(NSF) 등이 주도하는 고위험 혁신 연구를 위한 '변혁적 리서치(Transformative Research)'라는 것이 있다. "격렬한 시장 경쟁 환경에서 혁신을 추구하는 것만으로는 충분하지 않다. 기업과 국가는 경제적 이점을 가져다줄, 실패 위험을 동반한 변혁적 연구를 추구해야 한다"는 것이 그들이 표방하는 가치다.

마지막으로 실패는 성공의 어머니이므로 실패를 '활용하라'는 것이다. 실패를 활용해 성공의 씨앗으로 만든 일화는 쉽게 찾아볼 수 있다. 홈런왕 베이브 루스는 풀 스윙으로 1,300개가 넘는 삼진을 당했다. 하지만 삼진을 두려워하여 풀 스윙하지 않았다면 714개 홈런이라는 대기록을 달성하지는 못했을 것이다. 어떤 관점에서는 실패이거나 단점일 수도 있는 것이 다르게 보면 특징이 될 수도 있다. 그 특징을 잘 살려서 보완한다면, 오히려 차별화 포인트가 될 것이다.

오스트리아 작가 카를 하인리히 바거를은 "바보는 늘 같은 실수를 되풀이하는 반면, 똑똑한 사람은 늘 다른 실수를 한다"고 말했다. 똑같은 실수를 되풀이하지 않는 기업, 나아가 실패를 성공의 씨앗으로 바꿀 수 있는 기업, 매번 다른 실수에서 다른 경험을 쌓고 성공의 씨앗을 찾아낼 수 있는 기업이라면 성공의 꽃을 피울 저력을 갖춘 셈이다.

혼자 다 하려고 하지 마라: 오픈 이노베이션 전략

　　오픈 이노베이션이란 연구, 개발, 상업화에 이르는 기술 혁신의 모든 과정에서 외부의 기술이나 지식, 아이디어를 활용함으로써 혁신의 비용은 줄이고 성공 가능성은 높이며 효율성과 부가가치 창출을 극대화하는 기업 혁신 방법론이다. 과거에는 연구 투자가 기업 내부에 집중되어 외부에 배타적인 입장을 취했다면, 오픈 이노베이션은 연구 단계마다 기업 외부와 지식 및 기술을 교류한다. 예전에는 연구 투자 규모가 증가해도 내부에서만 이루어졌기 때문에 혁신적인 결과가 나오지 않고 오히려 리스크가 늘어났지만, 외부와 소통하면서 더욱 혁신적인 방향을 제시하고 커다란 가치를 창출함으로써 더 큰 성과를 거두는 경우가 있다. 초기에는 주로 연구 및 기술 개발 측면에서만 이루어졌지만, 요즘은 전략 수립, 서비스, 마케팅, 생산, 구매 등 다양한 측면에서 이루어지고 있다.

　　구글은 세계 최대의 온라인 검색 엔진으로 오픈 플랫폼의 선두주자다. 인터넷 서비스 산업의 특성상 다른 산업에 비해 변화 속도가 빠르고 다양한 정보가 넘쳐나기 때문에 한 기업에서 완벽하게 모든 서비스를 제공하기란 불가능하다. 따라서 구글은 오픈 이노베이션을 핵심 전략으로 선택하여 서비스를 제공했다.

우선 모바일 운영 체계 기업인 안드로이드를 M&A하고, 소프트웨어 개발자에게 소스코드를 공개함으로써 자유롭게 개발할 수 있도록 환경을 조성했다. 최근에는 안드로이드 플랫폼을 바탕으로 다른 IT업체와 함께 스마트카 산업에서 혁신을 주도하고 있다.

우리나라의 LG생활건강은 온라인 사이트 I-CONNECT를 개설하여 연간 약 100여 건의 특허 기술 및 사업 협력에 관해 제안받고 적용 가능성을 검토한다. 생활용품 및 화장품은 기술 성숙도가 높고, 소비재의 특성상 다양한 제품을 생산해야 하며, 끊임없이 변화하는 소비자의 니즈를 충족시켜야 한다. 따라서 기업 내부에서 모든 아이디어를 구하기는 쉽지 않다. 그래서 외부 지식을 활용(오픈 이노베이션)하기 위해 프로젝트를 추진했다.

프로젝트 팀은 제품 개발에 필요한 정보 및 기술을 얻기 위해 국내외 대학, 기업 등에 아이디어를 구하고, 소비자의 아이디어와 제안을 늘 활용한다. I-CONNECT를 통해 제안된 아이디어는 회사 내부의 담당자가 검토하는데, 3개월 이내에 채택 여부를 알려주게 되어 있다. 회사 홈페이지에 아이디어의 진행 상황을 업데이트하므로 언제든 확인할 수 있다. 선입견을 가지거나 하지 않도록 검토하기 전에 사전 미팅을 하거나 인터뷰는 하지 않으며, 채택되지 않은 경우 그 이유를 설명하지 않는다. 이런 방법을 통해 실제 개발된 제품 항목과 개발 내용은 다음 표와 같다.

또 다른 국내의 사례로 한미약품은 2015년에 8조 원 규모의 7개 신약 라이선스 수출을 계약하면서 한국 제약 시장에 새로운 길을 제시한 것으로 평가받는다. 2016년 1월에는 '한미 오픈 이노베이션 포럼'을 열고 역량 있는 바이오 벤처, 학교, 연구 기관 등과 협력했다. 한미약

품은 오픈 이노베이션을 통해 새로운 신약을 발굴할 뿐만 아니라, 한
국이 제약 강국으로 발돋움할 수 있기를 바란다. 그들은 오픈 이노베
이션이 선택이 아닌 필수 조건이라면서, 기초 연구부터 신약 개발 단
계에 이르기까지 비용과 시간을 획기적으로 줄일 수 있다고 강조한다.

항목	협력기관	내용
오휘 더 퍼스트	차바이오앤디오스텍	줄기세포 및 태반 연구 기술력을 보유한 연구전문 기관과 피부재생 및 노화방지 화장품 개발
이자녹스 테르비나		
이희 Care for Style	헤어아티스트 이희	미용 전문가의 경험과 노하우를 활용한 프리미엄 헤어케어 제품 개발
비욘드 리페어가닉스	AMS 사	김치의 특이 유산균에 의해 발효 생성된 향균 펩타이드를 적용한 천연 발효 무방부 기술 화장품 개발
엘라스틴 헤어케어 제품	리제논	인간 성장 호르몬을 탈모 방지 및 양모 소재를 헤어케어 제품에 적용

　　P&G는 미국의 다국적 기업으로, 비누, 샴푸, 칫솔, 기저귀 등 다
양한 종류의 소비재를 제조하여 판매한다. 현재 10만 명이 넘는 직원
을 두고 수백억 달러의 매출액을 달성한 세계적인 기업이 위기를 벗어
난 방법이 오픈 이노베이션 전략이었다. 1990년대 말 위기를 맞으며
P&G의 주가가 반토막이 났고 매출액도 더 이상 성장하지 않았다. 또
한 신제품 성공 확률도 낮아지고 외부에서 공급받던 기술 비중도 낮아
지면서 점차 위기의식이 고조되었다. 이러한 성장 정체를 극복할 대안
으로 신제품의 50%는 내부 연구소에서, 나머지 50%는 외부에서 가져
오기로 했다. P&G의 1만 명 연구 인력 외에 외부의 수백만의 연구 인
력을 활용하겠다는 계획이었다. 그래서 동원할 수 있는 모든 네트워크
를 연결하여 사업을 진행했다. 그 결과 매출 및 영업 이익이 획기적으

로 증가했으며, 신제품 성공 확률도 크게 높아졌다. 또한 R&D 비용 측면에서는 오히려 효율성이 높아졌다.

현대자동차 역시 오픈 이노베이션을 통해 성장을 꾀하고 있다. 예전에는 해외 업체에서 기술을 도입한 후 투자를 통해 기술을 따라잡는 전략을 택했지만, 현대자동차의 위상이 높아지면서 글로벌 업체와 경쟁해야 하기 때문에 기술적인 제약이 발생했다. 글로벌 기업으로 성장하면서 전 세계로 소비자가 확장되었기 때문에 품질 기준도 높아지고 꾸준한 혁신이 필요해졌다. 이러한 상황에서 현대자동차는 기술적으로 혁신하고 역량을 확보하기 위해 오픈 이노베이션 전략을 선택했다.

이전에는 자동차 기술이 기계공학을 중심으로 했다면 현재는 IT를 비롯하여 전자, 정보, 신소재 등 다양한 분야가 복합되어 있다. 또한 환경 및 안전에 대한 규제도 강화되고 있어서 대체에너지 차량 수요도 증가하는 추세다. 이런 변화로 인해 하이브리드, 전기차 등 새로운 기술이 필요해졌고, 새로운 기술력을 바탕으로 자동차업계는 지각 변동을 겪을 것으로 보인다.

자동차에는 수만 개의 부품이 들어가야 하기 때문에 한 기업에서 모든 부품을 만들어서 조립할 수는 없다. 따라서 자동차 산업은 부품업체와의 협력이 중요하다. 앞으로 새로운 시장에서 부품 개발 기술의 중요성은 높아질 것으로 보인다. 세계적인 자동차업체인 도요타가 경쟁력을 유지할 수 있는 원천 역시 세계적인 부품업체를 보유하고 있기 때문으로 평가되기도 한다. 현대자동차는 혁신 기술을 개발하기 위해 전문 업체, 대학 및 연구소, 학회 및 협회, 정부 및 공공기관으로 분류하여 각각의 사업 목적에 적합하게 특성화된 협력 활동을 시행하고 있다.

전문 업체는 자동차업계에서 필요한 신기술을 보유한 업체를 가리키는데, 이들과 기술적인 제휴를 맺어 완제품의 질을 높이려는 것이다. 자동차업계 특성상 기술적인 면이 매우 중요하기 때문이다. 현대자동차는 연료 전지 자동차를 개발하기 위해 UTCFC와 협력했고, 독일의 인피니언과 전장 기술 개발을 위해 전략적으로 제휴함으로써 두 회사의 연구원이 공동으로 연구를 진행했다.

대학과의 협력은 다양한 분야에서 기술과 지식을 습득할 수 있기 때문에 중요한 협력 체계 중 하나다. 대학으로부터 기술만 제공받는 것이 아니라 대학에 위성 연구실을 만들어 산학 협동으로 연구하는 것이다. 산학협력을 통해 개발된 기술에는 전기자동차의 회생 제동·제어 방법, BLDC 전동기의 전기자 코일 조립 구조, 도로 교통 상황 판단법, 정보 시스템의 사용성 평가 시스템, 타이어 압력/온도 측정용 표면 탄성파 센서, 나노 크기 금속 산화물 전극의 제조 방법, 하이브리드형 차량용 공기 청정기, 고온 전도성 고분자 나노 복합막 제조 방법 등 다양하다.

이제는 예전처럼 단일 기업이 혼자서 사업을 진행하여 성공하기 어렵다. 다양한 사업군이 복잡하게 연결되어 있고 하나의 기업이 모든 일을 전부 할 수 없기 때문에 다양한 업종의 기업들이 서로 협력하여 오픈 이노베이션을 통해 신기술을 확보하고 경쟁력을 키우는 사례가 점점 늘고 있다.

멀리,
길게
보라

나쁜 기업이
되라

앞에서 롱런하는 기업의 사례를 통해 오랫동안 사랑받는 기업의 전략을 살펴보았다. 이와 같이 기업은 무한한 경쟁 속에서 소비자의 마음을 사로잡기 위해 끊임없이 다양한 전략을 시도한다. 하지만 기업들은 소비자의 마음을 사로잡는 데 그치지 않고 소비자와 지속적인 관계를 유지해야 한다.

"여자는 나쁜 남자에게 끌린다"라는 말이 있다. 그렇지만 과연 여자들은 나쁘기만 한 남자에게 매력을 느끼는 것일까? 아니다. '나쁜 남자'가 인기 있는 이유는 겉으로는 나빠 보이지만, 결정적인 순간에는 여자를 챙길 줄 아는, 이른바 밀당을 잘하기 때문이다. 기업 또한 마찬가지다. 기업은 콧대 높게 품위를 유지하되, 소비자의 마음을 파악하여 그들이 원하는 것을 제공해주어야 한다. 친절한 기업보다는 매력적인 기업이 되어 고객이 기업의 상품을 원하게 만들어야 하는 것이다. 이 장에서는 이렇듯 매력적인 기업이 되기 위해서는 어떠한 전략을 펼쳐야 하는지 깊이 있게 살펴보려 한다.

현대와 같은 치열한 경쟁 사회에서 대기업, 중소기업 모두가 살아남기 위해서는 서로 윈윈할 수 있는 상생 협력이 필요하다. 대기업과 중소기업 간의 전략적 제휴 및 협력 네트워크 구축은 경쟁 우위를 획득하기 위한 새로운 기회이자, 대기업과 중소기업이 손을 잡고 함께 해나가야 할 과제다. 이러한 상생협력의 효율적인 방안을 다양한 사례를 통해 알아보려 한다.

특히 기업은 우수 고객인 충성고객을 확보하는 데 주력해야 한다. 그리고 고객과 밀당하기 위해서는 우선 고객을 잘 알아야 한다. 많은 여자들이 매력을 느낀다는 '나쁜 남자'는 그 누구보다 여자의 마음을 잘 알고 무엇이 여자의 마음을 녹아들게 하는지 정확하게 알고 있다. 기업 또한 마찬가지여서, 주 고객층을 정확하게 분석하고 그들이 원하는 게 무엇인지 제대로 파악해 고객의 마음을 움직여야 한다. 고객이 마음을 열었을 때, 비로소 지갑 또한 열릴 것이다.

고객의 마음은 변화무쌍해서, '베블런 효과'가 보여주듯이 때로는 가격이 올랐을 때 그 제품을 더욱 원하는 경우도 있다. 개성을 중요시하는 사회적 분위기가 형성되면서, 고객들은 너도 나도 갖고 있는 흔한 제품이 아니라 나만을 위한, 내 스타일에 꼭 맞는 특별한 상품을 원한다. 명품, 프리미엄 전략은 이러한 고객의 마음을 꿰뚫어 그 마음을 사로잡는 전략이다. 그러므로 명품, 프리미엄 전략을 성공시킨 여러 기업들의 사례를 통해 방법을 알아보려 한다.

기술·정보를 지원하며 경쟁을 유발하라

대기업과 중소기업 간 상생 협력의 칼자루는 사실상 대기업이 쥐고 있다. 경영 자원과 핵심 역량을 풍부하게 보유한 대기업이 어떠한 태도를 취하는가에 따라 상생 협력의 방향과 효과가 달라지기 때문이다. 그렇다고 대기업에 중소기업과의 상생 협력에 관심과 노력을 보이라며 무턱대고 강요할 수는 없다. 한순간 방심하면 지금까지 쌓아온 공든 탑이 송두리째 무너질 수도 있는 무서운 세상이므로, 아무리 금전적으로 여유가 있는 기업이라도 이득이 없는 상생 협력 관계에는 관심이 없다.

특히 경영 환경은 하루가 다르게 급변하고 있으므로 구체적 보상 없이 중소기업과의 상생을 위해 대승적 차원의 협력을 이끌어내기란 쉽지 않은 일이다. 결국 상생 협력이 성공적으로 이루어지기 위해서는 대기업이 실질적으로 상생 협력의 필요와 효과를 느껴야 한다.

대기업 입장에서 중소업체와의 협력은 대단히 중요한 문제다. 범세계적으로 경쟁이 치열해지고 제품 주기가 짧아지면서, 변화무쌍한 고객 요구를 빠른 시간 내에 충족시키기 위해서는 중소업체들과의 전략적 제휴 및 체계적인 공급망 구축이 절실하다. 이러한 변화와 흐름에 비추어 볼 때 대기업과 중소기업 간의 전략적 제휴 및 협력 네트워크 구축은 경쟁 우위를 획득하기 위한 새로운 기회이자, 대기업과 중소기업 모두가 함께 풀어낼 당면 과제라고 할 수 있다. 그렇다면 대기업은 중소기업과의 상생 협력을 전략적 차원에서 접근할 필요가 있다.

우선 핵심 중소업체와의 실질적인 정보 공유 네트워크를 구축해서 수요 변동 및 관련 정보를 실시간으로 확인하고 재고 수준과 보유 비용을 절감할 수 있게 해야 한다. 또한 협력업체의 기술과 공정을 혁신할 프로그램을 함께 개발하고 추진하는 데 과감하게 투자함으로써 중소업체의 생산성 향상과 부품 경쟁력을 한 차원 높여야 한다. 그러면 중소업체는 원가를 절감하게 되어 낮은 가격으로 양질의 원자재를 공급할 수 있고, 결국 대기업의 이윤 증대와 제품 경쟁력 강화로 이어진다.

그러나 전략적 제휴 관계에 지나치게 의존하게 되면 특정한 중소업체와 거래하기 위해 투자한 위치적, 물리적, 인적 자산은 매몰 비용이 될 수도 있다. 그러다가는 중소업체의 비합리적인 요구나 행위도 받아들이지 않을 수 없고, 완전히 휘둘리게 될 수도 있다. 따라서 중소업체와의 협상력을 유지하면서 전략적 제휴 관계에서 효과를 극대화하기 위해 전략적 공급처를 다변화할 필요가 있다. 즉, 기존의 핵심 공급자에서 다수의 잠재적 공급자로 과감하게 거래 관계를 전환하거나, 몇몇 업무는 시범적으로 공급사슬 파트너를 바꾸어볼 수도 있다. 이렇게 공급처를 다변화하게 되면 필요에 따라 다른 공급자로 거래처를 바꿀 수 있어서 기존의 핵심 공급업자는 긴장감을 늦추지 않게 되고 적극적으로 협력하게 될 것이다. 만에 하나 핵심 공급자와 거래가 끊어지더라도 새로운 공급처가 준비되어 있기 때문에 그 피해를 줄일 수도 있다.

이런 당근과 채찍의 양면 전략은 경쟁력 있는 제품을 제시간에 낮은 원가로 공급하려는 기업 목표를 달성하는 데 도움이 될 것이다. 또한 장기적으로 경영 체질을 바꾸어 개선해주므로, 지속적인 경쟁 우위를 지킬 수도 있다.

미국의 8(a) 프로그램과 멘토-제자 프로그램(Mentor-Protege Program)

미국의 중소기업청에 해당하는 SBA(US Small Business Association)에서는 어려운 중소기업을 위해 8(a) 프로그램을 운영한다. 8(a) 프로그램은 경제적으로 하위 51%에 속하는 기업가 또는 중소기업을 대상으로 정부 기관에서 경영을 보조하는 프로그램이다. 이 프로그램에 참여하여 중소기업이 주류 기업으로 성장할 수 있도록 경영 전반에 대해 교육을 지원하고, 정부 사업 계약을 통해 기업을 성장시킬 수 있는 기회를 제공한다. 8(a) 프로그램은 혜택이 많은 만큼, 희망 기업이 신청서를 제출하면 SBA에서 조건을 심사한 후 선발하는 형식으로 이루어진다. 현재 수천 개의 중소기업을 대상으로 프로그램이 시행되고 있다.

프로그램에 참여한 기업은 2단계를 거친다. 초기 4년은 개발 단계로, 다양한 교육 및 시야를 넓히는 경험을 제공한다. 그 후 5년간은 과도기로, 시장에서 성장할 수 있도록 실질적인 도움을 제공한다. 그 외에도 특별 경영 교육, 직원 훈련, 기업 카운슬링, 마케팅 지원, 고위 임원 개발 프로그램을 SBA의 파트너사와의 연계를 통해 제공한다. 그리고 정부 관리 사업 정보 및 공급자 리스트에 접근할 수 있는 권한을 주고 중소기업청에서 보증하는 대출을 이용할 수 있다.

8(a) 프로그램 참여 기업은 일대일로 관리받고, 400만 달러 상당의 재화 및 서비스를 제공받으며, 650만 달러에 달하는 제조 기술을 지원받는다. 참여 기업은 중소기업청에 프로그램 참여 성과를 증명하기 위해 연간 보고서, 사업 계획서, 기업 평가서 등의 성과 자료를 제출해야 한다.

멘토-제자 프로그램은 8(a) 프로그램에 참가하는 중소기업을 중심으로 진행되는데, 멘토인 대기업과 제자인 중소기업의 상승 작용을 일으켜서 불평등, 불균형을 해소하기 위해 기술, 정보의 평등을 실현하는 것이 목적이다. 다시 말해, 경험이 풍부한 우수 기업을 통해 열악한 기업이 경영 전략을 전수받을 수 있는 기업 멘토링 프로그램인 셈이다. 멘토 기업은 경제적 우위에 있는 기업들로, 제자 기업에 주식 투자 형태로 재정적 지원을 하거나 하도급을 제공하는 식의 기술적인 지원을 한다. 또는 수의 계약을 맺거나, 합자 투자나 합작회사 형태로 지원을 받는 경우도 있다.

제자 기업이 희망하는 멘토 기업을 선정하여 계약을 맺는다. 이는 연방정부에서 보증하는 계약으로 중소기업과 대기업 간의 이해 사항을 충족하고 성과물을 결정하는 형태이지만, 실질적으로 멘토 기업과 제자 기업은 정부와 계약을 맺는 셈이다. 따라서 두 기업 간의 사업 계약은 연방정부 직원인 계약 전문가가 세부 사항을 검토하게 되어 있다. 그러나 SBA의 역할은 두 기업을 연결해주는 것뿐이고, 기업 간 지원 형태는 기업이 자율적으로 결정하도록 되어 있다. 참여 기업이 계약 후 얻은 성과를 계약 전문가가 평가하고 보고서로 작성하여 프로그램을 점검하고 개선한다. 또한 연방정부에서 직접 관리하는 성과 카드를 통해 프로그램의 목표를 수립하는 등 참여 기업을 관리한다.

SBA는 중소기업을 보호하기 위한 여러 가지 장치를 마련해놓았
다. 우선 멘토 기업을 선정할 때 매출, 수익성이 확실한 기업만 선정하
며, 중소기업에 전수할 만한 정보와 기술이 있음을 시장에서 증명받은
기업을 선발하기 위해 엄격한 기준이 있다. 또한 중소기업 간의 경쟁
으로 인한 손실을 막기 위해 멘토－제자 관계는 일대일 관계를 장려한
다. 하나의 멘토 기업을 여러 중소기업이 선정하는 경우에는 제자 기
업의 시장이 전혀 달라 경쟁의 여지가 없어야 가능하다.

또한 협정 시 멘토 기업은 자산 투자, 주식 투자 등을 통해 중소
기업의 소유권을 최대 40%까지만 가질 수 있다. 이는 나머지 60%의
의사결정권을 중소기업에 남겨두어서 멘토 기업이 우월한 지위를 남용
하여 중소기업의 소유권을 독점하는 위험을 막기 위한 것이다. 멘토
기업은 제자 기업에서 이익을 취하는 것이 아니라, 연방정부와의 관계
를 통해 연방이나 정부 사업에 대한 계약 우선권 또는 정부 지원을 기
대할 수 있다.

멘토－제자 기업의 계약은 1년마다 이루어지며, 계약 종료 시점
은 초기 목표 달성 시점으로 한다. 계약 연장은 총 9년까지 가능한데,
8(a) 프로그램의 기간이 9년이기 때문이다. 현재까지의 실적으로 보면,
프로그램에 참여한 기업의 대부분은 성공한 것으로 보인다. 최근 1년
간 SBA의 목표는 95개의 신규 계약 체결이었으나 실제로 102건의 계
약이 체결됐으며, 총 1,000건 이상의 멘토－제자 계약을 통해 수익을
창출하고 있다.

유니클로와 도레이 사례

일본 유니클로 사는 24조 원 이상의 매출을 창출하며 세계적인 의류업계가 되었고, 오너인 야나이 회장은 세계적인 갑부 대열에 올랐다. 유니클로의 성장은 일본 기업인 도레이와의 전략적 제휴 덕에 절대적인 시너지를 창출하고 있다. 도레이는 일본의 중소기업으로 우수한 소재를 개발하고 있는데, 유니클로의 전폭적인 지원이 있었다. 또한 미쓰비시, 마루베니의 일본 종합상사는 중국과 동남아에 산재한 소규모 제조 기업, 소재 기업 간의 네트워킹을 통한 협력 관계를 유니클로에 제공함으로써 패션, 의류 제조, 재래 기업과 디자인 기업 간의 협력을 돕고 있다.

특히 도레이의 우수한 소재는 유니클로가 값싼 브랜드 이상의 가치를 창출하는 데 큰 공을 세웠다. 유니클로는 2003년 발열 속옷 '히트텍'을 출시했고, 2008년에는 '에어리즘'이라는 냉감 속옷을 개발했으며, 2009년에는 '울트라 라이트다운'이라는 초경량 패딩을 개발했다. 이러한 히트 상품은 도레이와 함께 개발하고 생산했다. 도레이의 글로벌 영업 총괄 이사인 이시이 하지메에 따르면, 2000년 초 일본 섬유산업의 기반이 흔들리는 바람에 여러 섬유업체가 사업을 접었고 도레이 역시 어려움에 처했으나 유니클로와의 협력으로 위기를 극복할 수 있었다고 한다.

1만 벌 이상의 시제품을 제작하고 폐기한 끝에 히트텍을 출시하고 큰 성공을 거두면서 협력은 더욱 폭넓어졌다. 그 결과 2006~2010년 2천억 엔, 2011~2015년 5천억 엔의 장기 계약을 맺었으며, 최근 2016~2020년에는 1조 엔 규모의 거래 계약을 맺고 한 회사처럼 움직이고 있다.

　이들의 협력 관계는 제품 개발과 생산은 도레이가 맡고 유니클로는 기획과 판매에 집중함으로써 의류 유통 구조를 획기적으로 단축할 수 있었다. 유통 단계의 단축은 대기업 의류업체와 중소기업 섬유업체 간의 정보 및 기능 협업을 통해 가능했다. 이를 통해 유니클로는 제품을 저렴한 가격에 공급하게 되었다. 그 결과, 셔츠와 바지는 2~3만 원대, 코트와 점퍼 역시 10만 원을 넘지 않는다.

　앞으로의 경쟁이 더 이상 기업 대 기업의 경쟁이 아니라 공급사슬 대 공급사슬의 경쟁이라는 국내외 석학과 경영자의 주장은 대기업과 중소기업의 상생 협력이 21세기 기업 경영에서 가장 중요한 경쟁 전략이 될 수 있음을 말해준다.

고객만 모을 게 아니라 지갑을 열게 하라

고객이 브랜드를 짝사랑하던 시대는 지나갔다. 지금은 기업이 고객을 짝사랑하는 시대다. 고객은 한 브랜드에만 충성하지 않으며 여기저기로 눈길을 돌린다. 오늘날의 기업은 수많은 브랜드 사이에서 마음을 잡지 못하는 고객 앞에서 살아남기에 급급하다. 따라서 기업은 고객만 모을 것이 아니라 고객을 감동시켜 지갑을 열게 해야 한다.

기업의 생존 전략 1순위는 우수 고객인 충성고객을 확보하는 것이다. 그러려면 갈대와 같은 고객의 마음을 잡아 좋은 관계를 유지해야 한다. 고객 마음을 사로잡으려면 다음과 같은 사실을 염두에 두어야 한다.

첫째, 고객의 입장에서 제품을 추천해야 한다. 가전매장의 판매자들은 고객에게 최고가를 권하지 않는다. 그러면 손님이 "내 지갑까지 걱정해주는구나"하고 판매자를 믿게 된다. 무작정 비싼 제품을 권하기보다는 고객이 무리하거나 어려운 선택을 하지 않도록 도와주면 고객은 고마움과 동질감을 느끼며 마음 놓고 지갑을 열게 된다.

둘째, 구체적으로 설명한다. 현재 소비자들은 다른 사람들의 평가나 전문가들의 의견을 쉽게 학습할 수 있고 제품에 대한 정보를 손쉽게 얻으며 이를 근거로 의사결정을 내린다. 즉, 제품에 대한 정보를 거의 완전하게 얻을 수 있어서 전문가들만 제품의 절대 가치를 판단할 수 있는 시대가 끝났다는 말이다. 품질 평가의 큰 기준이 됐던 브랜드 영향력도 점차 줄어들고 있다. 소비자들은 가격이나 성능 위주로 제품을 선택하기보다는 필요한 기능에 합당한 비용을 지불하겠다는 합리적, 실속형 소비를 추구한다.

그러므로 고객이 머릿속으로 이미지를 그리도록 구체적으로 설명하여 한번 써보고 싶은 생각이 들게 해야 한다. 예를 들어, 새해가 되어 수많은 사람들이 종소리를 듣기 위해 종각으로 모여들 때, 종각역 입구에서 손난로를 파는 사람들이 많다. 그럴 때 "여자친구 추워요"라고 구매를 유도하면 여자친구와 함께 걷던 남자들은 이 말을 듣고 그냥 지나칠 수 없다. 단순히 "손난로 사세요"가 아니라 고객의 마음을 흔드는 한마디로 고객들을 끌어 모을 수 있는 것이다.

셋째, 스스로 지갑을 열게 만든다. 흔히 마트에서 두 제품을 붙여서 판매하는 경우가 많다. 커피에 머그잔을 붙여서 판매하면 고객은 머그잔을 공짜로 얻는다는 생각에 사실은 구매할 계획이 없었으면서도 커피를 구매한다. 그다지 필요하지 않은 제품을 다른 제품 때문에 구매하는 셈이다.

넷째, 군중(swarm)을 이용한다. 말콤 글래드웰은 "가장 강력한 판매 포인트는 마케터와 소비자가 아닌 소비자와 소비자 간에 이루어지는 교감에 있다"고 강조했다. 소비자들끼리 뭉치면 어느 마케터도 당해낼 수 없다. 이처럼 유행에 따라 제품을 구매하는 현상을 밴드웨건(Bandwagon)이라고 한다. 다른 사람들이 하면 나도 따라 하는 군중심리는 자주 보고 경험한다. 식당에 가도 손님이 많이 있는 식당을 선택하게 되고, 마트에서 손님이 몰려 있는 코너를 보면 들여다보는 것도 그런 이유다. 소비하면서 모험하려는 소비자는 극히 적으며, 대부분의 소비자는 다른 사람이 구입하면 안심하고 따라서 구입한다. 그러므로 고객 사이에 자연스럽게 긍정적인 메시지가 확산되도록 해야 한다.

다섯째, 고객의 욕망을 자극한다. 캘리포니아대학의 울리케 맬멘디어라는 경제학자가 이베이의 고객을 연구한 결과, '즉시 구매' 버튼과 '경매' 버튼 중에서 고객은 손쉬운 즉시 구매를 클릭하는 대신, 경매를 통해 더 많은 돈을 지불하면서 물건을 구입한다는 사실이 드러났다. 이는 고객들이 물건만 사기보다 경매라는 게임을 하고 싶은 욕망이 있다는 뜻이다.

여섯째, 사랑의 메시지를 담는다. 요즘 고객들은 외로움이나 기분전환을 위해 쇼핑하거나 스스로에게 선물을 하곤 한다. 기업이 싱글을 위한 제품이나 소량 판매에 관심을 기울이는 이유가 바로 여기에 있다. 그래서 요즘 CF는 제품의 기능 혹은 사양을 설명하기보다는 사랑의 메시지를 던져주며 기억에 남게 한다.

기업은 제품이 아니라 가치를 팔고, 소비자는 물건보다는 삶의 변화를 구입한다. 그러므로 소비자에게 제품이 주어졌을 때의 설렘과 얼마만큼의 희열과 즐거움 그리고 어떤 변화가 올 것인지 그림을 그려주어야 한다.

일곱째, '블루슈머'의 틈새시장을 노린다. '블루슈머'는 차별화된 새로운 시장을 뜻하는 '블루오션'과 소비자를 뜻하는 '컨슈머'를 합성한 것으로, 유망한 소비계층을 뜻한다. 그중 하나가 '골드키즈'와 '불안한 아이들'이다. 통계청에 따르면 둘 이상의 자녀를 두는 가정이 갈수록 줄어들며, 세계 최저 수준의 출산율로 '외동아이(골드키즈)'가 많아졌다고 한다. 하나뿐인 자식을 누구보다 잘 키우고 싶은 욕구가 높아지면서 어린이 대상 산업이 고급 시장으로 바뀌고 있다. 100만 원이 넘는 수입 유모차, 호텔 연회장의 어린이 생일잔치, 어린이 전용 금융상품 등이 그 예다. 이 밖에 아동 대상 강력 범죄가 빈발하면서 '공포에 떠는 아이들'을 위한 안전 산업과 서비스도 유망해지고 있다.

또 다른 소비계층은 20~30대다. 갖고 싶은 물건에는 과감히 투자하는 '부자처럼 살고 싶은 20~30대'도 주목해야 할 소비계층이다. 통계청에 따르면 20~30대 가구의 자동차 보유율은 날로 증가하고 있으며, 한국수입자동차협회에 따르면 수입 자동차를 구입하는 20~30대가 느는 반면 40대 이상의 비중은 감소하고 있다.

남성 전업주부도 새로운 소비계층으로 부상했다. 여성의 경제활동이 활발해지면서 '아이 보는 아빠, 요리하는 남편'도 늘면서 주목할 만한 소비계층으로 꼽혔다. 집에서 아이를 보거나 살림하는 남성은 매년 증가하고 있으며, 최근 살림하는 남성을 위한 상품과 서비스도 늘고 있다. 예를 들면 사이즈가 큰 고무장갑, 배낭처럼 보이는 기저귀 가방, 아버지 요리교실 등이 있다.

부부 가구와 레저를 즐기는 중년층 역시 블루슈머로 부각된다. '여행과 레저를 즐기는 중년층'의 씀씀이도 꽤 커졌다. 사회통계조사에 따르면 최근 1년간 해외여행을 다녀온 비율은 50대가 가장 높았다. 노년 커플이 등장하는 광고, 치매 예방을 위한 두뇌 게임기 등도 이 같은 추세를 반영한다.

자녀와 떨어져 부부만 사는 '부부 가구'도 유망한 소비계층이다. 통계청은 부부 가구가 2005년 14.2%에서 2030년 20.7%로 증가할 것으로 예상하며, 결혼과 신혼여행을 다시 경험할 수 있는 부부 동반 크루즈 여행, '리마인드 웨딩' 상품, 부부만의 노후 설계를 위한 금융상품 등이 '신(新)부부 시대' 추세를 포착한 상품과 서비스다.

여덟째, 스토리텔링을 담아야 한다. 기억에 남을 만한 이야기를 만들어 전달하면 고객의 지갑을 열 수 있다. 스토리텔링은 사람을 설득하는 강력한 도구로 듣는 이의 머릿속에 오랫동안 남아 감동을 준다. 스토리텔링을 잘하려면 말의 군살을 빼고 간결하게 전달해야 한다. 그리고 초등학생들에게 말하듯 평이해야 하며, 상대방의 언어로 말해야 한다. 고객의 관심을 사로잡으려면 5초 단위로 고객들을 웃기거나 자극하고 놀라게 해야 된다. 좋은 스토리는 전달하고 싶은 메시지가 사실과 잘 결합된 것이다. 이렇듯 스토리가 공감을 얻으면 큰 힘을 발휘한다. 다른 사람들도 공감할 만한 스토리라면 마음을 움직이고 핵심을 파고들어 결국 고객의 지갑을 열게 한다.

2015년의 문화 코드는 1980년대로 초점이 맞춰졌다. tvN 드라마 <응답하라 1988> 역시 교복 자율화를 맞이한 고등학생들의 자유분방한 패션을 선보이면서 인기를 얻고 있는데 당시 청소년들 사이에서 인기를 누렸던 '르까프'와 '빈폴'은 이에 맞춰 레트로 마케팅을 펼쳤다. '빈폴'은 카세트테이프, 조이스틱, 비디오 게임기 등 1980년대의 상징적 아이템을 모티브로 다양한 의류 아이템을 현대적 스타일로 출시했다. 이와 함께 2015년 트렌드를 이끌었던 오버 핏 아우터와 와이드 팬츠도 1980년대 식의 레트로 감성에 의한 것이다.

아홉 번째, 재화 소비를 넘어 체험, 경험 지향 소비를 추구한다. 과거에는 트렌드와 브랜드 위주로 소비했다면, 현재는 라이프 스타일 전반에 걸쳐 체험과 경험을 소비하는 방향으로 바뀌고 있다.

최근 오픈한 오프라인 유통은 구매뿐 아니라 새로운 경험을 제안하는 공간에 집중하고 있다. 이는 온라인 유통에서 할 수 없는 오프라인 유통만의 차별화된 경쟁력이기도 하다. 이제 소비자들에게 아이템이나 브랜드 자체만으로는 어필할 수 없다. 소비자들은 상품 구매에 상관없이 경험 자체를 즐거운 기억으로 남기려는 경향이 강하기 때문에, 새로운 음식을 적극적으로 즐기고 맛집을 찾아다니며 사진을 남긴다. 또한 오프라인 매장은 상품 판매보다 즐거운 경험을 위한 공간으로 소비자에게 이야깃거리를 제공해야 하므로 사물인터넷 등의 신기술을 상품은 물론 매장을 통해 직접 경험하게 하는 것이 중요해지고 있다.

빈폴은 지난 10월 고객 스타일링을 제안해주는 '요술 거울'을 선보였다. 매장에 스마트 사이니지 환경을 구현해서 고객 맞춤별 상품 및 스타일링 정보를 제공하는 것은 물론, 쉽고 편리하게 쇼핑할 수 있게 했다.

소비자들의 정보력과 경험이 늘어나고, 불경기가 지속되면서 가성비를 추구하는 등의 잉유로 브랜드 자체가 소비의 기준이 되지 못하는 큰 흐름은 거스를 수 없다. 그러므로 소비자 스스로 지갑을 열게 만드는 '가치' 창조가 더욱 중요해지고 있다.

고객을 불러들이는 분석경영

　　고객들은 과거보다 합리적이고 현명해졌다. 그리고 개성을 중요하
게 여겨서 자신에게 맞는 맞춤형 서비스를 원한다. 최근 새로운 기술
의 발달, 인터넷 등 정보 관련 네트워크 혁신은 기술 수준을 평준화시
켜서 기업 간의 경쟁을 심화시킨다. 불특정 다수의 대중을 향한 광고
는 더 이상 그다지 효과가 없으며, 진열대에 수많은 제품들을 진열해
놓고 소비자들이 구매하기를 기다리기만 해서는 이익을 창출하기 어렵
다. 그러나 대부분 업체의 마케팅 전략은 기존의 소비자보다는 신규
소비자에 초점을 맞추고 있어서, 기존 소비자의 욕구를 파악하지 못한
다는 문제점이 있다.

　　한편 소비자들은 광고 및 정보의 홍수 속에 살고 있다. 이와 반대
로 소비자에 대한 조직의 분석 능력은 제자리걸음이다. 소비자를 이해
하기에는 너무 많은 문제점이 놓여 있는 것이다. 최근 유통/물류 채널
의 가장 큰 특성은 전통적 채널뿐 아니라 소비자와 접촉하는 채널이
매우 다양해졌다는 것이다. 세일즈맨, 영업점, CD/ATM, 자동화 판매
기 등에서 확대되어 텔레뱅킹, 콜 센터, 사이버 트레이딩, 인터넷 뱅킹,
전자 상거래를 넘어서서 다양한 채널이 있다.

또한 소비자 충성도가 오래가지 못한다. 한번 제품을 정했다가도 몇 개월 만에 이탈하곤 한다. 이러한 환경으로 인해 통신, 보험, 유통 등과 같은 기업은 소비자 충성도를 새롭게 분석 및 측정하고, 그에 따라 대응을 차별화하는 전략을 세울 필요가 있다.

21세기의 라이프 스타일은 상당히 복잡하고 다양하다. 그래서 소비자에게 개별적으로 마케팅해야 한다. 소비자를 분석하고 일상의 변화를 살펴가면서 끊임없이 고객과의 관계를 관리 및 경영할 필요가 생긴 것이다.

기존의 고객 관리는 뚜렷한 방향도 없이 변화하는 시장 환경을 따라잡는 데 급급했다. 이러한 마케팅의 방향, 환경, 제도를 바꾸는 방안이 CRM(Customer Relationship Management)이다. 소비자와 관련된 부문에서 모든 정보와 과정과 마인드를 고객 관리에 쏟는 것이다. CRM은 고객 관리에 필수적인 기술 인프라, 시스템 기능, 사업 전략, 영업 프로세스, 조직 경영 능력, 고객과 시장에 관련된 영업 정보 등을 고객 중심으로 정리·통합하여 모든 고객 활동을 개선함으로써 고객과의 장기적인 거래 관계를 구축하고 이를 통해 기업의 경영 성과를 지속적으로 개선하려는 새로운 경영 방식이다.

고객에 관한 정보는 하루가 멀다 하고 변한다. 어떻게 고객을 세분화하고 목표 고객을 설정할지, 목표 고객에 대한 포지셔닝은 어떻게 실시할지, 고객 수익은 어떻게 증가하는지에 대한 해답을 제공할 만한 제반 인프라가 구축되어 있지 않기에 CRM을 통해 새로운 기회를 찾고 새로운 고객 전략을 실시해야 한다. 그러려면 기업의 어느 부문이든 항상 소비자를 위해, 소비자에 대해 준비해야 한다.

예를 들어 A/S 부문에 근무하는 직원이야말로 소비자와 가장 많이 접하는 직원이다. 그가 자주 방문하는 모 오피스텔 단지 내 소비자들의 특징과 검색 정보, 일상적인 취향을 가장 잘 알고 있는 사람이기도 하다. 그러나 대부분의 조직에서는 가장 정확하고 믿을 수 있는 정보인데도 이러한 정보를 제대로 이용하지 못한다. 직원이 알고 있는 소비자의 불만, 특징, 취향 등의 정보를 마케팅 부문에서 이용한다면 시장의 변화를 바로 느낄 수 있으며, 소비자가 변화함으로써 새로운 마케팅 전략이 가능해질 것이다.

CRM으로 성공한 사례를 살펴보자.

우선, 영국 테스코(우리나라 홈플러스)의 경우 400여 만 종의 쿠폰 북을 발송하는데, 고객들이 자주 구매하는 품목뿐 아니라 고객별 구매 확률이 높은 품목을 포함한다. 쿠폰의 실제 사용 비율은 약 40%로, 업계 평균인 5%를 크게 넘어선다.

또한 오릭스그룹은 일본 1위의 자동차 리스 회사인 오릭스 오토리스의 고객 정보 분석을 바탕으로 이업종 간 교차 판매 서비스를 제공해서 고부가가치를 창출한다. 오릭스 오토리스 고객 중 중견·중소 기업인들이 세무, 금융에 관해 어려움을 느낀다는 사실을 파악하고 이들에게 맞는 오릭스그룹의 생명보험, 증권, 할부, 융자, 부동산 등의 금융상품을 제공하는 것이다.

보스톤은행은 우수 고객의 취미가 골프, 요트, 테니스로 나뉘는 것을 발견하고는 고객들의 클럽 결성과 운영비를 지원하는 등 고객 간 교류를 증진시켰다. 그 결과 3년 만에 우수 고객수가 3배로 늘어났다.

혼다는 고객의 생애 주기에 맞춰서 판촉하는 방법을 썼다. 결혼 전에는 소형차 시빅, 결혼 후 자녀가 생기면 중형차 어코드나 왜건형의 오디세이 등을 집중적으로 판매했고 성과를 거뒀다.

국내의 경우, 현대자동차가 CRM시스템을 도입했지만 전사적 차
원에서 참여하지 못하고 고객에 대한 정보의 질이 문제가 되면서 가시
적인 성과를 거두지 못한 채 실패 위기에 직면했다. 하지만 최근에 자
체적으로 이 시스템을 수정하고 보완하면서 높은 성과를 달성할 수 있
었다. 고객 재구매율은 2002년 48.8%에서 2005년 61.7%로, 동일 전
담 사원 출고율은 21.7%에서 26.1%로 증가했다. 현대자동차는 기존의
CRM시스템이 실패한 이유를 막대한 자금을 들여 CRM시스템을 구축
한 것 자체를 중요한 성과로 착각했기 때문이라고 반성했다.

또한 SK텔레콤은 통화 패턴 및 선호도 분석 등 고객 정보 분석
결과를 바탕으로 미래 가치가 높다고 판단한 25세 미만 고객층을 타깃
으로 선정해 성과를 올렸다. 업계 최초로 타깃 고객층에 특화된 멤버
십 서비스(TTL)를 출시해 신세대 패턴에 맞춘 요금제, 오프라인 공간
TTL존과 TTL전용사이트 등의 혜택을 제공하면서 최근에는 197만 명
까지 멤버십 고객으로 확보할 수 있었다.

영국에서는 공공부문에서도 CRM을 적극적으로 사용하고 있다.
대표적으로 2013년부터 시작된 '내셔널 CRM 프로그램'이 있는데, 이
는 지역 주민을 관심사 및 이해관계 등에 따라 구분하고 정책 수립 시
협의 대상을 구체화함으로써 정책 수용성을 높이는 것이다.

우리나라 의정부시는 CRM시스템 구축을 통해 노후화되고 분산
운영되던 대량 메일 발송기능, SMS/MMS 발송 기능, 설문 조사 기능
을 통합 사용자 인터페이스로 전면 교체했다. 또한 로그인 여부와 상
관없이 방문자의 웹 이용 행태를 실시간 분석하여 개개인의 관심 사항
을 파악할 수 있게 되었다. 고객의 동의하에 간편하게 이메일주소 및
핸드폰번호를 수집하여 이메일이나 SMS/MMS로 파악된 관심 사항에

맞춰 공공정보를 발송하는 지능형 맞춤 정보 제공 기능을 확보한 것이다. 의정부시 및 관련 홈페이지 하루 방문 고객의 85% 이상이 비로그인 상태로 정보를 이용하는 만큼 회원에게만 국한되어 있던 맞춤 정보 제공 서비스를 비로그인 고객에게까지 확대 시행했다. 로그인 여부와 상관없이 서비스 이용 중 상황에 맞춰 나타나는 팝업 내에 이메일/핸드폰 번호를 입력하고 정보 수신 동의를 하면 회원으로 가입하지 않고도 간편하게 맞춤 정보 제공 서비스를 이용할 수 있게 된 것이다.

아모레 퍼시픽은 방문 판매 시스템에 CRM을 도입해 판매 증진 효과를 봤고, 월간지 <행복이 가득한 집>도 오랜 기간 축적한 독자 자료를 이용한 CRM 시스템으로 재구독률을 높였다.

CRM은 잠재 고객, 우량 고객을 모으고 불량 고객을 걸러내어 고객 유지 비용을 절감하게 해준다. 고객을 구별하는 프로세스와 이미 보유한 기존 고객에 대한 차별적인 마케팅 활동을 통해 비용을 줄일 수 있다는 것이다. 또한 중복해서 지출되는 마케팅 비용도 절감된다. 따라서 CRM을 활용하여 고객 정보를 어떻게 집중시키고 사용하느냐에 따라 서비스업이나 제조업의 경쟁력은 달라질 것이다.

명품 가격 전략

'명품'은 오랜 기간에 걸쳐 사용되면서 상품 가치와 브랜드를 인정받은 고급품을 일컫는다. 주로 상당히 높은 가격대를 형성하는데, 패션 아이템부터 음식에 이르기까지 품목은 다양하다.

원래 명품은 유명하고 오래된 미술 작품을 뜻하는 '명작'이었다. 따라서 명장이 만드는 소규모 수공예품을 의미하기도 했다. 해외의 전통적인 명품은 장인에 의해 한정적으로 제작되는 고급 물품을 의미했다. 왕실에 납품하는 그릇, 보석, 시계, 가죽 제품은 한정적으로 제작되기 때문에, 소비자보다는 공급자가 가격을 결정짓고 소비자는 이에 따라야 했다. 제품 수가 너무 제한적이어서 명품 시장은 경제학의 논리로 설명하기 어려운 영역이다.

그러나 현대 사회에서의 명품은 오랜 전통을 가진 브랜드의 제품, 명품 브랜드에서 대량 생산하는 제품을 의미한다. 명품 시장을 설명할 수 있는 이론으로 '베블런 효과'를 들 수 있다. 미국의 경제학자 소스타인 베블런(Thorstein Bunde Veblen)은 <유한계급론>에서 "가격이 오르는데도 제품의 수요가 줄어들지 않는 현상"을 언급했다. 한 골동품 가게에 오랫동안 팔리지 않은 상품이 있었는데, 어느 날 직원이 실수로 가격표에 0을 하나 더 붙였더니 하루도 되지 않아 팔렸다는 일화가 있다. 베블런은 이러한 현상이 나타나는 이유를 돈이 많은 것이 곧 성공이라고 여기는 '황금만능주의'로 들었으며, 과시적 소비를 비판했다. 그러나 소비와 자본이 중요시되는 현대 사회에서 베블런 효과를 비판의 대상으로만 보기는 어렵다.

명품업체는 '과시'를 목적으로 하는 구매자의 성향을 감안해서 일부러 높은 가격을 유지하는 고가 전략을 고수한다. 그러나 소비자가 비싼 물건을 선택하는 이유는 단순히 '과시'하기 위해서만은 아니다. 공산품 생산이 발달하면서 값싼 물건은 품질이 좋지 않은 경우가 많기 때문이다. 따라서 소비자 입장에서는 돈을 더 지불하더라도 더 나은 서비스와 제품을 선택한다. 기업 역시 더 비싼 가격을 책정하면 이윤 창출이 원활해지므로, 좋은 품질의 서비스와 재화를 내부적으로 개발할 수 있는 여유가 생긴다.

제품의 차별화가 가능하다면, 명품 수준의 제품을 개발하고 양질의 서비스를 제공하여 높은 가격을 책정하는 것이 이상적이다. 수요자는 우수한 품질의 제품을 구입할 수 있어서 좋고, 공급자로서는 브랜드 이미지와 이윤의 극대화를 이룰 수 있기 때문에 좋은 시장 전략이 된다.

명품 전략의 대표적인 특징은 제품의 희소성, 소량 생산, 주문식 제조, 회원제다. 이러한 전략을 통해 매출을 창출하는 사례를 살펴보자.

고급 독서실 브랜드 '그린 램프(Green Lamp)'

그린 램프는 회원제로 이루어지는 프리미엄 독서실 브랜드다. 도

곡, 반포, 압구정, 대치, 잠실 등 교육열이 높고 비싼 비용을 부담할 수 있는 고객층이 분포한 지역에 주로 위치하고 있다. 그린 램프 대표에 따르면 독서실은 전국에 4,800여 개소가 있는 레드오션 시장이지만, 대부분의 사교육업체는 강의, 인터넷 동영상, 문제 풀이 등 콘텐츠 공급 시장에만 집중되어 있기 때문에 독서실 사업에도 경쟁력이 있다고 판단하고 사업을 시작했다고 한다.

그린 램프에서는 서울대 출신인 대표가 시간 관리 프로그램을 도입하여 학생들이 자기 주도 학습을 할 수 있도록 돕는다. 독서실 회원의 공부 패턴을 기록하고 통계화하여, 회원은 자신의 공부량을 시각적으로 확인할 수 있고 매달 보고서를 받는다. 독서실 입구에서 카드를 찍고 들어가 출석을 체크하게 되어 있으며, 공동 공간의 전광판에는 가장 많은 시간 동안 공부한 학생과 10연속 출석 미션에 성공한 학생 명단을 표시하여 의욕을 높인다. 또한, 누적 공부 시간 'TOP 10'으로 선정되면 선물을 주는 등 이벤트도 한다. 이렇듯 학생들이 자발적으로 학습할 수 있는 프로그램과 환경을 제공한다는 점에서 다른 독서실과 차별화된다.

기존의 독서실이 칸막이로 이루어진 어두운 공간이었다면, 그린 램프는 서양의 오래된 도서관처럼 자주 방문하고 싶게끔 꾸몄다. 그래서 브랜드 모티프가 오래된 도서관에서 주로 볼 수 있는 녹색 조명 갓을 씌운 램프다. 독서실 회원은 두 공간에서 5가지 유형의 좌석을 자유롭게 이동하면서 공부할 수 있으며, 개인의 성향에 따라 닫힌 공간, 열린 공간, 개인 좌석, 단체 좌석 중에서 선택할 수 있도록 되어 있다.

그린 램프는 2014년 9월 1호점을 연 이래 2015년 중순까지 1년 만에 9호점까지 늘어나며 가파른 성장세를 이어가고 있다. 학생 1명당

10~20만 원 정도의 월정기권이 순식간에 매진되는데, 비싼 요금에도 불구하고 독서실 이용을 희망하는 학생의 수가 많다. 신규점을 오픈하는 공지를 띄우면 오픈 전부터 모든 좌석이 마감되는 일이 비일비재하다. 대표에 따르면 오픈 때마다 매진 행렬을 이루는 것을 보고 일반 투자자는 물론 학부형에게서도 분점 문의가 많으며, 2017년까지 120개 직영점 오픈을 목표로 하고 있다고 한다.

럭셔리 생수와 워터 바(Water Bar)

미국 경제전문지 <포춘>은 21세기에는 물산업의 규모가 석유산업을 추월할 것이라 밝혔다. 일찍부터 일본, 이탈리아 등 일부 나라에서는 기능성 물을 사 먹는 것을 당연하게 받아들였다. 뉴욕에서는 2000년대 초중반부터 웰빙 문화가 유행하면서 맨해튼에 고급 워터 바가 등장했고, 전문직을 비롯한 성공한 직장인이 자주 찾는 트렌디한 장소로 여겨진다. 최근 국내에서도 백화점에서 고급 생수를 판매하는 것을 심심치 않게 볼 수 있다. 프리미엄 고객층을 대상으로 하는 럭셔리 생수는 빙하수, 해양심층수, 화산암반수, 탄산수 등이 있다.

'블링(Bling) H$_2$O'는 반짝이는 스와로브스키 크리스털 보석으로 병을 장식한 미국 테네시산 암반수다. 750㎖에 3만 5,000원으로 일반 생수 가격의 70배다. 할리우드 스타인 패리스 힐튼이 애견에게 먹이는 장면이 파파라치에 포착되면서 명품 생수로 이름을 날렸다.

'와일드 알프스 베이비'는 알프스 산맥에서 뽑은 지하수로 만든 아기를 위한 물로, 2ℓ에 1만 2,000원이다. 미네랄, 칼슘, 불소가 가미되어 물맛이 독특하다. 이 물로 아이 얼굴을 씻기는 젊은 엄마도 적지 않다고 한다.

'보스(VOSS)'는 캘빈클라인 향수 디자이너가 병을 디자인했다. 노르웨이 빙하에서 추출한 초특급 빙하수로, 나트륨이 전혀 없고 미네랄 함량도 적은 자연 그대로의 물로 VIP들이 애용하는 것으로 알려져 있다. '그래미 어워드'나 '골든 글로브' 같은 시상식 테이블에 주로 올라가며, 고급 리조트와 호텔에서는 1잔에 6,000~9,000원에 판매되어 희귀성을 더한다.

'산 펠레그리노'는 레오나르도 다빈치가 즐겨 마시던 천연 탄산수로, 이탈리아 동북부 알프스 언덕의 700m 깊이에서 퍼올린다. 13세기에 처음 발견되었다고 한다. 톰 크루즈가 자신이 마시는 음료의 전부라고 말한 적이 있으며, 린제이 로한은 "불멸의 연인"이라고 찬양했다고 한다. 국내에서는 750㎖에 3,800원 정도에 판매되고 있다.

'에비앙'은 국내에서 가장 인기가 많은 생수로, 럭셔리 물의 고전이다. 알프스 만년설이 녹은 뒤 빙하층을 통과하며 여과된 빙하수로, 편의점에서 비교적 저렴한 가격에 판매되고 있다. 팝스타 마돈나가 콘서트 투어 때 머무는 호텔마다 욕조 가득 에비앙을 채워달라고 요구했다는 일화는 유명하다. 그 외에도 배우 킴베이 싱어는 이 물로 머리를 감고, 마이클 잭슨은 성형 수술 후 이 물로 세수했다고 해서 더욱 유명해졌다.

럭셔리 생수 브랜드의 인기에 힘입어 국내 시장에서도 워터 바가 등장했고, 산소수, 탄산수, 나무 수액, 빙하수 등 다양한 물을 70여 개 이상의 브랜드에서 판매한다. 2010년도에 틈새시장 공략의 일환으로 일부 백화점에서 워터 바를 시작한 이래, 현재까지 여러 백화점에서 워터 바가 운영된다. 신세계백화점 본점과 강남점은 100여 종의 생수를 구비하고 있으며, 가격대는 1,000원대부터 2만 원대까지 다양하다.

70여 종의 수입 생수 중 에비앙이 50~60%의 시장점유율을 차지하며, 볼빅과 피지워터가 그 뒤를 쫓고 있다. 시장 조사 기관에 따르면, 탄산수는 전년 대비 70%나 판매량이 증가했으며, 편의점에서도 탄산수 매출이 전년 대비 58% 이상 증가했다.

워터 바에서는 물을 구매하는 것뿐만 아니라 워터 소믈리에가 취향에 맞는 물을 조언해주고 시음을 도와준다. 와인을 취급하는 고급 레스토랑에서만 볼 수 있던 소믈리에가 물 시장에도 등장한 것이다. 워터 소믈리에는 물의 종류와 특성을 이해하고 소비자에게 어울리는 물을 추천해주는데, 자격증을 취득해야 한다. 이들은 소비자의 건강 상태나 섭취하는 음식 종류에 따라 특성에 맞는 물을 추천한다. 국내에서는 한국수자원공사에서 주관하는 교육 과정을 이수한 후, 물의 역사와 종류, 제시된 물맛과 냄새를 감별하는 능력을 갖춰야 한다. 고급 생수의 경우 미네랄 함량이나 수원지에 따라 미세하게 맛 차이가 난다고 한다.

인터넷 워터 카페가 존재할 정도로 물이 와인처럼 기호식품이 되었다. 이처럼 문화, 여가, 건강에 대해 관심이 높아지면서 물에 대한 관심이 증가하고 소비가 늘고 있다는 점에서 프리미엄 물 시장의 미래는 밝다고 볼 수 있다.

프리미엄 시장 전략

드라마에 재벌 2세로 등장하는 유명 연예인이 들고 나오는 제품은 왠지 좋게 느껴진다. 소비자들은 쉽게 구매할 수 없는 재화를 소유하는 것이 경제력과 능력을 증명한다고 느끼고, 이를 겨냥한 기업은 비싼 가격과 높은 서비스를 통해 이윤을 창출한다. 그렇기에 은행 이자율이 떨어지고 세계 경제가 어렵다고 하는데도 소매 기업은 여전히 새로운 마케팅을 통해 끊임없이 소비를 이끌어낸다.

일반 시장이 수요와 공급에 따라 가격이 이루어지고 판매되는 곳이라면, 프리미엄 시장은 일반 시장을 세분화하여 고가품 전략으로 새로운 수요와 공급을 창출함으로써 많은 판매량과 이윤을 만들어내는 곳이다. 예를 들어 가정마다 냉장고가 보급되어 있으므로 냉장고 시장은 포화 상태다. 그런데 기존의 냉장고보다 편의성과 내구성을 높인 비싼 냉장고를 개발하여 공급하면, 고급 냉장고에 대한 수요자가 기존의 냉장고 시장과 다른 새로운 시장을 형성한다. 이러한 시장을 프리미엄 시장이라고 한다.

프리미엄 시장은 명품 시장과 다르다. 프리미엄 시장은 소비자를 중심으로 대중적인 일반 고객층을 확보하는 동시에 새로운 프리미엄 제품군을 통해 고급화된 시장도 확보한다. 따라서 대형 유통 기업이 가격을 중요시하는 일반 소비자보다 가격에 영향을 적게 받고, 개인이 선호하는 대로 소비하는 고객층을 위해 제품군을 달리하여 전략을 설정하는 것을 프리미엄 시장 전략이라고 한다. 이와 달리, 명품 시장은 일반 고객을 고려하지 않고 특정 고객만을 위해 제품을 생산하고 거래하는 시장이다. 영국 왕실에 제품을 납품하는 '에르메스'의 패션 브랜드는 여성 핸드백이 1천만 원에서 시작한다. 생산되는 제품 수량 역시 1년에 100여 개 이하로 일반 소비자에게는 기회가 돌아가지 않는다. 이처럼 소비자 중심이 아닌 제작사 입장을 고수하고, 그에 맞는 가격을 책정하는 것이 명품 가격 전략이다.

시장이 포화되고 세계적 경기침체의 영향으로 소비가 줄어들면서 경제적으로 둔화되고 있다. 이러한 시기에 의도적으로 소비를 창출하는 프리미엄 시장 전략은 경기 회복을 위한 초석이 될 수 있다. 고가 정책을 통해 부유층의 소비 심리를 자극하는 귀족 마케팅, VIP 마케팅으로 소비와 금전거래를 활발하게 하면 사회적으로 경제적 윤활유가 된다.

프리미엄 시장 전략은 서비스를 제공하는 기업의 입장에서는 새로운 제품을 개발하고 브랜드 포지셔닝과 마케팅 등에 많은 비용을 감수해야 한다는 문제점이 있다. 반면에 이점도 많다. 고정 고객을 확보하면 안정적인 매출을 예측할 수 있으므로 마케팅 비용을 절감할 수 있으며, 이런 고객들은 경기의 영향을 덜 받는다. 또한 일반 소비자와 달리 가격에 따른 구매력의 차이가 적기 때문에 가격 탄력성이 적다. 이렇다 보니 대부분 프리미엄 가격대의 제품은 가격 대비 마진율이 상당히 높다.

　　또한 부가적인 소비를 창출하는 원인이 되기도 한다. 프리미엄 고객의 소비가 유행을 선도하면 일반 소비자들의 구매에도 지대한 영향을 미치기 때문이다. 즉, 슈퍼 리치가 어떤 서비스나 제품을 사용하면 VIP 고객뿐만 아니라 일반 고객까지도 이를 따르는 경향이 있다는 말이다. 그래서 장기적으로는 이윤 창출에 가장 효과적인 수단이 되기도 한다. 백화점에서 최고급 고객을 배려하면, 고객의 상당수는 그 수준의 서비스를 받기 위해 더욱더 소비하게 된다. 또한 트렌드를 이끈다는 이미지는 기업의 이미지를 고급화시키는 효과도 있다.

　　그러나 대형 유통업체들의 브랜드 확장 전략은 신중할 수밖에 없다. 대형 제조, 유통업체가 프리미엄 전략을 펼치기에는 상당한 리스크가 존재하기 때문이다. 넓은 소비층 고객을 소유한 대기업의 경우 프리미엄 마케팅에 거부감을 가질 수 있는 다수의 고객을 고려하며 전략을 수립해야 한다. 특히 계층 간 위화감을 조성하고 사회의 평등을 해칠 수 있다는 생각을 가진 기업 외적인 환경에서는 프리미엄 마케팅이 과소비를 조장한다고 비난할 수 있다. 그러나 국내 여러 기업이 프리미엄 브랜드 전략을 활용하는 것을 보면, 기업의 이미지를 제고시키며 매출과 이익을 증대시키는 것이 확실한 듯 보인다. 따라서 프리미엄 전략의 접근 방법에 대한 연구가 업종별, 산업별, 고객별로 이루어져야 할 것으로 보인다.

고품격 브랜드로서의 리포지셔닝(repositioning)

　　다수의 고객층 확보를 위해서는 낮은 가격 전략이 일반적으로 사용되고 있다. 그러나 어느 정도 브랜드 점유율을 확보한 후에는 고급

화 전략이 필요하다. 자동차, 전자제품 등의 산업과 상관없는 다수의 기업이 프리미엄 소비층을 공략하기 위한 브랜드 리포지셔닝 전략을 펼치고 있다. 가장 일반적인 사례로 자동차 브랜드 도요타에서 출시한 프리미엄 브랜드 렉서스를 들 수 있다. 도요타는 중저가 자동차인 코롤라와 캠리를 내놓아 실용적인 브랜드로 성공을 거둔 후 고급 차 시장에 진입했다.

도요타가 미국의 고급 차 시장에 진입하는 데는 두 가지 전략이 있었다. 첫째는 고급 세단 시장의 경쟁사인 캐딜락, 벤츠, BMW와 정면으로 승부하는 방법이었고, 두 번째는 상대적으로 경쟁이 적은 SUV 시장에 진출한 후 세단 시장에 진출하는 방법이었다. 그러나 도요타는 중저가 브랜드라는 이미지가 강했기 때문에, 기존 이미지를 탈피하기 위해서는 새로운 브랜드를 론칭해야 했지만 엄청난 규모의 마케팅 비용이 들었다. 도요타는 기존 브랜드를 탈피하기 위해 렉서스만을 위한 새로운 유통망을 확보하여 마케팅을 실시했고, 고급 브랜드로 확고한 지위를 차지할 수 있게 되었다. 현재는 전 세계적으로 벤츠, BMW와 유사한 수준의 브랜드로 인정받는다.

가전제품 시장도 프리미엄 브랜드가 성과를 거두고 있다. 미국 가전업체인 GE는 디자이너, 전문가, 부유층, 고소득층을 공략하기 위해 GE 모노그램, GE 프로파일이라는 별도의 브랜드를 출시했다. 국내 가전 역시 이러한 흐름을 이어가고 있다. LG전자는 기존 텔레비전 등 모든 가전제품과 완전히 차별화된 LG 시그니처를 선보였다. 새로운 프리미엄 브랜드를 지렛대로 삼아 기존 제품의 매출까지 끌어올리기 위한 것으로 보인다. 전 세계적으로 가전 브랜드 선호도 1위를 차지하는 LG전자는 우리나라뿐만 아니라 북미, 유럽 시장을 공략할 계획으로 올레드 TV, 세탁기, 냉장고, 공기청정기 등에 시그니처를 적용했다.

시그니처 제품의 경우 기능에 충실하다. 예를 들어 LG 시그니처 올레드 TV는 화면 이외의 부수적 요소를 배제하여 기능적 충실함과 단순한 디자인을 강조했으며, 세탁기의 경우 상단에 드럼세탁기, 하단에 통돌이 세탁기가 있는 트윈워시 제품으로 내구성과 디자인을 강화하여 소비자의 편의성을 극대화했다. 이렇듯 기능과 편의성을 극대화하여 고객에게 최고 수준의 서비스를 제공하는 제품을 프리미엄 가격대에 내놓아 안목이 높은 소비자층을 공략하는 것이다.

이외에도 대중적인 인기를 갖춘 브랜드가 고소득층을 겨냥한 고급 브랜드를 출시하는 사례는 흔하다. 현대자동차는 고급 브랜드인 제네시스를 출시하여 기업 임원 또는 고소득층만을 위한 라인을 론칭했으며, 독일 자동차 브랜드인 폭스바겐은 고급 자동차 브랜드로 아우디를 보유하고 있다. 주방 및 싱크대 생산업체인 한샘은 키친바흐라는 프리미엄 라인을 보유하고 있다.

한국 화장품 브랜드인 아모레퍼시픽 역시 구매 타깃에 따라 브랜드를 달리한다. 가장 일반적인 소비층을 위한 브랜드 에뛰드하우스와 고급 라인인 설화수와 아모레퍼시픽이 있다. 홍콩의 유명 백화점에 입점한 아모레퍼시픽 자리는 원래 미국 브랜드 프레시가 있던 자리로, 세계 최대 규모의 명품 그룹인 LVMH에서 출시한 신생 화장품 브랜드다. 명품 브랜드가 주로 입점되는 자리에 아모레퍼시픽이 입점했다는 것은 국내 화장품 브랜드가 세계적인 수준으로 인정받는다는 뜻이다. 프리미엄 전략을 통한 브랜드 가치 증가의 효과는 지난 5년간 아모레퍼시픽 그룹 주가의 성장폭이 800%를 넘은 것으로 확인할 수 있다. 이는 에스티 로더와 로레알을 뛰어넘는 성장세다.

백화점의 프리미엄 마케팅

백화점은 모든 계층의 소비자에게 열린 공간으로, 계절 또는 명절별로 가격 할인 및 세일 행사를 실시하는 등 최대한 많은 소비자를 끌어들이기 위해 노력을 기울이고 있다. 그러나 백화점에서도 프리미엄 마케팅을 실시한다.

백화점은 소수의 VVIP 고객을 대상으로 최고의 서비스를 제공한다. 국내 백화점의 경우 구매액 상위 2%의 고객에게는 별도로 마련된 고급 라운지에서 커피를 제공하거나, 퍼스널 쇼퍼(personal shopper) 서비스를 통해 맞춤형 쇼핑을 제안하고, 소수를 위한 패션쇼뿐만 아니라 호텔과 견주어 손색이 없는 갤러리 공간을 마련하여 세계적인 작가의 전시회를 제한적으로 제공하기도 한다.

또한 우수 고객의 소비를 장려하기 위해 매월 명품 잡지를 경쟁적으로 발간한다. 일반 홍보물보다 기사와 광고를 고급화하여 VIP 고객에 한정해 우편으로 발송한다. 신세계백화점은 <퍼스트 레이디(FIRST LADY)>, 롯데백화점은 <애비뉴얼(AVENUEL)>을, 갤러리아백화점은 <더 갤러리아(THE GALLERIA)>, 현대백화점은 <스타일 H>를 발간한다.

이러한 프리미엄 전략은 빛을 발하는 것으로 보인다. 지난해 백화점도 불황을 겪을 것으로 예측되었지만, 귀족 고객은 오히려 증가했다고 한다. 신세계백화점은 전체 고객 중 상위 1%에 해당하는 슈퍼 VIP 고객이 최근 8.8% 증가했고, 갤러리아백화점은 연간 구매 3,500만 원 이상인 상위 고객층이 11% 증가한 것으로 나타났다.

VIP만 챙기지 마라

최근 인터넷의 발달과 경제 수준의 증가로 소비자 성향이 변화하고 있다. 해외 원정 쇼핑이 크게 늘어나고 인터넷을 통한 가격 정보가 공유되면서 소비자들이 똑똑해진 것이다. 여러 판매처의 가격을 비교해보고 최저가의 제품을 구입하거나, 해외 경매 사이트를 통해 정가보다 저렴하게 구입하는 방법도 있다. 지역 곳곳에 생겨난 프리미엄 아울렛을 통해 정가의 반도 안 되는 가격으로 시즌이 지난 명품을 건질 수도 있다. 다양한 소비자들이 새로운 여러 가지 방법으로 재화를 구매하고 이용하는 시대가 되면서 '롱테일'의 중요성이 다시금 언급되기 시작했다.

롱테일 현상은 파레토 법칙을 그래프에 나타냈을 때 꼬리처럼 긴 부분을 형성하는 80%를 일컫는다. 파레토 법칙은 이탈리아 경제학자 빌프레도 파레토가 19세기 영국의 부와 소득 유형을 연구하다가 전체 자본의 80%를 인구의 20%가 차지하고 있다는 사실을 발견하며 나온 이론이다. 이는 "백화점의 80%의 매출은 상위 20%의 VIP 고객이 담당한다"는 식으로 프리미엄 가격 전략을 형성하는 데 주로 사용된다. 따라서 파레토 법칙에 의한 그래프에서는 발생 확률 혹은 발생량이 상대적으로 적은 부분이 무시되는 경향이 있었다. 그러나 인터넷과 새로

운 물류 기술의 발달로 인해 이 부분이 경제적으로 의미를 갖게 되었
는데, 이를 롱테일이라고 한다. 2004년 크리스 앤더슨이 처음으로 소
개하면서 베스트셀러가 되었다.

　　이러한 롱테일 소비 성향으로 인해 고가 정책을 고수하던 명품 브
랜드업체도 전략을 바꾸는 경향이 보인다. 유럽에서 명품 백을 싸게
구입한 뒤 인터넷 중고시장에서 웃돈을 붙여 팔거나, 병행수입을 통해
수입되는 사례도 늘고 있기 때문이다. 특히 국가에 따라 가격을 다르
게 책정하는 명품 패션 브랜드의 가격 전략은 병행수입이나 원정 구입
을 하는 원인이기도 하다. 대표적인 명품 패션 브랜드인 샤넬의 패션
부문 사장은 앞으로 소비자들이 세계 어디에서나 비슷한 가격에 살 수
있도록 지역별 가격차를 10%로 유지할 것이라고 했으며, 명품 시계 브
랜드 태그 호이어 사장은 앞으로 많은 브랜드가 전 세계에서 가격을
조정해야 할 것이라고 밝힌 바 있다. 즉, 명품 브랜드 기업이 합리적인
가격 책정을 통한 평준화 전략으로 방향을 바꾸겠다는 의지를 밝힌 것
이다.

　　고가 전략을 펼치던 콧대 높은 브랜드 기업이 합리적으로 가격을
조정하는 것은 일종의 평준화 전략이다. 인터넷이라는 구매 환경은 수
많은 구매자를 확보할 수 있는 방법이며, 다양한 구매 성향의 고객을
만족시키기 위해 더 빠르게 다양한 재화를 제공하는 것이 중요해진 것
이다.

　　물론 여전히 VIP를 대상으로 하는 프리미엄 가격 전략은 새로운
시장을 형성하는 데 큰 영향을 미친다. 그러나 새롭게 등장하는 '긴 꼬
리'의 고객 역시 기업이 놓칠 수 없는 매력적인 수요자라는 점을 기억
해야 할 것이다.

패스트 패션과 명품의 콜라보레이션

스웨덴 SPA 브랜드인 H&M은 명품 패션디자이너와의 콜라보레이션으로 유명하다. 2004년은 칼 라거펠트를 시작으로 스텔라 맥카트니, 빅터 앤 롤프, 콤데가르송, 지미추, 소니아 라키엘, 랑방, 베르사체, 마르니, 이자벨 마랑, 알렉산더 왕 등 해마다 유명 디자이너와 콜라보레이션을 해왔다. 그뿐 아니라 스타일 아이콘 콜라보레이션으로 마돈나, 카일리 미노그, 데이비드 베컴, 비욘세 등 세계적인 스타들을 모티브로 하는 제품군 역시 발표했다.

이러한 콜라보레이션 제품은 평소 H&M의 제품에 비해 2~3배 비싸지만, 명품 브랜드를 구입하는 것보다는 훨씬 저렴하다. 따라서 희소가치가 있는 한정판 명품 브랜드 제품을 싸게 살 수 있기 때문에 소비자 입장에서는 좋은 기회인 셈이다. 그리고 의류 브랜드로서도 더 많은 소비자에게 브랜드가 노출되어 잠재적 소비자를 창출할 수 있으며, 저렴한 가격으로 전 세계 매장에서 대량 판매로 이윤을 창출할 수 있다.

물론 H&M의 콜라보레이션 제품이 처음부터 성과를 보인 것은 아니다. 2004년부터 시작했지만 실제로 매출 성과를 보인 것은 2010년 랑방의 디자이너 알버 엘바즈와의 콜라보레이션 작업으로, 처음으로 전년 대비 8% 이상의 매출 성장률을 기록했다. 이때 소비자가 선호한 제품은 디자이너의 파티드레스와 화려한 액세서리 제품이었다. 2010년 이후 H&M의 브랜드 콜라보레이션이 지속적으로 성장하면서 다른 SPA 경쟁사에서도 한정판을 강조하는 콜라보레이션 전략을 시도했다. 영국의 대표 하이스트릿 브랜드 탑샵에서도 슈퍼모델 출신인 케이트 모스와 콜라보레이션을 했고, 갭에서도 패션 잡지 <GQ>와 함께 새로운 남성복 라인을 기획했다.

H&M의 콜라보레이션 전략은 기업의 가치를 향상시키는 데도 큰 영향을 미쳤다. 2008년 140억 달러였던 그룹 가치는 2013년 182억 달러(20조 원)까지 성장했으며, 이는 SPA브랜드 1위 기업인 유니클로의 24조 원 다음이다.

H&M의 디자이너 콜라보레이션은 장기적으로 균형 잡힌 가격 정책을 유지하는 지속 가능한 전략이 될 수 있다. 콜라보레이션을 통한 하이엔드급 제품은 일반 가격보다 높은 가격을 책정하여 이윤을 증가시킨다. 이는 다른 부분의 마진을 보완하는 대안이 된다. 게다가 이미지 개선에도 긍정적인 영향을 미쳤다. 평소 경쟁 브랜드인 자라에 비해 품질이 떨어진다는 인식이 있었는데, 콜라보레이션 라인 제품을 통해 이미지가 많이 좋아졌다.

이러한 콜라보레이션은 디자이너 브랜드 변화의 시작점이 되었다. 대중보다는 개별 고객을 위해 주로 제품을 생산하던 디자이너들에게는 새로운 도전이었고, 이후로 비슷한 시기에 명품 브랜드의 세컨드 브랜드가 등장했다. 클로에는 세컨드 브랜드로 시 바이 클로에(See by Chloe)를, 마크 제이콥스는 마크 바이 마크 제이콥스(Marc by Marc Jacob)를, 프라다는 미우미우(MiuMiu) 등의 세컨드 브랜드를 통해 새로운 소비층을 타깃으로 하는 시장을 공략했다. 그러나 이들은 H&M과 같은 패스트 패션 수준까지는 가격을 내릴 수 없다는 한계가 있다.

온라인 광고

대표적인 온라인 소규모 광고업계에서는 구글 사의 애드센스가

전 세계 1위를 유지하고 있다. 과거에 광고 회사라고 하면 텔레비전이
나 신문과 같은 대형 매체의 상업 광고나 신문지면 광고만을 떠올렸는
데, 이는 주로 대형 광고주를 위주로 하는 광고 시장이었다. 따라서 소
규모 광고가 없었고, 중소기업 광고주는 비싼 금액을 지불하는 광고를
내기가 어려웠다.

그러나 인터넷이 발달하며 온라인 화면상에 작은 배너 형태로 누
구나 광고를 띄울 수 있게 되었다. 구글 애드센스는 웹페이지에 저렴
한 광고를 제공하는데, 이는 구글 전체 매출의 50%를 차지한다. 구글
애드센스에서 시작한 온라인 소규모 광고는 네이버, 다음을 비롯한 국
내 포털 사이트에서도 큰 수익원으로 알려져 있다.

이보다 한 단계 발전하여, 최근 들어서는 온라인 맞춤형 광고가
등장했다. 아마존에서는 아마존을 이용하는 방대한 고객의 구매 성향
을 분석하는 아마존 스폰서드 링크라는 맞춤형 검색 광고 프로그램을
개발했다. 이용자가 방문한 사이트, 방문 시 관심을 보인 제품 등 온라
인 이용 형태를 추적하여 이용자의 관심사에 맞춘 광고를 제공하는 방
법이다. 전 세계 온라인 광고 시장 규모는 매년 15% 가까이 성장하고
있는 만큼, 아마존이 개발한 맞춤형 광고 프로그램을 통해 연 1조 원
의 광고 수익을 창출하고 있다.

크라우드 소싱

크라우드 소싱(crowd sourcing)을 쉽게 설명하면, "전문가가 풀지 못
한 문제를 대중이 푸는 것"이라고 할 수 있다. 과거에 기업 활동은 해
당 업계의 전문가나 내부자끼리만 지식과 기술을 공유했고, 제품 또는

서비스 개발 과정 역시 내부적으로 이루어졌다. 그러나 인터넷이 발달하고 전 세계의 두뇌가 온라인 공간에서 의견을 공유할 수 있는 환경이 확보되면서, 기업 활동 역시 전 과정에 걸쳐 대중의 지식을 빌어 문제를 해결할 수 있게 되었다. 즉, 기업 활동의 전 과정에 소비자 또는 대중이 참여할 수 있도록 개방하고 참여자의 기여로 기업 활동 능력이 향상되면 그 수익을 참여자와 나누는 것이다.

크라우드 소싱을 통해 성공적으로 비즈니스 혁신을 이룬 사례는 많다. 이노센티브(InnoCentive)는 과학 기술, 아마존은 인공 지능, 골드크롭(Goldcorp)은 금광에 대해 참여자들과 공개적으로 연구하며, 캠브리언 하우스(Cambrian House)는 창업 아이템과 아이디어를 공모하여 비즈니스로 연결시킨다. 이들은 문제점을 공유할 뿐만 아니라, 해결하는 참여자에게 보상을 주어 참여를 유도한다.

그중 이노센티브는 과학 기술적인 문제를 해결하기 위해 크라우드 소싱 사이트에 공고된 문제를 해결하면 현상금을 준다. 사이트에 문제를 공고하는 주체는 기업, 정부, 비영리단체로 다양하며, 내부 역량으로 해결하지 못하는 부분을 1만 달러에서 100만 달러에 이르기까지 상금을 내걸고 공고한다. 개별 조직의 문제에 대해 전 세계인이 솔루션을 제안하고, 시각을 달리하여 문제를 해결하는 것이다. 과학 분야뿐만 아니라 비즈니스와 기업가 정신, 사회 혁신 등 기술과 직결되지 않는 분야도 있다. 이노센티브는 참여하는 모두가 이익을 누린다고 주장하는데, 조직은 전 세계인들의 아이디어로 문제를 해결하여 개발 비용을 절감할 수 있고 해결한 사람은 현상금을 받기 때문이다. 또한 이노센티브는 그 과정에서 수수료를 받아 사이트를 운영한다. 현재까지 1,650개의 문제가 공고되고 1,500개의 문제가 해결되었으며, 해결자들

3장 나쁜 기업이 되라

이 받은 현상금도 445억 달러에 달한다.

　이뿐 아니라, 미국 과자 브랜드 도리토스는 미국 프로 미식축구 챔피언 결정전인 슈퍼볼 시간대에 나갈 광고를 크라우드 소싱을 통해 공모했다. 우승작은 슈퍼볼 광고 시간에 전파를 탔고, 1만 달러의 상금을 받았다. 미국 전역에서 1,071건의 작품이 접수되었고, 100만 명의 방문자가 평균 5분 이상 웹사이트에 머무르며 광고를 시청했다. 즉, 광고를 제출하거나 그 이벤트에 관심을 가지는 사람 모두 잠재적 소비자가 된 것이다. 도리토스는 이를 통해 공모 기간 중 매출이 전년 대비 12%나 증가하는 등 총 3천만 달러의 광고 효과를 창출했다. 이렇듯 비즈니스와 관련해서도 크라우드 소싱은 널리 이용할 수 있다.

나쁜
기업이
되라

균형을
파괴하라

소비자들은 끊임없이 새로운 것을 추구하고, 소비자의 니즈는 수시로 변한다. 이런 소비자를 사로잡기 위해, 서로 다른 기업의 효율적인 협력 관계, 고객의 마음을 읽고 분석하는 분석경영, 명품 전략과 프리미엄 전략에 대해 알아보았다. 이렇듯 기업의 입장에서 소비자의 마음을 파악하고 그에 맞는 전략을 펼치는 것은 매우 중요하다. 하지만 단순히 소비자를 사로잡기 위한 전략만 구사해서는 포화된 시장에서 쉽게 도태되기 마련이다. 이러한 상황에서의 강력한 돌파구는 발상의 전환, 즉 새로운 패러다임으로의 전환이다. 그렇다면 어떻게 기업이 새로운 패러다임으로 성공적으로 전환할 수 있는지, 그 전략에 대해 알아보려 한다.

기업은 다양한 관점에서 패러다임의 전환을 시도할 수 있다. 실로 발상의 전환은 생각지 못한 곳에서 큰 성과를 가져다준다. 그래서 다양한 기업들의 사례를 통해 파격적인 성공을 이뤄낸 전략을 살펴볼 것이다.

최근 발상의 전환을 통해 성공한 신생 기업들은 포화된 시장에서 틈새를 공략하여 시장 자체에 새로운 전성기를 몰고 왔다. 이 기업들은 전통적인 틀을 깨고 스마트폰 시대에 발맞춘 플랫폼을 선보이며 새로운 시대에 더욱 편리한 방식을 제공해 성공을 이끌어냈다. 다양한 분야에서 업계의 최신 트렌드를 이끌고 있는 신생 기업을 소개하고 그들의 전략을 자세하게 알아보려 한다.

흔히 기업은 다양한 고객층을 사로잡기 위해 노력한다. 다양한 고객의 요구에 최대한 맞추어 많은 고객을 확보해야 하는 것은 기업의 숙명이라고도 할 수 있다. 하지만 발상을 전환해 특정한 고객층만 집중적으로 공략해 성공한 기업도 있다. 이를 집중적 초토화 전략이라 하는데, 특정한 고객층을 집중적으로 분석하여 성공한 기업을 소개할 것이다.

기업의 입장에서 정확한 수치의 수요를 예측하기란 매우 어렵다. 일반적으로 기업은 새로운 수요를 창출하고 그 수요가 증가함에 따라 공급을 맞춘다. 하지만 발상을 전환하여 창조적으로 수요 관리를 하는 기업도 있다. 기존 제품과 차별화된 제품을 소개하여 1차적인 수요를 창출하고, 공급량을 통제함으로써 제품에 대한 허기를 극대화함으로써 잠재적인 수요를 지속적으로 창출하는 방법이다. 이러한 전략을 선보인 기업에 대해 알아보자.

기법 말고 핵심을 배워라

2000년대 초반 일본 경제가 침체기를 맞이하면서 많은 상점과 백화점이 고전하던 시기가 있었다. 그런데 그 가운데 오직 이세탄 백화점만이 호황을 누리는 신기한 상황이 벌어졌다.

경영난에 시달리던 오타큐 백화점은 독보적인 호황을 누리는 이세탄 백화점을 벤치마킹 함으로써 위기에서 벗어나려 했다. 그래서 오타큐 백화점은 이세탄 백화점의 인력을 스카우트하고, 그들의 전략을 배우기 위해 직원을 손님으로 가장하여 이세탄 백화점으로 파견했다. 이러한 노력으로 오타큐 백화점이 찾아낸 사실은 이세탄 백화점이 다른 백화점에 비해 고객이 원하는 상품을 진열, 배치하는 능력이 뛰어났다는 것이었다. 이세탄 백화점은 매장을 방문하는 고객들이 눈으로 구경만 하지 않고 실제로 제품을 구매하도록 유도하는 능력이 뛰어났다. 이것이 이세탄 백화점을 성공으로 이끈 핵심 비법이었다.

어떻게 그럴 수 있는지 방법을 알아내기 위해 오타큐 백화점은 이세탄 백화점에 대한 연구를 계속했다. 연구 결과, 그 비결이 이세탄 백화점 직원들이 작성하는 머천다이징(merchandising) 노트와 '세시기 달력'에 있다는 것을 알게 되었다. 머천다이징 노트는 백화점에서 판매하는 상품에 대한 손님들의 반응을 기록하는 작은 수첩인데, 이세탄 직원들은 교육을 통해 노트 작성법을 익히고 매장에서 손님들의 반응을 살피고 기록했다. 그리고 일정 기간마다 작성된 노트를 직원들끼리 서로 피드백하고 업데이트하는 시스템도 갖추고 있었다. '세시기 달력'은 직원들이 고객과 나눈 사소한 대화까지 기록하는 직원들의 메모장이다. 이세탄 백화점 직원들은 메모를 작성하고 공유하며 업데이트하면서 현장에서 고객의 니즈를 파악하고 있었던 것이다.

오타큐 백화점은 이세탄 백화점의 성공 기법을 따라 하기로 마음먹었다. 가장 먼저 머천다이징 노트를 도입했다. 좀 더 확실한 벤치마킹을 위해 이세탄 백화점의 고위 임원과 간부를 스카우트했고, 이러한 노력을 통해 위기에서 벗어날 것을 꿈꿨다.

하지만 4년이 지난 2008년, 오타큐 백화점은 벤치마킹을 포기하기로 공식 선언했다. 이세탄의 방식이 직원들에게 수첩을 나누어준다고 되는 것이 아니라는 사실을 깨닫는 데는 긴 시간이 걸렸고, 그에 따른 손해도 컸다.

일본의 백화점이 모두 불황을 겪고 있을 때 이세탄 백화점만이 성공할 수 있었던 근본적인 이유는 눈에 보이는 머천다이징 노트가 아니라 그 뒤에 숨은 '고객 중심주의'와 이를 통해 살아남겠다는 직원들의 절실함에 있었다. 하지만 오타큐 백화점은 겉으로 보이는 기법만 도입하면 이세탄과 마찬가지로 성공할 수 있을 것이라고 쉽게 생각했고, 같은 성과를 낼 수 있을 것이라고 착각하는 바람에 벤치마킹은 실패했던 것이다.

벤치마킹을 하는 데는 심오한 관찰이 필요하고, 배운 것은 각자의 상황에 맞게 응용해야 한다. 각 기업이 처한 상황이 다르기 때문에 어떤 기업에는 약이 된 방법이 다른 기업에는 오히려 독이 되기도 한다. 따라서 기업을 벤치마킹할 때에는 기법 뒤에 숨겨진 핵심 철학을 꿰뚫어 보아야 하며, 그 핵심 철학을 자신의 기업에 심을 수 있는 방법을 연구해서 응용해야 하는 것이다.

게다가 오타큐 백화점과 이세탄 백화점의 절실함은 정도가 달랐다. 오타큐 백화점의 모기업은 오타큐 국철이라서, 오타큐 백화점이 경영 난조로 적자를 보이면 모기업에서 해결해주곤 했다. 오타큐 백화점 직원에게는 공기업 특유의 '철밥통 마인드'가 있어서 기업의 생존과 성장에 대한 절실함이 없었다.

반면 이세탄 백화점은 오타큐 백화점과 달리 백화점업계의 후발주자로 백화점 위치도 불리했고, 경쟁사들에 비해 적은 자본으로 시작해야 했다. 이러한 상황이니 직원들은 회사를 망하지 않게 해야 한다는 절실함이 컸다. 따라서 백화점 경영진이 추진하는 다양한 경영적 시도와 노력에 적극적이었다. 이세탄 백화점은 불리한 시장에서 살아남기 위해 다양한 시도를 하다가 머천다이징 노트를 만드는 데 이르렀다. 고객이 제품을 구매해야 백화점이 살아남을 수 있고, 구매를 이끌어내기 위해서는 고객이 원하는 것이 무엇인지를 알아야 한다는 기본적인 경영 철학을 토대로 하는 기법이었다. 거기에 직원들의 적극적인 실천이 더해져 이세탄 백화점은 '고객의 마음을 가장 잘 알아주는 백화점'이라는 명성을 얻을 수 있었고, 불황에도 성공할 수 있는 저력을 갖추게 된 것이다.

기업이 실천하는 기법 뒤에 숨겨진 핵심 가치와 배경을 이해하지 못하고 기법만 따라 한 오타큐 백화점의 실패는 사실 예견된 것이었다. 실제로 오타큐 백화점의 직원들은 번거롭고 귀찮은 이세탄의 방식을 환영하지 않았고, 형식적으로만 참여했다. 하지만 직원들의 진심이 담기지 않은 머천다이징 노트는 고객의 마음을 읽어내는 힘을 발휘할 수 없었다.

오타큐 백화점의 절실함은 직원뿐 아니라 최고 경영층에도 없었다. 벤치마킹한 이세탄의 방식이 뿌리 내리기 전에, 당시 오타큐 백화점의 도시미쓰 회장이 경영상의 이유로 사임하게 되었다. 이세탄 방식을 추진하던 도시미쓰 회장의 사임으로 오타큐 백화점에서 이세탄의 방식은 더 이상 의미가 없었다. 직원들의 부족한 헝그리 정신과 혁신을 이끌던 최고 경영층의 사임으로 이세탄 방식으로 불리던 혁신은 추진력을 잃고 사그라졌다. 오타큐 백화점의 실패는 벤치마킹의 핵심이 정량적인 것이 아니라 비정량적인 것에 있음을 경영진이 간과한 까닭이다.

도요타의 생산 방식은 많은 기업이 벤치마킹하지만 성공한 사례가 드물기로 유명하다. 전 세계 많은 기업이 닮고 싶어 하지만, 도요타의 핵심적 성공 비결을 살펴보기보다는 생산 방식만 적용하기 때문에 벤치마킹에 실패하는 것이다. 우리나라에서도 도요타 방식이 유행한 1980~1990년대에 도요타의 JIT 방식을 많이 벤치마킹했다. 단기적으로 재고가 줄어들고 원가가 절감되어 성공했다는 착각이 들기도 했다. 하지만 시간이 지나면서 부품을 납품하던 협력 업체들의 재고가 산더미처럼 불어나는 부작용을 겪어야 했고, 벤치마킹은 실패로 끝나는 경우가 허다했다. 이러한 기업들은 JIT 방식 자체에 문제가 있다고 결론 짓곤 했다.

도요타를 벤치마킹하는 기업들은 '고객이 원하는 제품을 적기에 최상의 조건으로 공급하자'는 목표를 이루어내는 JIT, 즉 적기 생산 방식에 집중한다. 이를 도입하기 위해 사내 재고를 최소화하고, 원가를 줄이려 노력한다. 그러기 위해 각 부품 용기에 붙이는 정보 표시판인 '간반'과 혁신 아이디어를 모아 공정에 반영하는 '가이젠' 기법을 따라 한다. 그러나 그것이 곧 도요타 방식이라고 할 수 있을까?

도요타의 본질은 그러한 기법이 아니라 조직에 속한 개개인 그리고 조직 전체가 낭비를 줄이고 낭비가 발생하는 부분을 고민하며 개선의 방법을 찾을 필요성을 인식하고, 사고방식의 변화를 이끌어내는 데 있다. 이러한 핵심을 읽지 못하고 단순히 간반과 가이젠, JIT 생산 방식만 들여온다고 해서 도요타가 될 수 있는 것은 아니다.

도요타 그룹에 도요타 방식이 자리 잡기까지는 30년이란 세월이 걸렸다고 한다. 오랜 기간 도요타는 시행착오를 겪어가며 기업의 경영 철학과 핵심 이념에 부합하는 최적의 생산 시스템을 구축해낸 것이다. 도요타 방식은 단순한 생산 기법이 아니라 조직의 문화에 최적화된 경영 방식인 것이다. 따라서 그 근본을 이해하지 못하고 방법만 도입한다면 실패하는 것이 당연한 일이다.

'지적'하지 말고 '지휘'하라

산업계의 동반 성장 분위기 확산, 동반 성장 성공 모델 및 대기업·중소기업 간의 갈등 요인 발굴, 사회적 합의 도출 등을 목적으로 동반 성장위원회가 2010년 말에 출범했다. 정부가 직접적으로 개입하여 동반 성장을 돕는다면 시장이 원하는 방향이 아니라 정부가 원하는 방향으로 진행될 가능성이 있고, 반대로 대기업과 중소기업이 자율적으로 동반 성장을 하게 맡겨둔다면 그 나름대로 한계에 부딪힐 것이었다. 이런 한계를 감안하여 민간 부문의 합의를 도출하고 동반 성장 문화 조성 및 확산의 구심체 역할을 수행할 민간 위원회로서 구성된 것이었다. 상생 협력 촉진에 관한 법률이 국회를 통과하면서 경제를 지탱하는 구성원이 함께 성장하는 꿈은 현실화되는 듯 보였다. 그러나 지난 몇 년간을 돌이켜보면 실제 중소기업과 대기업 간의 거리가 좁혀졌는지에 대한 질문에는 여전히 물음표가 붙는다. 당시 내로라하는 국내 대기업에서 앞다퉈 '상생'을 우선 가치로 내세워 새로운 방침을 내놓았지만, 이는 동반성장위원회가 매년 대기업별 동반 성장 수준을 평가하여 계량화한 자료를 공표하기 때문이지 않았을까 싶다.

박근혜 정부에 들어서도 대기업과 중소기업의 '상생'을 위한 '대·

중소기업 동반 성장을 위한 부당 단가 근절 대책'을 지난 2013년에 발표했다. 이는 '상생'이 규제만으로는 그 효과가 미미하기 때문에, 갑을 문화를 근본적으로 바꾸기 위한 시도였다. 부당 단가 인하 관행이 근절되지 않으면 중소기업의 경영 악화가 심화될 뿐만 아니라, 소득 양극화, 일자리 창출 부진으로 이어져서 우리 경제의 지속 가능한 발전에 부정적인 영향을 미칠 수 있다는 점을 우려한 것이다.

이번 대책은 기존의 방식처럼 국회에서 벌칙만 강화하고 실제로 시행하면 갈등은 더욱 커질 수 있기 때문에 이러한 갈등을 줄이기 위해 '트랙 레코드(Track Record)' 등을 만들어 언제, 어디에서, 어떠한 '니즈'가 있는지 기록으로 남길 필요성까지 포함한 종합 대책이었다. 당시 발표된 정부 대책은 규제의 합리화와 함께 기본적으로 갑을 문화를 바로잡기 위한 '친시장적 조치'를 특징으로 한다. 친시장적 조치를 통해 중소기업이나 대리점의 교섭력을 높이고, 중소기업이 정당한 보상을 받을 수 있는 생태계가 조성되어 창조경제를 위한 기반이 구축되고 대·중소기업 간, 중견기업·중소기업 간 불균형이 완화되기를 기대했다. 하지만 겉핥기식 계획이 태반이었고 정부 및 유관 기관 역시 적극적인 자세보다 자율만을 강조하는 소극적인 자세를 보였다.

그렇다면 정책과 현실 사이의 간격을 좁히기 위해 필요한 조건은 무엇일까? 정부 혹은 대기업에 의한 주도적 압박이 아니라 기업 간 '필요'에 의한 상생이다. 고객의 요구를 충족하기 위해 전략적으로 실시하는 자발적인 전략적 상생 사례는 주변에서 찾아볼 수 있다.

전략적 상생의 대표적인 모델을 구현하는 기업 가운데 하나로 VF(Vanity fair)그룹을 꼽는다. VF그룹은 잔스포츠, 이스트팩, 리, 랭글러, 노스페이스, 키플링, 반스 등 30개 이상의 다양한 브랜드를 보유한 글로벌 패션업체다. 소비재이자 생필품인 옷을 생산하는 의류산업은 2차 산업군으로서 과거에는 서비스보다는 제품의 질이라는 기능에 주력했다면, 이제는 고객의 다양한 니즈를 충족시키면서 빠르게 제품을 제공하는 쪽으로 옮겨 가고 있다. 특히 VF그룹과 같이 편하게 즐길 수 있는 라이프 스타일 의류로 승부를 거는 회사에는 매우 중요한 도전이다. 이 같은 도전에 효과적으로 대처하려면 기업은 생산 구조와 조직 프로세스를 단순화해야 한다. 복잡한 시스템을 벗어나 몸집을 최대한 가볍게 해야 고객의 니즈를 빠르게 충족시킬 수 있는 공급망 구조를 구축할 수 있는 것이다.

시스템을 단순화하려면 모든 것을 기업 내에서 해결해야 한다는 욕심을 버려야 한다. 예를 들어, 관현악단의 지휘자는 직접 악기를 연주하는 것이 아니라 연주자의 연주를 리드한다. 마찬가지로 전략적 상생을 위해서는 오케스트라의 지휘자처럼 연주가 잘 흘러가도록 컨트롤해야 한다. 악기 역할을 하는 협력 업체를 적절하고 긴밀하게 관리하고 원자재 공급부터 제품을 만들고 고객에게 전달하는 전 프로세스에서 협력 업체가 주도적인 역할을 한다는 사실을 깨닫는다면, 고객의 요구를 충족시키는 전략적 상생 협력이 가능해질 것이다.

또한 VF그룹이 표방하는 연방제 공급망 관리 시스템(Federated supply chain management)에 주목할 필요가 있다. VF그룹은 개별적인 협력 업체를 독립적인 개체로 인정하고 연방을 구성한다. 연방제 국가인 미국에서 주 정부의 이익이 보장되듯이, 협력 업체와 연방을 구성한 VF그룹은 협력 업체의 이익을 보장해주면서 추가로 발생하는 이익을 나눈다.

실제로 제품을 제작하기 위해 VF그룹의 협력업체들은 공장과 기계 물류 서비스, 직원 관리를 포함한 모든 부분을 독립적으로 구성한다. 그룹과 실시간으로 정보를 교환하며, 제품의 생산 스케줄은 본사의 오더가 아니라 서로의 필요에 맞춰 결정된다.

신기술 등으로 공정 개선이 필요할 때는 VF그룹이 자금을 지원하기도 하지만, 공장과 기계는 협력 업체가 소유한다. 때때로 VF의 자금을 투입하여 구하기 어려운 원단이나 원료를 구매하기도 한다. 그리고 협력 업체를 고려한 양방향 커뮤니케이션을 통해 VF그룹의 투자가 필요한지 여부를 결정한다. 협력 업체 간의 경쟁도 최대한 줄인다. VF그룹은 일부 협력 업체들이 VF그룹과 연방을 구성하고 있는 또 다른 협력 업체와 경쟁하지 않도록 하기 위해, 협력 업체들과 특정한 제품의 생산 규모와 판매 예측에 대해 끊임없이 토론하는 방식을 채택했다.

하지만 VF그룹이 세 번째 길(A third way)이라고 부르는 방식은 기술 유출에 대해 불안해하는 회사 내부 세력의 반대에 부딪혔다. 협력 업체에 일방적으로 주문하고 가격을 책정했던 수직적인 관계가 아니라 수평적인 관계를 유지하면 비용이 낭비되지 않을까 하는 우려도 있었다. 하지만 태국, 방글라데시, 모로코, 중국 등 일부 협력 업체와 협업하면서 4~7%의 비용이 절감되는 긍정적인 효과가 발생했다. 사내 반대 세력이 걱정했던 정보 유출 문제 역시 일어나지 않았다.

협력 업체들을 독립적인 개체로 인정해주는 연방제 공급 관리 시스템과 더불어 또 다른 모델은 모듈화다. 모듈(Module)이란 제조 공정에서 부품을 조립해 반제품 형태로 만든 것으로, 모듈화 방식은 생산비 절감, 시간 단축, 재고 축소 등의 장점이 있어서 주로 자동차산업에서 많이 사용한다. VF는 이를 의류산업에 적용했다. VF는 색깔, 디자인, 옷의 질감 등을 전자제품이나 컴퓨터, 자동차처럼 모듈화하고 고객의 니즈에 따라 모듈화된 반제품을 재빨리 조립해 고객에게 제공했다.

각각의 모듈은 VF그룹이 아닌 협력 업체가 제작했다. 협력 업체가 자신들이 디자인하고 개발한 모듈화된 디자인 관련 정보를 넘겨주면, VF는 이를 모니터링해 고객이 필요로 하는 형태의 옷으로 조립한다. 성공적인 모듈화를 위해서는 협력 업체와 기업 간의 유기적인 정보 교환이 필수적이다. 협력 업체 관리를 수직적, 통합적인 방식으로 하면 통합 비용이라는 추가 비용이 발생하기 때문이다.

이러한 맥락에서 정부 주도하에 이뤄지는 대기업·중소기업 상생 협력은 걱정스러운 측면이 있다. 물론 공정거래를 통한 상생 협력 논의가 상생이라는 문화를 형성하는 데 의미가 있지만, 중장기적으로 보면 대기업에 전략적으로 도움이 될 수 있다는 사실을 전달하고 이들이 적극적으로 활용하도록 해야 한다.

한국은 저성장이 계속되는 뉴노멀 시대로 돌입했다. 그에 알맞게 상생 협력을 이룰 수 있도록 경제 생태계 역시 시대 변화에 따라 새롭게 바뀌어야 할 것이다. 기업 간 상호 이익이 되는 경영 전략으로 동반 성장을 추진한 이래로, 여러 곳에서 연결 고리의 취약성이 발견되곤 한다. 듣기 좋은 말로 현혹시키는 유명무실한 정책으로는 기업을 움직일 수 없다. 기업에 꼭 필요한 경영 전략으로서 상생 협력이 진가를 발휘해야 공허한 외침이 아니게 될 것이다.

신생 기업의 성공 비밀, 파괴적 혁신

최근 전 세계적으로 경기가 둔화되고 경제적으로 어려운데, 이런 때 창업을 해서 성공하기란 쉽지 않다. 하지만 이러한 현실에도 불구하고 독특한 아이디어와 혁신으로 성공한 기업이 있다. 이러한 기업은 어떤 아이디어와 혁신으로 성공할 수 있었을까? 지금부터 다양한 업종의 성공 비밀을 알아보자.

숙박업체

공유 경제는 소유의 개념이 아니라 서로 대여해주고 빌려 쓴다는 개념에 입각해 경제활동을 하는 것을 말한다. 현재는 '물건이나 공간, 서비스를 빌리고 나눠 쓰는, 인터넷과 스마트폰 기반의 사회적 경제 모델'이라는 뜻으로 많이 쓰인다.

에어비앤비(Airbnb)는 숙소 임대인과 숙소를 빌리려는 소비자가 온라인 플랫폼을 통해 거래할 수 있는 숙박 시설이다. 전통적으로 제공되던 숙박 서비스와는 다른 공유 경제 개념을 바탕으로 하고 있어서 소비자들의 큰 관심을 끌고 혁신적인 성과를 내고 있다.

에어비앤비는 공유 경제를 활용한 대표적인 사례다. 기존에는 기업에서 운영하는 호텔을 단기 또는 장기로 빌려 금액을 지불하고 소비자가 서비스를 제공받는 형태였는데, 에어비앤비는 전문 숙박업자가 아닌 개인이 소유한 숙박 시설을 소비자들에게 제공하고 숙박료를 지불받는 형식이다. 이처럼 집을 공유할 수 있도록 숙박 공유 플랫폼을 제공하고 숙박 시설 임대인이나 소비자에게서 일정 수준의 수수료를 받는 비즈니스 모델이다. 개인으로서는 소유한 집을 빌려주어 장단기적으로 수익을 올릴 수 있고, 소비자는 호텔 시설이 아니라 특별한 숙박 시설을 저렴하게 이용할 수 있는 장점이 있다.

에어비앤비와 같은 숙박 공유업체는 초기에는 미국과 유럽을 중심으로 소규모 창업 기업 형태로 출발했으며, 2000년대 중반까지만 하더라도 미국 내에 몇몇 업체만 있었다. 그러나 2010년 이후 미국, 유럽, 남미, 아프리카, 아시아 등에서도 유사한 업체가 등장하기 시작했다.

숙박 공유업체는 SNS가 발달하면서 더 다양하게 서비스가 제공되고 유사 업종 간에 활발한 M&A를 통해 급성장할 수 있었다. 그중에서도 에어비앤비는 전 세계 여행 및 숙박업에서 가장 빠르게 성장하는 기업으로, 기업 가치 측면에서는 대표적인 호텔인 메리어트, 힐튼을 앞서나간다. 설립 3년 만인 2011년에는 서비스 이용자가 100만 명을 넘어서서 현재는 수천만 명이 서비스를 사용하고 있다.

엠페코: 원가 절감 태양전지 신소재

엠페코는 "만화영화 <우주소년 아톰>의 에너지는 뭘까?"라는 아이디어에서 시작된 신생 기업이다. 국내 최초로 구리 페이스트(Cu

Paste) 태양전지 전극 재료를 개발함으로써 비용을 획기적으로 절감할 방안을 찾아내기도 했다. 2012년 설립된 이래 태양광, 화학, 전자재료 및 희토류 부분에서 성장하고 있는 기업으로, 특히 신소재 개발 분야에서 혁신적인 성과를 거두고 있다. 혁신적인 기술력을 바탕으로 중국, 대만 등 글로벌 태양광 기업과 연간 1천만 달러 규모의 계약을 체결하는 등 다양한 분야에서 성과를 거두고 있다.

우버

우버는 트레비스 칼라닉이 2010년 미국에서 최초로 서비스를 개시해서 현재는 전 세계 50여 개국에 진출한 다국적 기업으로 성장했다. 우버는 스마트폰 기반 교통 서비스를 제공해주는 미국의 교통회사다. 이 기업은 고용되거나 공유된 차량의 운전기사와 승객을 모바일 앱을 통해 중계하는 서비스를 제공한다. 차량 예약은 텍스트 메시지 또는 모바일 앱을 통해 진행되며, 예약된 차량의 위치가 승객에게 실시간으로 제공된다. 처음 서비스를 개시할 때에는 캐딜락, BMW, 벤츠 등 고급 차량을 위주로 했다. 2012년부터는 저렴한 차도 제공하여 더 넓은 시장에 대응할 수 있도록 선택의 폭을 넓혔다.

우버의 혁신은 개인의 잉여 자원을 통해 수익을 창출할 기회를 제공하여 수익을 올리는 것이다. 에어비앤비와 마찬가지로 개인이 수익을 올리고 우버 플랫폼에 수수료를 지불하는 방식으로 소비자와 차량 제공자가 연결된다. 하지만 우리나라에서는 2015년 여객자동차운수사업법상의 조항을 위반하여 영업정지를 당했다.

테슬라: 전기차 시장에서의 혁신

테슬라모터스는 2000년대 초반 일론 머스크가 설립한 미국 전기자동차 회사다. 전기자동차 시장은 테슬라 모터스의 등장 이전과 이후로 나눌 수 있을 만큼 커다란 센세이션을 불러일으켰다. 테슬라가 등장하기 전 1세대 전기차는 친환경적인 장점을 제외하고는 성능부터 편리성까지 일반 자동차보다 뒤처지는 경향이 있어서 소비자들에게 매력적이지 않았다. 특히 일반 자동차에 비해 가격이 높고, 주행 거리가 짧으며, 인프라가 부족해서 전기차 시장에 대해 회의적인 시각이 팽배했다.

이러한 상황에서 2차 전지, 수소차 등 다양한 대안이 등장했지만 여전히 일반 내연기관 자동차에 비해 턱없이 부족한 실정이었다. 하지만 세계 각국의 정부에서는 환경에 대한 압박으로 과징금을 부과하는가 하면 연비 등에 대한 문제를 끊임없이 제기했고, 전기차에 대한 보조금까지 지급할 만큼 혁신에 대한 갈망이 계속되었다.

그러던 중 2012년 테슬라에서 테슬라 모델S라는 전기차가 출시되었다. 우려와는 달리 테슬라 모델S는 한화 1억 원이 넘는 가격에도 불구하고 출시 2년 만에 약 5만 대가량이 판매되었다. 이는 미국에서 커다란 센세이션을 불러일으켰고, 안전성 측면에서도 매우 긍정적인 평가를 받았다. 심지어 테슬라 모델S는 1년을 기다려야 주문한 차를 받을 수 있을 정도로 인기가 좋았다.

테슬라모터스가 기존의 전기차가 지닌 문제점을 극복할 수 있었던 것은 무엇일까? 전기차가 기존의 내연기관 자동차보다 비싼 이유는 전지 가격 때문이다. 아직도 전지 기술은 개발되는 과정이라 자동차 가격이 높아질 수밖에 없었던 것이다. 2012년도에 출시된 테슬라S 모델은 10만 달러 혹은 그 이하의 가격으로 판매되었다. 이 가격은 정부에서 전기차에 대한 보조금을 지급한다면 독일 럭셔리 세단인 BMW, 벤츠, 아우디 등과 가격 면에서 거의 차이가 없다고 볼 수 있다. 이는 테슬라의 마케팅 전략으로 볼 수 있는데, 주로 소형차를 구매하는 소비자는 가격에 더욱 민감하게 반응하기 때문에 가격에 민감하지 않은 대형 세단 전기차를 출시하여 가격 문제를 극복한 것이다. 또한 주행거리가 짧은 문제점은 소형 리튬 전지가 결합시켜 대형 전지 팩을 만들어서 극복했다.

그러나 전기차의 가장 큰 문제점 중 하나는 전기차 인프라가 부족한 것이다. 일반 내연기관 자동차는 주유소에 방문해 기름을 넣고 운행하면 되지만, 전기차의 경우 인프라가 구축되어 있지 않으면 큰 불편함을 겪을 수 있다. 기업은 정부가 적극적으로 나서서 인프라 문제를 해결해주기를 바랐지만, 정부는 기업이 자발적으로 투자하기를 바랐다. 게다가 전기차의 경우 급속 충전 방식이 기업마다 제각각이어서 호환되지 않았고, 급속 충전이 전지의 성능에 악영향을 끼친다는 문제점도 있었다.

그래서 테슬라모터스는 약 20분 동안 전지의 50%가량을 충전할 수 있는 테슬라 전용 급속 충전소의 투자비를 전액 부담했다. 이미 전 세계에 설치되고 있으며, 앞으로도 그 수가 점차 늘어날 전망이다. 전지 성능 악화 문제는 전지의 50%가량만 충전하는 것을 반복함으로써 해결했다. 또한 테슬라 모델S 프리미엄을 구매한 소비자에게는 평생 무료로 충전하는 혜택을 주고 충전 비용을 모두 테슬라가 부담한다. 이는 테슬라모터스가 충전소 인프라 구축에 들어가는 비용을 자동차 원가에 포함시키고, 전기 충전 요금은 태양광 발전으로 보충할 계획이기 때문이다. 이처럼 테슬라는 지금까지 다른 자동차업체들이 생각하지 못한 방향으로 혁신을 이루어서 급성장하는 추세다.

스타일난다(StyleNanda)

스타일난다는 유니크, 모던, 캐쥬얼 여성 의류 브랜드, 화장품, 패션잡화 등을 판매하는 우리나라 기업으로, 회사가 설립된 지 불과 8년 만에 매출이 1천억 원을 넘어섰고 지속적으로 크게 성장하고 있다. 우리나라에서 중국으로 수많은 업체들이 진출하고 있지만 그중에서도 돋보이는 업체 중 하나다. 그렇다면 스타일난다는 어떻게 이런 성공을 거둘 수 있었을까?

최근 경제적인 이유와 환경적인 문제로 인해 해외로 진출하는 데 어려움을 겪는 패션 기업이 지속적으로 늘고 있다. 하지만 스타일난다는 온라인을 통해 중국 시장에 진출함으로써 내수 판매를 뛰어넘고 중국에서 큰 인기를 끌고 있다. 최근 중국인들은 한국 브랜드에 큰 관심을 보이며 한국에서 쇼핑을 즐긴다. 스타일난다는 이러한 트렌드를 파악하고 중국의 온라인 직구(직접구매)족을 공략했다. 그래서 해외 고객이 상품을 구매하는 데 불편하지 않도록 온라인 시스템을 구축함으로써 크게 성공했다.

최근 중국으로 진출하는 업체들이 실패하는 가장 큰 이유 중 하나는 기존에 성공한 업체를 벤치마킹하면서 독특한 제품을 출시하지 못하는 것이다. 하지만 스타일난다는 해외의 제품 트렌드를 따라가기보다는 해외 트렌드를 만들어나가자는 역발상의 아이디어로 해외 고객들이 스타일난다 제품을 통해 트렌드를 형성하도록 만들었다. 그래서 다

른 기업의 제품과 비교해보면 독특한 디자인을 선보인다. 또한 모든
제품을 국내에서 생산하여 메이드인코리아를 강조하고, 스타일난다만
의 정체성을 가지고 트렌드를 선도한다. 이외에도 중국의 대표적인 온
라인 몰인 알리바바그룹의 티몰을 통해 할인, 프로모션, 이벤트 등도
전개하면서 중국인 고객들에게 새로운 서비스와 경험을 제공함으로써
지속적인 성장을 이루고 있다.

한 시장만 공략하는 '집중적 초토화' 전략

2009년 8월, 미국 캘리포니아 주 샌디에이고에서 주행하던 자동차가 도로를 벗어나 폭발하면서 탑승자 4명이 모두 사망한 사건이 일어났다. 폭발한 자동차는 글로벌 자동차 기업 도요타의 제품이었고, 사고의 원인은 가속페달 결함으로 밝혀졌다. 이를 계기로 도요타는 2010년 1월 미국에서 약 230만 대 규모의 리콜을 진행했고, 이후 파장은 유럽, 아시아 등 전 세계로 확산되어 도요타는 물론이고 일본의 이미지마저 추락했다.

도요타는 1937년 창사 당시 품질 관리와 비용 절감을 중시하며 성장했고, 1980년대에는 가격 대비 고품질의 자동차를 수출하며 글로벌 자동차 시장에서 성공을 거두었다. 이후 전 세계적으로 품질의 우수성과 단순하고 효율적인 경영 방식을 인정받으며 세계 1위 글로벌 자동차 기업으로 거듭났다. 그런데 독자적인 생산 관리 시스템인 TPS(Toyota Production System)를 가지고 있으면서도 대규모 리콜 사태가 일어난 이유는 무엇일까?

<하버드 비즈니스 리뷰(Harvard Business Review)>는 이 사태의 원인을 지난 10여 년간 지속된 도요타의 성장으로 인해 복잡성이

증가했기 때문이라고 분석한다. 도요타는 유럽, 아시아, 아메리카 등 전 세계의 다양한 고객 수요를 만족시키기 위해 생산 제품의 수를 늘렸고, 이는 조직과 생산 과정이 복잡해지는 결과로 이어지면서 협력 업체를 포함한 전체 공급망의 복잡성이 증가했다. 이에 따라 수요 파악, 원자재 구매, 재고 관리 등 공급망 전반이 난항을 겪게 됐다. 그 결과, 도요타가 자부하던 단순하고 효율적인 경영 방식과 품질 관리 방식이 흔들렸고, 대규모 리콜 사태로까지 이어진 것이다.

이런 복잡성 문제는 도요타 이외에도 많은 기업에서 직면하는 문제점이다. 미국 내 직원 1,000명 이상의 기업 200곳을 대상으로 한 조사에 따르면, 제품 원가의 10~25%가 기업의 복잡성으로 인해 지출되는 비용이라는 결과가 나왔다. 세계 22개국 CEO 및 최고재무책임자(CFO)를 대상으로 '복잡성이 기업 경영에 미치는 영향과 원인'을 조사한 결과 70%가 '복잡성 증가는 회사가 직면한 큰 과제 중 하나'이고, 94%가 '복잡성을 관리하는 것이 회사의 성공에 중요한 요소'라고 답했다. 세계 시장의 다양한 고객의 니즈를 충족시키기 위해 제품의 수를 늘리면서 기업 공급망의 복잡성이 통제 범위에서 벗어나고 있는 것이다.

많은 기업이 다양한 니즈를 맞추기 위해 몸집을 키우며 복잡성의 문제로 고민할 때, 반대로 집중적 초토화 전략으로 소비자의 마음을 사로잡아 시장을 넓히는 기업이 늘고 있다. 집중적 초토화 전략이란 고객의 니즈가 갈수록 다양해지는 상황에서 기업이 모든 시장을 공략하기 어려운 만큼 하나의 표적 시장을 선정하여 특정 시장에 전문화된 역량을 집중적으로 발휘하는 전략이다. 집중적 초토화 전략을 통해 특정 시장에서 확실한 브랜드 이미지를 구축하게 되면 고객의 입을 통해 다른 시장에서도 고객을 창출할 수 있다.

성공적인 집중적 초토화 전략을 수립하려면 먼저 세 가지 단계를 거쳐야 한다. 첫째, 목표 시장을 세분화하여 표적 대상을 정한다. 둘째, 서비스 제품의 구상이 필요하다. 표적 대상에게 알맞은 제품과 서비스가 무엇인지 정확히 분석하는 것이다. 셋째, 운영 원칙과 서비스 전달 시스템을 세운다. 이는 표적 대상에게 제품과 서비스를 어떻게 알릴지, 어떻게 제공해야 가장 효율적일지 구상해야 한다는 말이다.

집중적 초토화 전략을 바탕으로 성공을 거둔 대표적인 사례 중 하나로 아모레퍼시픽의 '설화수'를 꼽을 수 있다. 설화수는 화장품 제조업체인 아모레퍼시픽에서 1997년 출시한 한방 화장품이다. 아모레퍼시픽은 해외 유명 브랜드들이 국내 화장품 시장을 장악하는 상황에 위기를 느끼고 한국을 대표할 브랜드를 만들어 차별화된 전략으로 글로벌 기업들과 경쟁하기로 결심한다. 우선 모든 연령층의 여성을 위한 화장품보다는 한방 화장품의 이미지에 어울리는 30~40대 여성들을 위한 고급 화장품 시장을 목표로 삼는다. 그리고 우리 민족의 아름다움을 화장품으로 표현하겠다는 구상을 통해 제품의 개념을 확립하면서 한방 화장품에 고급스러운 이미지를 더한다. 그 후 예전부터 연구해오던 인삼 중심의 한방 미용법을 시작으로, 거듭된 공동 연구를 통해 한방 성분 2만 가지 중 한국 여성 피부에 좋은 원료 다섯 가지를 뽑아내는 데 성공한다. 새로운 한약 성분 추출법으로 한약 냄새를 없애고, 동양적 이미지를 제품 이름에 반영하며, 한국적인 제품 용기 디자인 및 글자체를 개발하는 등 차별화된 브랜드를 만들기 위해 노력했다.

아모레퍼시픽은 설화수 제품의 홍보 방법도 차별화했다. 불특정 다수가 접하는 TV 광고로 제품을 알리던 기존의 방식을 버리고, 고소득 중년 여성이 접하는 인쇄 매체와 장소에 출력 광고를 하여 표적 시장을 집중적으로 공략했다. 고급 주거 지역을 중심으로 한 방문 판매, 해외 여행객을 대상으로 한 기내 판매, 면세점으로 판매를 제한하여 희소성을 높였으며, 정기적으로 한방 문화 체험 행사를 열어 고객의 관심을 끌었다.

그 결과, 설화수는 2009년 국내 화장품 중에서 처음으로 단일 품목 매출액 5천억 원을 넘어섰고, 2013년에는 화장품업종 전체 판매 1위, 2015년에는 국내 뷰티 단일 브랜드 최초로 연 매출 1조 원을 기록하는 등 아모레퍼시픽의 대표 브랜드로 자리매김했다. 또한 한국을 넘어 전 세계 10개국으로 매장을 확장하면서 글로벌 화장품 시장에서도 영역을 넓혀가고 있다.

아모레퍼시픽에서 집중적 초토화 전략이 아니라 다른 기업처럼 모든 연령층을 겨냥하여 화장품을 출시했다면, 글로벌 기업에 밀려 빛을 보지도 못하고 사라졌을 것이다. 집중적 초토화 전략을 통해 30~40대 여성의 고급 화장품 시장을 장악하고 모든 연령층에게 브랜드 이미지를 각인시킨 후, 현재는 남성 화장품을 내놓으며 시장을 넓히고 있다.

영국의 접이식 자전거업체 브롬턴(Brompton)도 집중적 초토화 전략을 사용하여 성공한 사례다. '세상에서 가장 작게 접히는 자전거'로 알려진 이 업체는 1967년에 설립된 후 지금까지 단일 사이즈 제품만 생산하며 접이식 자전거 시장에서 명성을 쌓아가고 있다. 모든 제품의 기본 프레임은 같지만, 고객의 취향에 따라 핸들, 의자, 기어 등 부속을 주문 제작하거나 별도로 구매할 수 있게 하여 다양한 고객의 니즈를 충족시킨다. 이렇게 한 가지 프레임 생산으로 생산 과정의 복잡성을 과감하게 줄인 것이 브롬턴을 성공으로 이끈 첫 번째 요소다.

두 번째 성공 요소는 제품과 브랜드의 고급화에 있다. 저렴하고 누구나 쉽게 접할 수 있는 자전거에 대한 보편적인 인식을 깨고 100만 원 이상의 높은 가격으로 소비자의 눈길을 사로잡는다. 브롬턴은 업계에서 통용되는 범용 부품이 아닌 브롬턴 제품에서만 사용할 수 있는 전용 부품을 사용하며, 제조와 제품 조립 또한 영국 런던 본사에 있는 공장에서 직접 하기 때문에 가격이 높을 수밖에 없다. 모든 제조 과정을 본사 공장에서 실시함으로써 생산 관리 시스템을 간소화하여 단순하고 효율적으로 경영할 수 있는 틀을 만든 것이다. 이 전략은 원가 절감을 위해 중국과 동남아 등의 공장에서 생산된 부품을 가지고 조립하는 다른 업체들과는 확연히 다르다.

프랑스의 명품 브랜드 에르메스가 프랑스 장인의 수작업으로 바느질한 최고의 가죽 제품이라는 콘셉트로 다른 브랜드와 차별화된 이미지를 만들어가듯, 브롬턴은 일반 자전거와 완벽하게 차별화하여 비싸게 팔 수 있는 기반을 구축한 것이다. 이처럼 전 세계의 다양한 고객의 니즈에 맞추기보다는, 가장 핵심이 되는 표적 시장, 표적 고객을 차별화된 제품으로 공략하면 브랜드 이미지가 저절로 고객을 끌어오고, 자연스럽게 입소문을 통해 전 세계로 퍼져 판매가 늘어나고 시장이 확대된다.

판매 지역의 소비자 취향에 맞춰 매년 제품을 발전시키며 다양한 용도와 사이즈의 자전거를 출시함으로써 흩어져 있는 고객 수요를 맞추기 위해 노력하는 기존의 자전거업체와는 상반된 전략으로 승부한 결과, 현재 3대 접이식 소형 자전거 브랜드 중 하나로 브랜드 이미지를 각인시키고 영역을 키워나가고 있다.

아모레퍼시픽의 '설화수'가 막대한 자본과 연구를 기반으로 한 대기업의 집중적 초토화 전략이었다면, 브롬턴은 해외로 진출하기에는 힘과 자본이 모자라는 수많은 중소 제조업체가 참고할 만한 전략이라고 생각한다.

초경쟁 사회에서 전 세계 다양한 고객의 니즈를 모두 충족시키고 모든 시장에서 지속적인 경쟁 우위를 누리기는 하늘의 별 따기보다 어렵다. 그 대신 핵심 시장을 집중적으로 공략하고 고객의 힘으로 점차 시장을 넓혀간다면 독보적인 시장을 형성할 수 있을 것이다. 그러나 모든 전략이 그렇듯, 집중적 초토화 전략이 항상 성공을 가져다주는 것은 아니라는 사실을 명심해야 한다. 좁은 시장에 올인하는 데 따른 실패 위험이 적지 않다는 것을 잊지 말아야 한다. 이때 실패 확률을 낮추기 위해서는 핵심 경쟁력을 파악하는 것이 우선이다.

늘 틀리는 수요 예측, 발상을 바꿔라

　지난 2015년을 강타한 최고의 히트 상품 중 하나로 카카오택시를 들 수 있다. 카카오택시는 카카오톡으로 유명한 카카오가 2015년에 출시한 콜택시 어플리케이션 서비스다. 출시된 지 3개월 만에 누적 호출 수가 500만 건을 넘어서며 큰 성공을 거두었다. 택시를 이용할 때 고객들이 느끼는 불편함을 보완하여 안전하고 편리하게 택시를 이용할 수 있게 하고, 택시 기사 역시 승객을 선택할 수 있다는 장점을 제공하는 서비스로 큰 인기를 끌었다. 카카오톡이라는 많은 가입자를 지닌 플랫폼 파워를 기본으로 한다는 점은 카카오택시가 성공할 수 있는 큰 비결이기도 하다.

　카카오택시를 이용하고 싶은 승객은 카카오톡 계정으로 로그인하여 승객용 앱을 통해 콜택시를 요청할 수 있다. 현재 위치는 GPS로 자동 입력되며, 목적지를 입력하고 호출 버튼을 누르기만 하면 된다. 카카오택시에 등록한 근처 택시 기사에게 승객의 위치 정보와 원하는 목적지가 전송되어 기사가 수락하면 택시를 이용할 수 있다. 택시에 탑승하면 도착까지 소요되는 예상 시간과 차 정보가 승객의 카카오톡으로 전송되어 지인에게 안심 메시지를 보낼 수 있는 서비스도 제공된다. 또한 목적지에 도착하면 등록된 신용카드로 자동 결제되는 서비스도 있어서 간편하게 결제까지 진행할 수 있다.

또한 택시를 호출하는 승객이 어플리케이션을 통해 차종을 선택할 수 있는데, 프리미엄 서비스인 카카오택시 블랙은 우버와 같이 일정 자격을 갖춘 기사들만 영업이 가능하며, 외제차나 고급 차종만 해당된다. 이는 비즈니스가 이루어지는 강남 지역이나 호텔에서 주로 많이 이용하는데, 최근에는 하루 종일 렌터카처럼 이용하는 승객도 늘고 있다고 한다.

2015년 3월 말 처음으로 서비스를 시작한 카카오택시는 콜택시 중심의 택시 호출 서비스 시장을 점령하여 전체 기사 수의 64%에 이르는 18만 명이 카카오택시에 가입했다. 고객과 택시 기사 모두에게 수수료가 없어서 카카오 계정만 있다면 누구나 쉽게 이용할 수 있다.

이미 콜택시 시장은 포화 상태에 이르렀다. 택시마다 콜택시 번호를 광고하지만 택시를 잡기 어려운 날이나 명절 때에는 콜택시 담당 직원과 전화 연결조차 어려운 경우가 많아서 이용자들은 불편함을 호소한다. 또한 콜택시는 일정 금액 이하의 거리를 갈 경우 소정의 수수료를 지불하게 되어 있다. 카카오택시는 이런 소비자들의 불편함과 불만에 집중했다.

카카오택시는 택시를 이용하는 고객에게 충분히 매력적인 제품이고, 고객들이 느끼는 고충을 해결하는 다양한 장치를 적용하고 있다. 이러한 특징을 바탕으로 카카오는 '어플리케이션 택시' 수요를 창조한 것이다.

사실 카카오택시가 새로운 사업을 론칭할 때 예상 수요를 계산하기가 어려웠다. 이미 콜택시 시장은 포화 상태이고 많은 소비자가 이용하고 있으니, 카카오톡 사용자라고 모두가 카카오택시 사용자가 될 것이라 생각할 수는 없었다. 하지만 카카오택시는 매력적인 제품을 만들고 고객의 불편함을 덜어주면서, 가파른 성장세로 수요를 확보하여 새로운 시장을 창조했다. 이후 리모택시, T맵 택시 등 후발 경쟁 앱이 등장했지만, 이들에 비해 카카오택시의 누적 호출 회수가 최대 200% 이상 높다.

현재 카카오택시를 통해 카카오 기업이 수익을 내지는 않지만, 카카오페이 등과 연계한 수익 모델을 창출할 것이라는 보도가 있었다. 인터넷 전문 은행 사업을 준비하는 카카오는 사업권을 획득한다면 결제 시스템 카카오페이와 연계하여 소비를 유도할 수 있는 수익 모델을 만들어낼 것으로 보인다. 많은 이용자와 높은 고객 충성도를 바탕으로 수익 사업에도 큰 성과를 거둘 것으로 예상하고 있다.

2015년을 강타한 또 다른 것으로 허니 열풍을 들 수 있다. 허니버터칩은 해태제과와 일본 가루비가 합작해 설립한 해태가루비에서 출시한 제품으로, 그동안 한국 감자칩 시장은 오리온과 농심을 중심으로 형성되어 있었는데 해태제과가 고심 끝에 내놓은 것이다. 이는 2년 전에 일본에서 먼저 만들어졌으나 당시에는 큰 인기를 끌지 못했다.

2014년 후반기부터 2015년 초, 한국에 등장한 허니버터칩은 입소문과 SNS를 중심으로 큰 인기를 끌며 출시 3개월 만에 50억 원의 매출을 올렸다. 허니버터칩의 비정상적인 인기 때문에 허니버터칩을 다른 상품과 묶어 판매하는 경우가 늘어났고, 맥주를 판매하는 한 매장에서는 허니버터칩을 증정하는 행사를 펼쳐 매출의 50%가 증가하는 성과를 거두기도 했다. 이 모든 것이 허니버터칩에 대한 사람들의 관심을 보여주는 증거다.

허니버터칩의 성공 요인은 여러 가지가 있다. 그동안 감자칩은 짭

짤한 맛이 대부분이었는데, 그러한 고정관념을 버리고 고소하고 달콤한 맛이었기 때문이라는 의견도 있다. 하지만 가장 큰 성공 요인은 사람의 궁금증을 자극한 데 있다. 궁금증을 극대화하기 위해 공급량을 통제하여 제품의 희소성을 높인 전략이 통했다는 주장도 있다. 흔한 물건이 되어버리면 얼마 지나지 않아 수요 자체가 줄어들게 되니 공급량을 통제하여 잠재 수요를 지속적으로 성장시키는 방법을 구사했다는 것이다. 그에 따라 공급 물량이 나오면 매번 완판 행렬이 이어지니 사람들의 관심 역시 날로 증가하게 되는 시너지 효과도 있었다.

2011년 팔도에서 모 텔레비전 방송과 연합하여 개발하여 출시한 꼬꼬면의 사례와 비교해볼 수 있다. 꼬꼬면은 하얀 국물 라면으로 사람들의 큰 관심과 함께 출시 3일 만에 400만 개가 팔리면서 가파른 성장을 보였다. 꼬꼬면의 성공으로 삼양식품의 나가사키짬뽕, 오뚜기의 기스면, 농심의 곰탕라면 등 유사 제품이 줄줄이 출시되면서 한동안 라면 시장은 하얀 국물이 주도했다. 급증하는 수요에 발맞추기 위해 팔도는 꼬꼬면 추가 생산을 위한 공장을 증설했고, 각 대형 마트와 편의점마다 꼬꼬면이 가득했다. 하지만 급증하는 공급량에 반비례해 수요는 갈수록 감소했고, 꼬꼬면은 라면 매대에서 자취를 감추었다.

꼬꼬면의 교훈에서도 알 수 있듯이 소비자들의 지속적인 관심이 곧 수요를 창출하는 잠재력이 된다. 기존 제품과 차별화된 제품을 소개하여 1차적 수요를 창출하고, 공급량을 통제함으로써 사람들의 궁금증과 제품에 대한 허기를 극대화하여 잠재적인 수요를 지속적으로 창출한 허니버터칩의 판매 방식은 창조적 수요 관리가 진화한 형태라고 볼 수 있다.

수요 창출의 핵심은 단발성으로 수요를 창출하는 데 그치는 것이 아니라 지혜로운 수요 관리를 통해 지속적으로 수요를 창출하는 데 있다. 꼬꼬면의 실패와 카카오택시의 성공 사례를 비교해보면 알 수 있듯이, 수요 관리를 통한 지속적인 수요 창출이 수요 예측을 넘어선 새로운 시대의 수요 관리다.

수요를 창출하라: 창조적 수요 관리

최근 기업 간 경쟁이 점점 치열해지고 있다. 제품 수명 주기는 짧아지고, 경쟁 제품의 수는 증가하고 있다. 기업들은 한정된 투입 자원으로 최대한의 수익을 올리기 위한 전략 수립에 모든 노력을 기울이고 있다. 기업들은 비효율성 및 낭비의 원인을 찾아 자원 운영의 효율화를 도모하고 있으며, 불확실성을 제거하기 위해 노력하고 있다.

이에 따라 수요 예측에 관심을 갖는 기업들이 많다. 과거에는 수요 예측이 어려웠기 때문에 불확실성에 대한 적절한 대비책 마련이 최선의 방법으로 여겨졌다. 하지만 최근에는 수요 예측의 불확실성을 최소화해 불필요한 대책 수립에 따른 자원 낭비를 막으려는 노력이 이어지고 있다.

특히 최근 들어서는 수요 예측 기법 자체의 정교함을 추구하기보다 수요를 원하는 방향으로 유도하려는 기업이 늘고 있다. 제품 구매 빈도가 잦은 고객들을 위한 특별 프로모션을 진행하고, 제품 구매 의사가 낮은 고객들에게는 가격 할인 혜택을 제공함으로써 수요를 원하는 방향으로 유도하는 것이다.

수요 예측을 실시할 때 명심해야 할 것은 예측은 정확히 맞을 수 없으므로 특정 환경하에서 최대한의 수요를 유도하고 신규 수요를 창출시켜 수익을 극대화해야 한다는 점이다. 창조적 수요 관리는 발상의 전환을 요구한다. 기존의 선택과 집중 패러다임으로부터 벗어나 일부보다는 전체, 수요보다는 수익에 집중하는 것이 창조적 수요 관리의 핵심이다.

브라질 상파울로: 다이소

브라질은 관세가 높아서 가격 경쟁력을 확보하기 어려운 시장 중 하나다. 그럼에도 불구하고 다이소가 100엔숍을 운영하여 성공적으로 비즈니스를 전개하고 있다. 가장 어려운 점은 브라질의 높은 세금과 고액의 인건비로 수입 유통 비용이 다른 국가에 비해 높고, 통관의 규제가 엄격해 상품이 제때 공급되지 못하는 것이다. 브라질은 관세에 행정 단위별로 세금이 부과되고, 세율이 높다. 게다가 인건비가 과거에 비해 급등했는데, 법률상 인플레이션에 추가적으로 임금을 인상해야 하기 때문에 해외 기업이 진출하기 어려운 시장 중 하나다.

이러한 시장에서 다이소가 성공적으로 자리매김할 수 있었던 것은 SNS를 적절히 활용했기 때문이다. 광고료가 비싼 브라질에서 가장 값싼 SNS를 광고 수단으로 활용하여 고객을 끌어모으는 데 성공한 것이다. 브라질에서 SNS를 활용하는 사람은 1인당 약 200~300명가량의 SNS 친구가 있다고 알려져, SNS를 통해 매장 정보, 세일 정보, 판매상품에 관련된 정보를 제공함으로써 수요를 창출할 수 있었다. 또한 브라질에서 중산층이 증가한 요인도 성장 동력이 될 수 있었다. 브라질의 소비를 견인하는 중산층이 15년 사이 약 4천만 명이 증가하여 이

계층을 공략한 다이소가 성공을 거둘 수 있었던 것이다. 향후 다이소 는 중산층 외에 상위 계층과 하위 계층 고객까지 확대할 계획이라고 한다.

방글라데시 다카: 니프로(Nipro)

일본의 니프로는 방글라데시의 의료시장의 수요가 증가할 것을 예측하여 현지 합병을 통해 의료사업에 진출했다. 개발도상국들의 경제성장으로 소득 수준이 증가하고 이에 따라 생활방식이 변화함에 따라 생활습관병이 증가하고 있으며 건강에 대한 인식도 바뀌게 되었음을 파악한 것이다. 방글라데시당뇨병협회는 당뇨병으로 인한 신부전 환자가 약 600만 명 이상이고 2030년에는 1천만 명이 넘을 것으로 예상하고 있다. 하지만 환자의 수는 늘어나도 환자 중 40%는 치료를 받지 못하고 있는 것으로 알려졌다. 이에 따라 일본의 니프로는 향후 수요가 발생할 것을 예측하여 2013년 혈액투석센터를 개설하고 신부전증 환자를 대상으로 서비스를 제공하기 시작했다. 기존에 개발도상국에서 보기 어려운 높은 질의 서비스와 저렴한 가격, 치료 후 관리 서비스까지 제공함으로써 재방문율을 높이고 니프로의 의료기기도 홍보했다. 또한 우수한 시설을 마련하여 환자에게 제공하고 현지의 우수 인력을 확보하여 치료 인력으로 육성함으로써 방글라데시 현지에서 성공적인 비즈니스 모델로 정착했다.

이집트 카이로: 교육 시장

이집트는 부유층과 중산층을 중심으로 사립교육이 인기를 끌고 있다, 인구도 꾸준히 증가하여 앞으로의 이집트 교육시장은 큰 성장을 계속할 것으로 전망되고 문화적으로 교육이 신분 상승을 위한 방편으로 작용하여 경제적으로 어렵더라도 교육을 시키고자 하는 수요가 높다. 이집트의 경우 공립교육(유치원~대학)은 무료로 제공되지만, 공교육의 질이 사교육에 뒤처져서 사교육의 열기가 더해지고 있다. 또한 공교육에서 충분치 않은 다양한 분야의 과목 수요가 늘어나고 있으며 그중에서도 특히 이과계열의 사교육 수요가 많다.

터키 이스탄불: 캐릭터 시장

터키에서는 헬로키티보다 미키마우스, 바비인형 등이 주요 인기 상품이었다. 하지만 터키에서 캐릭터 시장은 경제성장과 함께 젊은 세대가 증가하면서 헬로키티의 수요가 늘고 있다. 이에 따라 2013년 터키에 대규모의 헬로키티월드를 개장하여 수요를 창출하고 있다. 헬로키티 캐릭터는 어린이뿐만 아니라 다양한 세대에도 홍보하여 현재는 터키에서 가장 인기있는 브랜드 중 하나로 성장했다. 또한 헬로키티월드에서는 화장품, 카페, 정원 등 다양한 볼거리와 서비스를 제공하여 인기를 끌고 있다. 디자인을 현지의 입맛에 맞게 제작하면서 성공 요인으로 작용했다.

베트남 하노이: 교육 시장

개발도상국인 베트남은 교육 환경이 열악하다. 특히 학습 공간의 부족, 질적으로 우수하지 못한 교재, 일률적인 교육, 교육지 부족 등의 문제가 있다. 하지만 경제성장으로 소득이 증가함에 따라 질 높은 교육에 대한 수요가 증가하고 있다. 이에 따라 외국 기업들이 베트남에

교육을 위해 진입하고 있다. 이집트 사례와 마찬가지로 공교육의 학비는 저렴하지만 사교육인 학원 또는 과외 교육비는 공교육비의 몇 배이상 비싸다. 하지만 질 높은 교육에 대한 열망으로 비싼 교육비에도 불구하고 그 수요가 점점 증가하는 추세다.

영국의 아폴로 영어학원은 베트남의 하노이 등 대도시를 중심으로 베트남 곳곳에 학원을 운영하고 있다. 비싼 수강료에도 불구하고 아이들을 학원에 데려다 주기 위해 교통 체증이 일어날 정도로 그 수요가 크다. 일본의 구몬도 베트남에 진출하여 매우 평판이 좋은 사립 교육기관으로 자리매김했다.

이외에도 문화에 대한 교육 수요도 증가하고 있다. 요리, 음악, 그림, 운동 등 다양한 분야에서도 수요를 충족시키기 위해 학원이 진출했으며, 앞으로 경제발전으로 인해 핵가족화가 빠르게 진행되어 학원이 아이를 돌봐주는 장소로 활용되면 그 수요가 꾸준히 증가할 것으로 보여 진출 기업은 더 성장할 것으로 보인다.

아모레퍼시픽

전 세계 화장품 업계에는 로레알, 로더, LVMH, 시세이도 등 글로벌 업체들이 대중화된 상품부터 럭셔리 시장까지 시장을 형성하고 있다. 글로벌 화장품 업체들은 시장에서 우선순위를 점하기 위해 빠르게 신제품을 출시하고 M&A를 통해 영역을 확장하고 브랜드 마케팅, 해외 진출 등 다양한 전략을 활용하여 수요를 창출하려 한다. 이처럼 치열한 환경에서 국내 기업인 아모레퍼시픽이 고성장을 유지하면서 성장할 수 있었던 이유는 무엇보다 수요가 많은 유통망을 명확히 파악하고 고객층을 세분화하여 수요를 창출했기 때문이다.

　한류의 영향으로 인해 중국, 일본뿐만 아니라 기타 아시아 국가에서 한국으로 오는 관광객이 증가했고, 이에 따라 백화점 말고도 면세점, 소상점 등에서 주로 소비가 이루어지고 있는 것을 파악하고 수요를 창출했다. 백화점은 주로 고가의 화장품을 판매하는 반면에 국내의 다양한 유통 채널을 활용하여 시장에 최저 가격을 내세운 체인점을 오픈함으로써 아모레퍼시픽만의 특화된 제품들만으로 매장을 구성할 수 있었다.

　세계에서 가장 큰 중국 시장을 정확히 공략한 것도 성공 요인으로 꼽을 수 있다. 중국은 13억이 넘는 인구와 글로벌 G2로 무섭게 성장하고 있는 국가다. 아모레퍼시픽의 경우 중국으로 진출하기 위해 스킨케어 제품을 꾸준히 개발해왔고 문화적, 역사적으로 긴밀하고 지리학적으로도 가까운 이점이 있기 때문에 중국 시장에서 크게 성장할 수 있었다. 초기에 1990년대 라네즈를 프리미엄 브랜드로 중국 시장에 소개하고 주요 도시의 백화점에 입점시켰으나 수요가 많지 않았고, 이에 따라 아모레퍼시픽은 시장 조사를 다시 하여 브랜드에 가치를 두는 소비자보다 제품을 중시하는 소비자층을 공략하기로 했다. 제품을 중시하는 소비자를 위해 한국의 바이오 기술, 한방, 식물 등 다양한 원료를 사용하고, 서양인과 다른 아시아인만의 피부 특성을 연구하여 이에 맞는 제품을 출시하면서 중국인의 소비를 이끌어내고 있다.

균형을
파괴하라

벤치마킹
하지 마라

이제까지 시대의 변화와 다양해지는 고객의 니즈를 충족시키기 위해 여러 산업군에 속한 기업에서 어떤 변화를 필요로 하는지, 변화 속에서 어떻게 새로운 이윤을 창출해낼 수 있는지에 대해 살펴보았다.

기업에 가장 중요한 것은 변화에 뒤처지지 않고 발 빠르게 대응하여, 소비자의 머리와 마음속 깊이 새겨지는 것이다. 이를 실천하기 위해 기업은 새로운 전략으로 나아가고 있다. 과거에 생필품으로만 여겨지던 옷이 소비자의 니즈와 시대의 변화에 따라 '패션'으로 거듭나면서 그 어느 산업보다 변화를 중요시하게 되었고, 현재 의류업계와 트렌드, 수요 예측은 떼려야 뗄 수 없는 관계가 되었다. 이런 사회적 변화에 맞춰 연방제 공급망 관리 시스템이나 모듈화 전략 등이 새롭게 떠올랐는데, 여러 산업 분야에 걸쳐 활용되고 있다.

또한, 더 이상 새로운 발전이 있을 것이라고 예측하지도 않았던 숙박이나 택시 같은 산업 분야에서도 새로운 서비스와 전략으로 산업을 장악해오던 기존의 기업을 밀어내고 새로운 강자가 모습을 나타냈다. 기존의 오프라인 중심이던 숙박과 택시업계의 비즈니스를 온라인 플랫폼으로 가져와 전통적으로 제공되던 서비스와는 다른 공유 경제의 개념으로 다양한 소비자들의 니즈를 공략하는 전략을 통해 큰 성과를 이루어낸 사례는 속속 등장하고 있다.

다양한 소비자의 니즈를 맞추기 위해 지금까지와는 전혀 다른 개념의 전략도 필요하지만, 하나의 고객층만 공략하여 초토화시키는 방법을 통해 확고한 사업 확장 기반을 마련하는 전략, 당연시되던 산업에 새롭게 접근하면서 성공한 사례 등도 살펴보았다.

이렇듯 기업은 예전처럼 소비자를 하나의 큰 단위로 묶어서 공략하기보다는 다양한 니즈에 대응할 수 있도록 개개인의 의견을 중요시하는 서비스를 내놓고 있다. 또한 단순하고 획일화돼 있던 서비스를 고객마다 다양화하면서 빠른 시대의 변화 속에서 더 많은 고객을 끌어모으기 위해 노력하고 있다.

이런 움직임은 기업과 소비자 모두에 긍정적인 영향을 끼친다. 기업은 새로운 방향성, 발전의 가능성을 발견하고 고객에게 제품과 서비스를 더 오랫동안 제공하며 이익 창출을 지속할 수 있으며, 소비자는 더 나은 제품과 서비스를 제공받아 생활의 편리함이 늘어난다는 장점이 있다.

하지만 트렌드가 빠르게 '변화하고 니즈가 늘어날수록 기업에는 복잡성과 창의성 고갈이라는 큰 문제점이 대두된다. 다양한 니즈를 모두 충족시키기 위해 무리하면 한계에 부딪히게 되어 생산 활동에 문제가 발생할 수 있고, 획기적이고 새로운 방안 대신 벤치마킹을 통해 현 상황에 대처하는 데 급급해질 수도 있다.

기업이란 급변하는 트렌드처럼 빠르게 바뀌거나 몸집을 부풀렸다 줄일 수 있는, 한없이 유연한 조직이 아니다. 그렇기 때문에 무작정 발전과 변화를 실천하기보다는, 각 기업의 특성과 목적, 역량을 잘 파악하여 그 기업에 꼭 맞는, 창의적이면서 차별화된 전략을 구축해나가야 한다.

그러므로 남의 떡이 커 보인다고 무작정 따라 하고 보는 무분별한 벤치마킹이 어떤 역효과를 가져올 수 있는지, 어떻게 기존의 전략과 차별화된 전략으로 소비자의 니즈를 충족시킬 수 있는지, 남들과 차별화된 전략을 기반으로 하는 창조경영이란 무엇인지, 이러한 전략을 어떻게 각 기업의 특징에 맞게 살리고 적용할 수 있는지 살펴보자.

블랙프라이데이 vs 코리아그랜드세일

2015년 10월 2주 동안 한국판 '블랙프라이데이'인 코리아그랜드세일이 열렸다. 백화점·전통시장·슈퍼마켓·대형마트 등 전국 유통업체가 30~50%로 대규모 합동 세일 행사를 벌인 것이다. 특히 9~10월 중국 중추절, 국경절 기간인 만큼, 대규모 중국인 관광객을 유치하겠다는 목적이었다.

한국판 블랙프라이데이인 코리아그랜드세일은 백화점 71개, 대형마트 398개, 편의점 2만 5,400개 등 대형 유통업체 2만 6,000여 점포가 참여했고, 전국 200개 전통시장과 온라인 유통업체 16곳, 외식 프랜차이즈업체도 함께했다. 정부는 코리아그랜드세일 행사로 소비 심리가 살아나 경기 활성화에 긍정적인 영향을 미칠 것이라고 전망하고 최대 규모의 할인 행사라고 홍보했지만, 소비자들의 체감 할인율은 크지 않았다. 백화점업계 관계자는 "미국은 제조사 주도로 재고를 없애는 세일을 하다 보니 세일 폭이 크지만, 우리나라는 유통업계가 세일을 주도하다 보니 할인 폭에 한계가 있다"며 "기간이 늘어난 것 외에는 할인율 면에서 크게 달라진 점이 없다"고 말했다. 온라인 쇼핑몰 관계자는 "구체적으로 할인 행사 내용에 대해 아직 결정한 것이 없다"며

"다른 업체도 기존에 하던 세일에 이름만 바꿔 붙이는 경우가 많았다"고 설명했다.

　코리아그랜드세일은 한국의 이미지 제고와 외국인 관광객 유치 및 내수 활성화를 목적으로 매년 전국적으로 실시되고 있다. 그러나 2015코리아그랜드세일의 서울 지역 참여 업체 수는 100여 개로 매우 저조했으며, 코리아그랜드세일 자체를 모르는 기업도 많았다. 또한 작년 8월에 시행된 코리아그랜드세일의 경우, 구체적인 계획과 참여 업체를 위한 실질적인 지원이 필요하다는 문제점이 지적되었다.

　코리아그랜드세일은 1999년 한국관광공사 주최로 처음 시행되었다. 이후에 주최가 문화체육관광부, 한국관광협회중앙회, 지자체 그리고 한국방문위원회로 바뀌면서 규모가 축소되는 등 많은 변화를 겪었고, 2011년부터 현재까지는 한국방문위원회에서 진행하고 있다. 코리아그랜드세일은 주최가 누구인지에 따라 3기로 구분할 수 있는데, 1기는 한국관광공사, 2기는 문화체육관광부, 한국관광협회중앙회 및 지자체, 3기는 한국방문위원회였다.

　1기(1999~2003년)는 일본인 관광객을 대상으로 하여 일본의 골든위크에 열렸다. 당시 목표는 '쇼핑 천국 한국'으로의 이미지 제고와 쇼핑 관광 활성화, 그리고 서울에 집중된 관광객을 전국으로 분산시키는 데 있었다. 그래서 백화점 세일 시즌과 연계하여 협력적으로 쇼핑 활성화를 위해 노력했고, 서울을 비롯한 전국 주요 지자체가 참여했다. 특히, 월드컵이 개최된 2002년에는 월드컵 개최 10개 도시가 참여하여 월드컵 이벤트와 함께 적극적인 홍보를 진행했다. 하지만 참가 업체와 여행사의 불만, 효과 미비 등을 이유로 한국관광공사 사업이 중단되고, 2004년부터는 지자체로 행사가 이관되었다.

2기(2004~2010년)는 지역 중심으로 개최되었다. 이 시기부터 다소 축소되어 서울시의 'Hi Seoul 페스티벌'과 연계하여 개최되었다. 2007년에는 한국관광협회중앙회 주최로 '더블세일쿠폰'과 '코리아스파클링세일'이라는 이름으로 관광 비수기인 여름과 겨울에 두 차례 개최되었다. 2008년에는 각 지자체별로 '2008서울그랜드세일', '제주관광그랜드세일2008', '부산그랜드세일', '인천그랜드세일'이 다른 시기에 각각 개최되었다.

3기(2011~현재)는 한국방문위원회 사업으로 정착되었고, 코리아그랜드세일에 참여하는 참가 업체 수가 꾸준히 증가했다. 특히, 2015년에는 겨울과 여름에 두 차례 행사가 진행되었다. '2015코리아그랜드세일'은 2014년 12월 1일부터 2015년 2월 22일까지 서울, 수도권 및 전국 주요 지자체 중심으로 실시되었다. 참여 업종은 일반 유통업체를 비롯하여 엔터테인먼트, 식음료, 패션, 숙박 등 다양했다. 하반기에 시행된 '코리아그랜드세일'은 메르스로 인한 국가적 관광 위기를 타개하기 위해 정부가 적극적으로 지원하여 2015년 8월 14일부터 10월 31일까지 총 79일간 진행되었다. 참가 업체 분야는 쇼핑, 패션, 식음료, 미용·건강, 관광자원, 숙박, 교통, 기타 등 총 8개이며, 342개 업체, 3만 4,000여 업소가 참여했다. 행사 기간 동안 참여 업체에 방문하는 외국인 관광객에게는 할인 혜택과 이벤트가 제공되었다.

'2015코리아그랜드세일'은 쇼핑 – 한류 – 관광의 융·복합을 통해 외국인에게 즐길 거리를 제공하는 쇼핑 관광 축제의 성격이라고 한국방문위원회는 밝혔다. 하지만 정부와 시장의 평가는 크게 엇갈렸다. 많은 고객들은 생각보다 크지 않은 할인폭과 한정된 품목에 대해 실망했다. 가을 정기 바겐세일이나 평소 할인율과 크게 다르지 않았다는 의견이 대부분이었다. 실제로 행사 초반에 백화점의 할인율은 10~20%밖에 되지 않았다. 업계에서조차 "정기 바겐세일과 다르다고 보기 어렵다"는 말이 나올 정도였다. 여론을 의식한 백화점과 대형 마트에서 추가 할인에 나서긴 했지만, 초반에 물건을 구매한 고객의 원성을 피할 수 없었다.

할인율이 크지 않은 원인은 유통업체 주도로 행사가 진행됐기 때문이다. 유통업체는 제조업체로부터 물건을 받아 팔기 때문에 마진율이 높지 않아서 할인율이 크지 않다. 제조업체가 참여하지 못해 미국 블랙프라이데이의 장점을 취하지 못했다는 비판도 있지만, 무엇보다 코리아그랜드세일은 한국적인 특색이 없고 스토리텔링이 없어서 실패한 벤치마킹이다.

그렇다면 미국의 블랙프라이데이와 코리아그랜드세일의 차이는 무엇인가?

블랙프라이데이는 11월의 마지막 주 목요일인 추수감사절 다음 날로, 미국에서 연중 가장 큰 규모로 쇼핑이 이뤄지는 날이다. 소매업체의 경우, 1년 매출의 70%가 이날 이루어질 정도라고 한다. 연중 처음으로 흑자(black ink)를 기록하는 날이라는 데서 이런 이름이 유래되었다고 한다(위키백과). 미국에선 블랙프라이데이 기간이 한 해 중 쇼핑이 가장 왕성한 때여서, 그날의 판매 상황을 보고 그해의 경제 상황을 예측하기도 한다. 전미소매업협회(NRF) 자료를 보면, 지난해 블랙프라이데이 나흘간 1억 3,300만 명이 509억 달러(약 60조 8,000억 원)를 쇼핑했다고 한다. 미국의 연말 쇼핑은 추수감사절 다음 날인 11월 마지막 주 금요일에 시작돼 세밑까지 한 달 내내 이어진다. 재고를 남기지 않기 위해 갈수록 할인율을 높여 '소비 블랙홀'로도 불린다.

미국의 블랙프라이데이와 코리아그랜드세일의 가장 큰 차이는 할인율이다. 최대 90%까지 할인하는 미국과 달리 국내 유통가의 할인율은 높아야 30%다. 할인율이 차이 나는 근본 원인은 유통업체가 재고 부담을 지지 않는 국내 특유의 유통 구조 때문이다. 미국 등 대부분 국가의 백화점·쇼핑몰은 제조사로부터 직접 제품을 구입, 판매하는 '직매입' 구조다. 시즌 내에 매입 상품을 모두 팔아야 다음 계절 신제품을 마련할 수 있으므로 가격 인하 압력이 크다. 반면 국내 백화점은 30% 내외인 매출 대비 수수료를 받고 재고 부담은 지지 않는 '특약매입' 구조라서, 유통·소매·제조업계 모두 큰 폭의 할인을 강행할 명분이 뚜렷이 없다.

일부 업체들은 의도적으로 '노 세일' 전략을 고수했고, 다수의 패션·뷰티 브랜드들은 기존 백화점 정기세일에 참가하는 데 그쳤다. 외식업계의 참여도 저조해서 거리 축제의 느낌이 들지 않았던 것도 있다. 준비 기간이 필요한데 충분한 사전 고지가 없었다는 게 업체들의 항변이었다. 그래서 쇼핑과 외식을 연계시켜 마케팅 효과를 극대화할 기회를 놓쳤다. 제품 기획에 수개월이 소요되는 가전업체들도 급조된 행사에 제대로 된 할인 상품을 내놓지 못하기는 마찬가지였다. 게다가 백화점 세일마다 집객 효과가 높았던 각종 사은행사도 대폭 줄었고, 롯데·현대·신세계 등 대형 백화점의 사은 행사는 주로 중국 요우커에게 집중됐다. 이들은 국내 행사가 그랜드급이 될 수 없었던 이유로 대형 업체들이 정부 규제 속에 공공의 적이 된 상황을 꼽았다.

미국의 블랙프라이데이, 영국의 복싱데이, 홍콩의 메가세일 등은 자국민은 물론 해외 소비자들까지 몰려드는 지구촌 세일 축제다. 코리아그랜드세일은 내외국인을 동시에 겨냥하여 소비 진작 및 내수 활성화를 시도한 것은 긍정적으로 평가할 수 있다. 그러나 외국의 아성에 버금가는 우리만의 소비 행사를 만들기 위해서는 풀어야 할 숙제가 많다.

내국인 소비자의 해외 직구 규모는 지난해 약 2조 원에 달하며 3년 만에 4배가량 늘었다. 행사가 성공하려면 글로벌 빅 마켓과 견줄 만한 양과 질이 요구되는 셈이다. 또한 한국판 소비 축제의 장이 되려면 미국처럼 축제로 정착시키기 위해 제조사들이 참여할 필요가 있고, 당연히 코리아그랜드세일을 준비할 수 있는 시간을 충분히 주어야 한다. 특히 노 세일 브랜드나 명품까지 세일에 참여하게 하려면 소비자가 체감할 수 있는 초특가 기획 상품을 연초부터 미리 마련할 수 있도록 해야 할 것이다. 실제로 파격 할인 행사 이후 가격이 정상화되면 매출이 감소하는 '포스트 프로모션 딥'을 우려해서 노 세일 정책을 고수하는 업체들을 유인하기 위해서라도 사전 상품 기획은 필수적이다. 코리아그랜드세일에 제조업체들의 참여도가 저조한 것에는 정부가 경기 부양을 위해 준비 기간 없이 행사를 급조한 탓이 컸다.

지난 11월 12일 <머니투데이>는 기사에서 "중국 거대 전자상거래업체인 알리바바가 11월 11일 솔로데이인 '광군제'를 맞아 주도한 중국판 블랙프라이데이 '쌍11' 행사의 총 매출액은 912억 위안(약 143억 2천만 달러, 약 16조 5,000억 원)을 기록했다"고 밝혔다. 이는 역대 최고 매출을 기록했던 지난 광군제 때의 571억 위안보다 60% 급증한 것이다. 11월 11일은 숫자 1로만 되어 있으니 솔로를 위한 이벤트를 기획하겠다는 발상은 신선하지 않지만, 알리바바는 이를 멋지게 가공하여 광군제를 쇼핑의 날로 바꿔버렸다. 솔로인 사람들에게는 온라인 쇼핑 이벤트에 시간과 돈을 충분히 할애할 것이라고 보고, 소비할 수 있는 이유를 만들어주고 구매 여력이 있는 사람들을 소비하도록 플랫폼을 만든 것이다.

세계 유명 소비 이벤트들과 비교했을 때 코리아그랜드세일은 허전한 느낌이다. 정부에서 내수 소비를 활성화하고 떨어진 경제 성장 동력을 다시 끌어올리기 위해 만든 이벤트일 뿐, 소비자들이 가장 많이 쇼핑할 때는 언제인지, 소비자에게 어떤 메시지를 전해서 지갑을 열도록 할 것인지, 설득력 있는 명제가 없었다. 스토리텔링도 없이 싸게 판다는 이유만 내세워서 실패한 이벤트라고 볼 수 있다.

남들에게 좋은 것이 우리에게도 좋은 것은 아니다. 우리나라 문화와 정서에 맞는지, 기업 및 소비자에 정말 필요한 것이 무엇인지 분석해봐야 하는 것이다.

초경쟁 시대에 필요한 차별화 전략

21세기의 경영 환경은 '초경쟁' 시대라고 말할 수 있다. 빠른 속도로 기술 혁신이 이루어지고 국가와 시장, 산업의 경계가 허물어지는 오늘날, 기존의 경쟁 우위는 지속적 성장을 담보하지 못한다. 초경쟁 시대에는 기존의 경쟁 패러다임의 효용이 파괴되며, 경쟁의 속도 또한 과거와 비교할 수 없을 정도로 빠르게 진행된다. 이러한 초경쟁 시대에는 지속적으로 시장을 선도해온 기업조차 도전받으며, 실제로 역동적인 변화의 흐름 속에서 시장의 주도권이 빠르게 전환되는 모습을 보게 된다.

예를 들어, 오랫동안 세계 1위 자리를 지켜온 대한민국 조선업은 중국의 기술 추격과 유가 폭락을 비롯한 대내외적 환경 변화로 심각하게 위협받고 있다. 아마존과 월마트의 대결 구도 또한 흥미롭다. 2015년 7월, 아마존은 오프라인 유통업계의 거인이자 절대 강자로 군림해오던 월마트의 시가총액을 추월하고 업계 1위를 달성했다. 반면, 월마트는 매출 부진으로 인해 최근 200개가 넘는 매장을 철수하기로 하는 등 어려운 상황에 놓여 있다. 뒤늦게 월마트는 전자상거래 부문에 수조 원 규모로 투자하겠다고 발표했지만, 시장의 반응은 아직까지 냉담하기만 하다.

2015년 스마트폰 시장의 가장 큰 변화는 중국 업체의 약진이다. 2016년 1월 미국의 시장 조사 기관 스트래티지 애널리틱스(Strategy Analytics)에서 공개한 보고서에 따르면, 삼성전자는 지난해 중국 스마트폰 시장에서 상위 5개 업체에도 들지 못했다. 삼성전자는 2011년 이후 중국 스마트폰 시장에서 1위를 줄곧 기록했지만, 2014년 3분기에 샤오미에 1위 자리를 빼앗겼고 이번에는 5위권 밖으로 순위가 밀려난 것이다. 삼성전자 중국 법인은 지난 수년간 괄목할 만한 성과를 보였으나, 2015년도에는 수백억 원의 당기순손실을 기록하며 걱정스러운 실적을 기록했다.

노키아나 모토로라가 시장 변화에 적응하지 못하고 위기를 맞은 것이 엊그제 같은데, 삼성전자와 LG전자, 소니, HTC 등 세계 스마트폰 시장을 호령하던 강자들조차 초경쟁 시대의 새로운 법칙에 적응하지 못하고 주춤하는 사이 화웨이와 샤오미 등 중국 업체들이 빠르게 시장을 장악하고 있는 것이다.

이러한 초경쟁 시대의 특징은 크게 세 가지로 볼 수 있다. 첫 번째로는 국가 간 경계, 산업 간 경계가 허물어지는 무경계성이다. 초경쟁 시대에는 스타트업이 글로벌 리더와 직접 경쟁하는 일이 발생하기도 하며, 업종 간의 경계도 점점 모호해진다. 예를 들어 숙박업계는 에어비앤비, 택시업계는 우버라는 전례 없는 경쟁자를 맞이했으며, 기존에 생각지도 못했던 경쟁의 양상은 이제는 자연스러운 현상처럼 여겨질 정도다.

두 번째 특징은 속도의 시대라는 표현으로 대변되는 급격한 변동성이다. 기술의 발전 속도와 경쟁의 양상이 가속화되면서 기업들은 경쟁 속도를 더욱 높이고 있다. 실제로 최근 스마트폰 시장의 경우 신제품의 출시 주기는 3개월로, 새로운 제품을 구입하기가 무섭게 더 좋은 성능의 제품이 출시되는 일이 흔하다.

이러한 속도 경쟁의 양상은 소프트웨어나 콘텐츠 경쟁에서 더욱 극명하게 드러난다. 스마트폰 어플리케이션, 모바일 게임, TV 예능 프로그램 등의 트렌드 변화 속도는 어제의 승자가 오늘의 패자가 될 정도로 업계 종사자들조차 쉽게 따라가기 힘들 정도다. 국내 모바일 게임 업계를 살펴보면, 카카오톡 게임하기 플랫폼을 통해 성공 신화를 쓰며 상장했던 수많은 업체들이 계속해서 그 성장세를 이어가지 못하고 손실을 면치 못하고 있다. 초경쟁 시대에는 의사결정의 속도와 직관성이 무엇보다 중요하며, 기존의 성공 공식이 그대로 적용되리라고 기대하다가는 회사를 위태롭게 만들 수 있다. 새로운 상품과 서비스가 끊임없이 등장하면서, 변화의 가능성을 열어두지 않는 기업은 경쟁에서 도태되는 것이 당연하다.

마지막으로 초경쟁 시대에는 승자독식이 만연하다. 예전에는 20 대 80의 법칙이 시장의 지배적인 규칙이었다면, 이제는 1 대 99에 달하는 극단적인 롱테일 현상도 드러난다. 이렇듯 초경쟁 시대에는 경쟁의 승패에 따른 결과가 극단적으로 나타난다. 실제로 인터넷 검색엔진 시장에서 절대적인 강자로 꼽히는 구글은 전 세계 검색 트래픽의 90% 이상을 점유하고 있으며, 엄청난 이용자 데이터를 바탕으로 한 맞춤형 광고 수익은 타 업체와 비견할 수 없을 정도다. 국내 메신저 시장 또한 승자독식 트렌드가 극명하게 나타나는 곳 중 하나로, 카카오톡은 국내 기준으로 모바일 메신저 시장 점유율 90% 이상을 점유하며 사실상 독점적인 시장 지배자로 군림하고 있다.

　이러한 극한의 경쟁 상황에서 살아남기 위해서는 어떠한 전략이 필요할까? 바로 차별화 전략이다. 차별화 전략은 완전히 새로운 개념은 아니다. 오래전 세계적인 경영학자인 마이클 포터 교수는 경쟁 우위를 확보하기 위한 전략으로 비용 우위, 차별화, 집중화를 제시했으며, 세계적인 마케팅 대가인 알 리스와 잭 트라우트 또한 차별화의 중요성을 수십 년간 설파해오고 있다. 국내에서도 널리 알려진 블루오션 전략 또한 차별화 전략의 발전된 형태이고, 하버드 경영대학원 동양인 최초 종신교수로 유명한 문영미 교수 또한 <디퍼런트>와 강의 등을 통해 차별화 전략의 중요성을 역설했다.

　과연 초경쟁 시대에 기업은 모두 경쟁의 제물이 되어야 하는 것일까? 어떻게 해야 도태의 늪에 빠지지 않고 오랫동안 생존할 수 있을까? 미국의 GE를 통해 초경쟁 시대에 적합한 차별화 전략에 대해 살펴보자. 1890년대 토머스 에디슨에 의해 설립된 GE는 세계에서 가장 오래된 전자제품업체이자 세계 최대의 전기소비기구 회사이기도 하다. GM과 함께 미국의 상징과도 같은 기업인 GE는 냉장고와 세탁기 등 가정용 백색가전부터 차량용 엔진, 전문 의료기기까지 수많은 부문에서 사업을 영위했다.

　그런데 놀랍게도 2014~2015년을 기점으로 GE는 자사의 사업 포트폴리오를 대폭 수정하겠다고 발표했다. 이러한 GE의 최고 경영자 제프리 이멜트의 선언은 시장 관계자들을 깜짝 놀라게 했다. GE는 새로운 경쟁자로 마이크로소프트, SAP, IBM 등 소프트웨어업체들을 지목하면서 2020년까지 소프트웨어 기업으로 거듭나겠다고 발표했으며, 실제로 2016년 현재까지 120조 원 규모의 기존 산업 부문을 매각했다. 최근 중국의 하이얼이 GE의 상징이자 역사라고도 할 수 있는 가전사업 부문을 인수한 사건은 전 세계 전문가들을 경악에 빠트릴 정도였다.

그렇다면 GE 가전사업이 적자를 보는 사업이어서 매각한 것일까? GE의 가전사업부가 차지하는 영업이익 비중은 GE 전체의 5%도 되지 않는 수준이었다. 제프리 이멜트 CEO는 장기적인 안목에서 미래의 성장 동력을 발굴하고 새로운 핵심 역량에 집중하기 위해 기존의 GE를 규정하던 가전사업부마저 매각하겠다고 결정한 것이다. 이것이야말로 스스로를 파괴하는 '파괴적 혁신'이라고 할 수 있을 것이다. GE는 현재 헬스케어, 에너지 인프라, 사물 인터넷, 스마트 팩토리 등 최첨단 기술 분야에 대규모의 투자를 집행하며 100년이 넘는 기업의 역사상 가장 큰 변화를 시도하고 있다. GE의 차별화 전략과 파괴적 혁신에 대해 시장과 투자자들 또한 긍정적으로 반응한다.

미국의 영상 콘텐츠 플랫폼인 넷플릭스 또한 놀라운 차별화 전략을 통해 시장을 주도한 사례다. 1990년대 후반부터 영상 콘텐츠 대여 및 판매 서비스를 시작한 넷플릭스는 처음에는 비디오 및 DVD 대여 사업에서 시작하여 현재는 온라인 영상 실시간 스트리밍 서비스 1위 업체로 시장을 주도하고 있다. 실제로 미국 내 인터넷 트래픽의 상당 부분을 넷플릭스가 점유한다고 할 정도로 미국인들에게 넷플릭스는 생활의 일부가 되어 있으며, 미디어 및 콘텐츠 산업의 역사를 새로 쓰고 있다고 할 만큼 혁신적인 기업 중 하나다.

넷플릭스 설립 초창기에 비디오 렌트업계를 독점하던 곳은 블록버스터였는데, 넷플릭스는 비디오나 DVD 대신 무주공산과도 같던 온라인 스트리밍 사업에 집중적으로 투자하면서 경쟁사들과는 완전히 다른 행보를 보였다. 당시 미국은 인터넷이 잘 깔려 있지 않아 온라인으로 영상을 공유하는 비즈니스 모델 자체가 시기상조로 여겨졌지만, 넷플릭스는 미래를 바라보고 차별화 전략을 통해 업계를 혁신할 수 있었던 것이다. 결국 10년 후 넷플릭스는 온라인 스트리밍 시장을 선도하는 최강자로 자리매김한 반면, 블록버스터는 파산을 선언했다. 설립 초창기 넷플릭스가 블록버스터에 인수합병을 제의했다는 사실은 아이러니하다.

넷플릭스는 또다시 초경쟁 시대에서 앞서 나가기 위해 최근 새로운 전략적 도전을 통해 성공을 거두고 있다. 다른 미디어 및 콘텐츠 기업과의 경쟁에서 이기기 위해서 선택한 전략은 가격 경쟁이 아니라 '콘텐츠의 직접 생산'이다. 넷플릭스는 수천만 명의 이용자들의 사용 기록을 통해 축적된 빅데이터를 적극적으로 활용하여 이용자들의 취향에 맞는 콘텐츠를 맞춤형으로 생산했다. 이는 '대박' 행진으로 이어졌다. 콘텐츠 공급자들의 무리한 저작권료 요구와 공격적인 견제 전략에 대해 넷플릭스는 경쟁사들이 예상치 못한 방법으로 대응한 것이다. 넷플릭스는 드라마 제작 시 시청자들이 선호하는 배우와 연출, 스타일 등을 고려하여 제작한다고 하는데, 이러한 방식으로 자체 제작한 드라마 시리즈 <하우스 오브 카드>는 에미상 3관왕 수상 등 작품성과 인기, 신규 가입자까지 모두 얻으며 두꺼운 마니아층을 형성했다. 이후 넷플릭스는 더 많은 드라마 시리즈와 다큐멘터리, 영화 제작에까지 진출할 계획이라고 발표했다.

이렇듯 남들과 '다른 동시에 새롭기' 위한 차별화 전략이 초경쟁 시대가 요구하는 것이다. 이전의 차별화 전략이 남들보다 모든 면에서 뛰어나기 위한 것이었다면, 초경쟁 시대는 모든 면에서 남들보다 나을 필요는 없다. 자신만의 색깔을 갖고, 자신만이 할 수 있는 영역을 구축하여 고객을 자극하면 된다. 즉, 의미 있는 불균형을 더 불균형하게 만드는 것이 바로 초경쟁 시대에 경쟁에서 앞서 나갈 수 있는 차별화 전략의 해답인 것이다.

국내 저가 항공사들의 선전 또한 초경쟁 시대의 차별화 전략의 성공 사례로 해석할 수 있다. 특히 제주항공의 경우 2010년부터 현재까지 연평균 30% 이상의 꾸준한 매출 성장세를 보이며 저가 항공업계를 선도하고 있으며, 이외에도 진에어, 에어부산, 이스타항공, 티웨이항공 등 여러 저가 항공사들이 낮은 가격을 강점으로 하는 적극적 차별화 전략을 통해 항공업계의 경쟁 판도를 바꾸고 있다. 재미있는 것은, 저가 항공사들끼리의 경쟁이 격화되면서 다시 새로운 경쟁의 흐름이 생겨나고 있다는 것이다. 기존 저가 항공사들은 제주 노선을 중심으로 경쟁을 벌였지만, 최근에는 점차 해외 취항지를 넓혀가며 새로운 경쟁 우위를 선점하려 노력하고 있다.

초경쟁 시대에서는 기존의 경쟁 원칙이나 우위가 그 가치를 빠르게 잃기 때문에 의사결정의 속도가 무엇보다 중요하다. 과거에는 차별화 전략을 성공적으로 수행하기 위해서는 장기적인 관점에서 경영 전략을 수립하고 일관성 있게 경영 활동을 펼쳐야 한다는 주장이 일반적이었지만, 초경쟁 시대에서는 외부의 환경 변화에 주의를 기울이면서 계속해서 새로운 가능성을 탐색하는 것이 중요하다.

특히 시장 전체의 성장성이나 역동성이 위협받거나, 자사의 시장 활동이나 성과가 기대에 미치지 못할 때에는 빠르게 새로운 차별화 아이디어를 모색하는 한편 때로는 기존의 아이디어나 사업 모델을 포기해야 한다. 현재 벼랑 끝에 놓인 조선업의 위기는 사실상 수년 전부터 예고되어온 것이었다. 2000년대 말 글로벌 경기 침체 때부터 지속적으로 새로운 경쟁 전략과 성장 동력을 마련하지 않고 해양 플랜트 수주 등에 집중하는 등 메이저 3사가 모두 비슷한 의사결정을 내린 것이 오늘날 발목을 잡은 것이다. 무작정 해양 플랜트 수주에 집착하는 대신 내부 R&D 역량을 기르면서 IT 융합 중심의 새로운 패러다임을 일찍부터 마련했다면 어떻게 되었을까?

안타깝게도 오히려 오늘날 실제 조선업계의 연구개발 흐름은 오히려 역행하고 있다. 울산에 위치한 울산창조경제혁신센터는 스마트십(smart ship)과 에코십(eco ship) 개발 등 새로운 기술적 활로를 찾기 위해 현대중공업과의 협력을 바탕으로 운영되기로 되어 있었지만, 경영 악화로 인해 애초 출연하기로 하였던 자금을 마련하지 못하면서 사업이 지지부진한 상태다. 풍전등화의 위기에 놓인 조선업계가 초경쟁 시대에서 활로를 찾기 위해서는 기존의 경쟁 패러다임을 완전히 파괴하고, 협력사들과 함께 원천 기술을 개발하고 미래 수요에 대비하면서 의미 있는 불균형을 창출해야 할 것이다.

뼛속까지 그린(green)을 추구하라

21세기 들어 전 세계가 환경에 대한 중요성을 강조하게 되었고, 기업들은 이에 따라 그린경영을 추구하게 되었다. 이전에는 환경에 대해 고려하지 않고 오직 성장성을 중심으로 경영했다면, 이제는 환경을 생각하는 그린 경영이 화두로 떠오르게 된 것이다.

그린 경영이란 친환경 기술을 통해 제품을 생산하고 녹색 제품과 녹색 연구 개발, 녹색 마케팅을 통해 환경에 대한 영향을 최소화하는 활동을 의미한다. 이는 부분적으로만 환경을 고려할 것이 아니라 기업의 목표 전략과 일치하도록 녹색 기술을 발전시키고, 사회적 책임감을 지니며, 경쟁 우위를 확보하기 위해 혁신을 적용하는 과정이다.

LG 전자의 경우 그린경영을 크게 EESH(Energy, Environment, Safety, Health) 통합 경영 체계, 에너지/기후변화, 사업장 환경, 산업 안전 보건, 친환경 제품, 폐제품 회수/재활용의 여섯 가지로 분류하고 있다.

EESH 통합 경영 체계

EESH(에너지, 환경, 안전, 보건)의 경영 비전은 LG전자가 전사적인 차원에서 EESH 경영 체계를 운영하고, 에너지 효율 최적화, 친환경 공정 운영 및 제품 개발, 사업장 안전 및 임직원 건강 증진 활동을 실천하며, 이를 통해 고객에게 차별화된 가치를 제공함으로써 지구 환경 보전 및 지속 가능한 사회 발전과 이해관계자의 삶의 질 향상을 추구하는 것이다. 이에 따라 다음과 같은 EESH 경영 방침을 정하고 지키기 위해 노력하고 있다.

- EESH 분야의 경영 의사결정 시, 이해관계자 및 사회와의 영향을 최우선으로 고려함
- 글로벌 EESH 경영 체계를 운영함으로써, 비재무 리스크의 감소 및 기업 가치 제고에 기여함
- LG전자와 비즈니스 파트너는 국제 협약 및 국가/지역별 EESH 관련 법률과 규범을 선도적으로 준수하고, 상호 협력함으로써 관리 수준을 지속적으로 향상시킴
- 제품 설계부터 생산, 사용, 폐기에 이르는 전 과정에 대한 EESH 영향을 최소화하고, 친환경 제품 개발을 선도함
- 전 임직원은 경영 활동의 전반에 걸친 EESH 역할을 이해하고, 에너지 사용 절감, 자원의 절약과 재활용, 위험 요인 발굴 및 제거, 개인 건강 증진 활동에 자발적으로 참여함
- 에너지, 기후변화, 환경 안전, 제품 환경 및 산업 보건에 대한 실행 성과를 정기적으로 평가하고, 그 결과를 대내외 이해관계자에게 투명하게 공개함
- LG전자는 사회적 책임의 일환으로, 지역 사회와의 협력 관계를 통해 환경 보전과 사회 공헌에 이바지함

중장기적으로는 생산 단계에서의 온실가스 배출 감축, 물 사용량 감축, 글로벌 EESH 통합 경영 시스템 구축 확대, 해외 사업장 EESH 역량 상향평준화를 추구한다.

EESH 통합 경영 체계를 운영하기 위해 매년 EESH 방침 및 규정의 표준 체계를 정비하여 규칙 및 기준을 수립하고, 이를 중심으로 운영하고 있다. 또한 국내외 전 임직원을 대상으로 환경 안전 교육을 실시하여 글로벌 환경 안전 이슈와 사례, LG가 추구하는 환경안전경영 전략과 활동 등을 공유하고 계층별 교육 및 전 계열사의 환경 안전 직군을 대상으로 개설된 전문 필수 교육도 수료하도록 하고 있다.

환경 안전사고 및 재난이 점차 대형화, 다양화됨에 따라 한 번의 사고만으로도 사업의 근간이 흔들릴 수 있기 때문에 이러한 사고를 예방하기 위해 LG전자를 휴대폰 생산라인에 BCM(Business Continuity Management) 체계를 도입하기도 했다.

에너지/기후변화

LG전자는 기후변화에 대응하기 위해 생산 단계 및 사용 단계, 제품 전 과정에서의 온실가스 감축, 임직원 참여를 통한 지역사회 확산이라는 네 가지 방향을 수립하고 지속적으로 추진하고 있다. 그리고 이를 실천함으로써 생산성과 제품 경쟁력, 운영 효율의 향상, 사회공헌이라는 네 가지 가치를 추구한다. 자발적인 온실가스 감축을 통해 저탄소 고객 가치를 제공하는 것을 목표로 한다. 구체적으로 2020년까지 온실가스 배출량 15만 톤을 감축하는 것을 목표로 수립했으며, 에너지 고효율 설비 투자 확대, 설비 운영 효율 향상, 신재생에너지 도입 확대 및 임직원 에너지 절약 상시화 등을 통해 목표 달성을 위해 노력하고 있다. 특히 태양광 설비 도입 및 신재생에너지 구매를 통해 온실가스 감축에 기여하기 위해 구미 및 창원 사업장에서는 태양광 설비를 5.4메가와트 시급으로 확대 설치하여 2014년 한 해 동안 약 6,900메가와트시를 생산하며, 이를 통해 6,217톤의 온실가스를 감축했다. 또한 미국 사업장, 유럽 사업장에서도 신재생에너지를 구매하여 사용하고 있다.

또한 LG전자는 탄소배출권 사업(Clean Development Mechanism, CDM)을 추진하여 고효율 냉장고를 판매해 저감한 전력 사용량을 탄소배출권으로 돌려받았다. 2013년 UNFCCC(United Nations Framework Convention on Climate Change)로부터 인도에서의 에너지 고효율 냉장고 제조 및 판매에 대한 CDM 사업을 최종 승인받은 것으로, 탄소배출권 판매 수익의 일부는 인도의 빈곤 여성과 어린이들의 장학금으로 기부할 계획이다.

사업장 환경

LG전자는 사업장의 환경 영향을 최소화하기 위해 물 사용량 감축, 폐기물 배출 최소화, 생물 다양성 보전 활동으로 지역 환경과의 조화로운 발전을 추구하고 있다. 구체적으로 2020년까지 물 사용량을 20% 감축한다는 목표를 세우고 국내외 생산 사업장의 물 사용량 및 재사용량을 관리한다. 구미 및 창원 사업장에서는 중수를 정화하여 재사용하며, 인도에서는 무방류 시스템을 구축하여 용수의 재활용을 늘리고 있다. 또한 폐수 발생량 및 배출 오염물질량을 모니터링하고 관리하여 환경오염물질 배출을 최소화하도록 하고 있다. 폐기물 배출을 최소화하기 위해 러시아 공장에서는 사내 재활용센터를 통해 러시아

루자 공장과 사내 협력 회사에서 배출되는 폐기물을 분리 배출하여 친환경적으로 처리한다. 이러한 정책으로 기존의 재활용량보다 170%가량 늘어났고, 브라질 마나우스 공장에서는 포장재 압축기로 폐기물 부피를 감소시켜 폐기물 분리 선별의 효율성을 증대시켰다.

산업안전보건

LG전자는 임직원의 건강 증진과 작업 환경 개선을 위해 화학물질을 관리하는 통합관리시스템을 구축하고 화재 예방 및 비상 대응 활동을 강화하고 있다. 2013년 화학물질관리시스템(LGCMS)을 구축하여 각 사업장에 입고되어 사용되는 물질에 대해 사전 안전 및 환경 검토를 시행하고 있다. 또한 협력 회사에 대해서도 이 시스템을 통해 사전 심사 후 납품하도록 하며, 입고 전 단계부터 리스크를 최소화하고 있다.

국내 임직원의 건강 및 작업 환경을 개선하기 위해 임직원 건강 검진 및 건강 증진 프로그램을 운영하고 있다. 응급상황에 대비해서는 자동 심실제세동기를 설치하고 사업장 각 층별로 응급구조 인원을 선정하여 심폐소생술 교육을 시행했다. 사무 직원 외에 현장 근로자 및 연구원의 작업 환경도 개선하고 있다. 창원 공장에서는 밀폐공 간 작업을 시행할 때 안전을 위해 안전 보건 기준에 따라 밀폐 항목을 정리하여 작업 환경 프로세스를 개선했고, 가산연구소에서는 실험실 배기 풍량을 증대시키고 노후 시설을 교체하여 안전을 보장했다.

친환경 제품

LG전자는 크게 에너지, 인간, 자원의 세 가지 요소를 고려하여 환경 부화를 최소화한다.

친환경 제품 디자인을 통해 인간에게 미치는 환경 영향을 저감시켜 유해물질과 관련된 국제 환경 규제를 준수하고 유해물질을 대체하여 생활 환경을 개선하는 제품 개발을 추진한다. 유해물질을 대체하기 위해 LG전자는 유해물질 관리와 대체 기술을 연구 개발하고 있으며, 제품뿐만 아니라 협력사 관리 프로그램을 지속적으로 운영하여 제품 제조 전 과정에서 유해물질을 모니터링하고 있다. 유해물질 측정 시스템을 운영하여 입고되는 부품의 유해물질 함유 여부를 검증하고, 유해물질이 함유되어 있을 가능성이 큰 부품이나 제품은 수시로 모니터링하여 더욱 철저히 관리하고 있다. 또한 인간 생활 환경 개선을 위해 세탁기, 청소기 등에 항균, 항알레르기 기능을 적용하고, 제품 사용 시 소음 및 진동을 저감하기 위한 연구를 하고 있다.

LG전자의 에너지 전략은 크게 제품의 에너지 효율 향상과 제조 과정에서 발생하는 온실가스 배출 절감으로 나눌 수 있다. 에너지 효율이 향상되면 소비자는 에너지 사용 비중이 줄어들고 온실가스의 배출량은 감소하게 된다. 이를 위해 각 제품군별로 5개년 기술 로드맵을 설정하여 세부 목표를 나누고 달성함으로써 에너지 효율을 개선하려 한다. 또한 에너지 효율 향상을 위해 2020년까지 소비자 제품 사용 온실가스 배출량을 6천만 톤 감축하고자 하는 구체적인 목표를 수립하여 시행하고 있다.

한편 자원 사용에 대한 전략으로 자원 절감, 재활용성 향상으로 효율성을 향상시키려 한다. 생산하는 제품의 무게와 부피를 절감하여 원료 사용량을 줄이고, 재활용 물질을 활용하여 자연에 대한 부하를 감소시킨다. 제품을 슬림하게 만들어 편의성을 향상시키고, 미적 효과를 더하며, 자원의 활용을 최소화하고, 생산 단계에서도 낭비 제거 활동을 통해 자원을 관리한다. 또한 제품 개발 단계에서 분해 및 재활용 용이성을 고려하여 제품을 개발하도록 절차를 수립하여 실행하고 있다.

폐제품 회수/재활용

LG전자에서는 국내와 해외에서 폐전자제품을 관리한다.

국내에서는 2014년부터 제품 구매와 상관없이 전국적으로 '대형 폐가전 무상 회수서비스'를 실시하고 있다. 기존에는 제품을 설치할 때만 수거했지만, 이제는 제품을 설치하지 않아도 LG전자 베스트숍(Bestshop) 매장을 통해 회수 서비스를 신청하면 전문가가 방문하여 수거하는 회수 체계를 시행한다. 회수된 제품은 전국의 재활용센터를 통해 친환경적으로 처리된다. 또한 전국 약 150여 개 서비스센터에서 소형 폐가전 회수함을 설치하여 운영함으로써 소비자가 원하는 때에 소형 폐가전을 배출할 수 있도록 시스템을 구축하고 있다.

해외에서는 전 세계 각 지역에서 폐가전 회수 처리 규제에 따르는 정책을 시행하고 있으며, 수거를 위한 기반 시설을 보유하고 있다. 또한 규제가 없는 지역에서도 자발적으로 재활용 정책을 확대하기 위해 노력하며, 제품 개발 단계에서부터 제품의 재활용성에 대한 평가를 통해 제품 재활용성을 향상시키고 있다.

롯데그룹

롯데그룹은 글로벌 기후변화와 환경문제에 대응하기 위해 친환경 경영 전략을 수립하여 아래와 같은 네 가지 목표를 실천하고 있다.

기후변화 선도적 대응을 통한 탄소 배출량 및 오염물질 절감	– 탄소 인벤토리 도입, 탄소 배출 목표 수립 및 절감 대책 수립, 탄소 배출 원단위 개선, 탄소 정보 공개, 전 과정 평가 도입 – 에너지 효율적 사용 제고, 친환경 건축물 및 에코스토어 도입 – 친환경 장비 도입, 관리 시스템 강화 및 환경(대기/수질/토양) 오염 물질 절감
새로운 성장 동력 확보를 위한 그린 비즈니스 개발	– 신재생에너지 및 CDM 관련 사업, 그린 비즈니스(스마트 그리드, 고효율 장비 생산) 사업 추진
친환경 SCM 및 그린 파트너십 강화	– 친환경 상품 개발, 생산 및 판매, 친환경 자재 공급망 구축 및 그린 파트너십 강화 – 친환경 물류 구축, 폐기물 축소 및 자원 재활용 네트워크 구축
사회적 책임 경영 및 이해관계자 네트워크 강화	– 사회적 책임 경영 지수 대응(DJSI 글로벌/아시아/한국 지수) 및 내부 평가 강화 – 지속 가능 보고서 또는 환경 보고서 발간 – 이해관계자 커뮤니케이션 강화(그린 웹사이트 구축/환경 캠페인)

또한 다음과 같은 환경 경영 방침을 정하고, 그린 경영을 위해 환경경영추진사무국의 주관하에 환경 경영을 체계적으로 추진하고 있다.

환경 경영 핵심 역량 강화	기후변화 대응을 통한 지구온난화 방지 기여 녹색 기술과 산업 개발을 통한 새로운 성장 동력 확보 및 비즈니스 모델 개발
현장 중심의 환경 경영	전 임직원 참여를 통한 현장 중심의 환경 경영 정착, 환경 영향을 최소화하는 공정, 상품 및 유통/서비스 개발
환경 경영 인재 양성	대내외적 기후변화 리스크 관리를 위한 인력 양성, 환경 경영을 통한 비즈니스 모델 개발을 위한 인재 양성
환경 경영을 통한 브랜드 경영 강화	이해관계자 커뮤니케이션 강화 및 기업 신뢰도 확보, 브랜드 자산 가치 제고

포스코

포스코는 2010년 12월 '포스코 패밀리 글로벌 환경 경영 방침'을 선포하고 그룹 차원에서 환경 경영을 실천하기 위해 노력하고 있다. 구체적으로 포스코는 저탄소 녹색 성장을 선도하는 환경경영의 글로벌 기준을 구현하기 위해 '통합 환경 경영 체제', '환경 리스크 관리', '열린 커뮤니케이션'의 3대 추진 전략을 축으로 패밀리 차원의 환경 경영 체제 구축, 지속적 환경 개선, 저탄소 녹색 성장 선도, 생태 효율성 향상 등 9대 실천 과제를 추진하고 있다.

통합 환경 경영 체제 구축	– 환경 경영 조직 체계 구축 – 환경 경영 매뉴얼 및 환경방침 개정/선포 – ISO 14001에 준한 Green–PCP인증 프로그램 운영
환경 리스크 대응 역량 강화	– 환경 교육 프로그램 운영 – 환경 감사 및 컨설팅 – 사내 온실가스 감축 성과 보상 제도
열린 커뮤니케이션	– 환경 정보 공유 시스템 구축 – 녹색 생활 실천 캠페인 실시 – 탄소 보고서/지속 가능성 보고서 발간

또한 포스코는 포스코 패밀리 통합 환경 경영 체제 구축을 위해 주요 28개 출자사에 대한 ISO14001 인증 획득을 추진하여, 국내 18개 출자사 및 10개 해외 사업장이 인증을 획득했다. 중·소규모 협력사에 대해서는 포스코형 환경 경영 인증 제도인 Green – PCP(Green-POSCO Certified Partner, 포스코가 외주 파트너사, 공급사를 대상으로 환경 경영 체제 인증서를 발간하는 자율형 환경 경영 인증 프로그램)를 자체 개발 및 적용하여 2012년까지 주요 95개 외주 파트너사 및 공급사가 인증을 획득했다.

인천국제공항공사

인천국제공항공사는 글로벌 리딩 저탄소 친환경 공항이라는 비전을 세우고 네 가지 전략 목표를 세워 그린 경영을 실천한다. 첫째, ACI 공항 탄소 인증, 둘째, LED 도입 100%, 에너지 자립 3%, 셋째, 온실가스 감축, 넷째, 환경 성과 지수라는 목표다. 이에 따라 다음과 같은 추진 전략을 세우고 전략 과제를 선정하여 실행한다.

친환경 경영 고도화	- 친환경 경영 체계 강화 - 에너지 종합 관리 구축 운영 - 교육 및 홍보 확대
에너지 효율 개선	- 에너지 소비 효율 강화 - 친환경 인증 공항 건설 - 신재생에너지 도입 확대
저탄소 운영 확대	- 친환경 교통 인프라 확충 - 항공기 온실가스 감축 활동 - 탄소 상쇄 프로그램 확대
환경 자원 관리 강화	- 자원 순환 및 환경 감시 강화 - 환경 친화 공간 조성 - 환경 영향 최소화

無에서 有를 창조하라

오늘날의 서비스업이나 제조업에 있어서 창조 혹은 혁신은 기업의 핵심 역량을 구성하는 중요한 요소로 자리 잡았다. 창조경영은 기업의 경영 방향을 설정하는 또 하나의 패러다임으로 부상했다. 조직 및 기업에서 여러 관점에서 창조라는 개념에 접근하고 있다.

창조경영을 하려면 창조적인 사고방식을 기초로 한 전략 수립이 요구된다. 즉, 소비자의 본질적 욕구나 가치를 파악할 수 있는 창조적 통찰력이 필요하고, 기업 구성원으로서 기업의 경영 전략 수립에 연계하는 창조성을 기반으로 해야 한다는 말이다. 또한 창조적인 경영 전략수립은 내외부의 환경을 감지하고 이러한 환경 요인을 경영 전략 수립에 반영할 수 있는 민첩성이 필요하다.

오늘날 서비스업이나 제조업에서 매우 중요한 자산 중 하나는 지식으로, 지식 증대는 기업의 창조성을 증가시키며 경쟁 우위를 창출하는 선순환을 가져올 수 있다. 비가시적 자원이 중요시되는 현 시대에는 기업의 경쟁 우위를 확보하기 위해 효율적 및 생산적인 지식 관리가 기업의 미래 경영에 중요한 기반이 된다. 그러나 가시적 자원인 물적, 인력 등 자원도 효율적으로 운영해야 한다. 또한 기업의 경쟁력을 확보하기 위해서는 비가시적 및 가시적 자원뿐 아니라 내외부의 환경과 결합해야 한다.

조직이나 기업 차원에서 창조경영은 기업의 경영 성과를 제고하고 기업의 경쟁력을 실천하기 위한 혁신 활동 및 혁신 프로세스와 관련이 있다. 기업 경영 활동에서의 창조성이란 경영 혁신 활동 및 혁신 프로세스를 창조적인 방법으로 수행하여 치열한 경쟁 속에서 이익을 창출하고 경쟁력을 확보하는 것이다. 비슷한 의미에서 창조경영을 '창조적 경영' 또는 '창의성 경영'이라고 부르기도 한다. 이를 위해 최근 활발하게 연구되는 것이 기업의 경영 성과를 개선하기 위한 제품이나 서비스의 혁신, 문제 해결의 창의성, 차별화된 경영 전략의 실행과 수립, 경영 혁신 활동의 전개, 생산 프로세스의 개발과 개선 등이다.

과거에 없는 새로운 제품과 서비스를 창조하는 것은 가장 기본적인 창조경영이다. 새로운 김치냉장고를 만든 기업, 음식물 찌꺼기를 말려서 처리하는 음식물 처리기를 비롯하여, 경영의 모든 활동에 창의성과 상상력을 도입해서 개선과 혁신을 통해 생산한 제품 역시 창조경영에 속한다. 끊임없는 지속적 개선과 혁신을 통해 핸드폰 시장을 주도하는 국내외 전자회사, 창의적인 발상으로 세계 조선업을 이끌고 있는 조선업, 상상할 수 없는 저가의 자동차를 개발한 자동차 회사(인도의 타타 자동차) 등도 그러하다.

현대경제연구원에서 분석한 창조 관련 사례를 살펴보자.

아마존은 1995년 인터넷 서점으로 시작하여 닷컴 붕괴 이후에도 꾸준히 성장했으며, 현재 미국 온라인 소매시장의 6%를 차지하고 있는 기업이다. 아마존이 이처럼 성공할 수 있었던 배경에는 기발한 아이디어를 창조적으로 실행하려는 노력이 있었다. 이는 사업 초기부터 나타나는데, 아마존은 많은 희귀 도서를 인터넷에서 싼값에 제공하겠다는 기발한 경영 아이디어를 제안하면서 시작되었다. 이를 위해 아마존은 30만 권으로 시작하는 기업 관행에서 탈피하여 초기부터 110만 권을 판매하는 창조적 실행을 단행했다. 초기 사업 비용이 많이 들기는 했지만, 희귀 도서를 찾아준다는 아이디어를 실행하면서 더 많은 고객을 끌어들이게 되어 기업 발전의 기반이 되었다.

특히, 아마존은 전자상거래업체의 가장 큰 어려움인 신용 문제와 완성품 위주 판매 전략을 창조적 발상의 전환을 통해 극복했다. 우선 중간재 제품을 유통 채널과 연계하여 판매하는 등 기존 유통 채널의 판매 공식을 창조적으로 변화시킴으로써 기업 매출을 확장시켰다. 또한 아마존은 고객들이 자사 사이트에서 제품을 구입한 후 신용카드 번호를 지우는 시스템을 도입함으로써 고객들이 불안해하는 신용 문제를 해결했다. 이는 아마존의 성공에 크게 기여했다. 제품 반송 시 반송 운송료를 아마존에서 부담하여 편의성을 도모한 점도 전자상거래에 대한 불안을 해소하는 데 도움을 주었다.

애플은 기존 질서를 파괴하고 새로운 질서를 만들어냄으로써 시장을 지배하는 기업이다. 애플은 기존 시장에서 널리 활용되고 있는 하드웨어, 소프트웨어, 콘텐츠를 융합하여 새로운 가치를 창조해냈다. 신기술을 창조한 것은 아니지만 더 창조적인 새로운 시대를 여는 기술을 만들어냈다고 할 수 있다. 이런 노력이 오늘의 애플을 있게 한 창조적인 혁신의 핵심이다.

예를 들어 아이폰과 앱스토어는 종래의 핸드폰 공급자와 통신 회사 위주의 모바일 제품 시장에 맞추는 전략이 아니다. 이미 시장에 있는 핸드폰, 컴퓨터, 무선인터넷, 소프트웨어를 과감하게 접목시켜 기존 시장의 질서와 시스템을 파괴하고, 처음부터 전혀 다른 시장을 창조한 것이다. 아이팟과 아이튠즈 역시 마찬가지다. 무료 음원이 대세이던 시대에 아이팟이라는 기기와 아이튠즈라는 새로운 시스템을 접목시켜 새로운 질서를 창조해냈다.

한편, 애플은 제품을 개발할 때 시장 조사를 하지 않는 것으로 유명하다. 기존 제품을 개선하는 수준에 머무르게 하는 한계가 있기 때문이다. 대부분의 사람들이 기존 시장을 주도하는 존속성 기술의 성공 법칙을 절대적으로 믿는 상황에도 애플은 창조를 위해 실패의 위험을 최소화하기보다는 실패를 감수하고 창조를 통해 더 큰 이익을 얻으려는 전략을 통해 기존 질서를 파괴하고 새로운 질서를 창출하려 지속적으로 노력함으로써 성공을 거두었다.

결국 창조경영은 창조성, 창조적 사고 및 혁신과 매우 밀접한 관련성을 가지고 있으며, 창조성을 기초로 제품 혹은 서비스, 비즈니스 등을 개선하기도 하고, 경영 혁신 활동을 통해 기업에 창조성을 실현하는 동태적인 관계를 구성한다고 할 수 있다.

창조적인 기업은 창조적 욕구가 왕성하고, 상상이 자유로우며, 아이디어를 내기가 쉽다는 특성이 있다. 또한 기업 차원에서 창조성이 뛰어나면 기업 구성원의 기업 참여도와 적응력 또는 대응력이 뛰어나서 상황 변화에 능률적으로 대처한다는 특성이 있다. 그리고 프로젝트별 팀 단위로 임무를 실행하면, 여러 분야의 전문가가 함께 모여 미션을 완수한 다음 각자 다른 팀으로 모여 프로젝트를 실행하는 등 팀워크 구성과 해체, 이동이 활발하다는 장점이 있다.

또한 창조적인 기업은 개방적이며 커뮤니케이션이 원활하고, 지식 정보 시스템 등이 잘 구축되어 있어 활용도가 높으며, 업무에 대한 참여 인식이 높아 기업 구성원이 업무에 적극적이고 긍정적인 주체로 참여한다.

기업 차원에서 기업 구성원에게 기업 내에서 활동할 수 있는 근거를 제공하면 개개인의 경영 창조 활동이 기업 창조성으로 증대될 수 있으며, 기업 내에서 동기를 부여받고 성장하면서 기업의 창조성을 높일 수 있기도 하다. 그러나 기업은 개개인의 창조성을 억누르고 개인적인 창조 활동을 쉽게 받아들이지 않으며 기업의 수익에 위배될 경우 경영 창조 활동을 인정하지 않는다는 단점이 있으므로, 기업의 창조성을 활성화하기 위해서는 기업과 개인의 관계를 명료하게 구분하고 개개인의 경영 창조 활동을 위해 기업의 압력으로부터 보호하고 개개인의 자율성을 보장해야 한다.

유에서 무를 창조하는 창조경영을 위해서는 기업의 전략을 수립하기에 앞서서 방향성을 정립할 필요가 있다. 그러려면 경영자의 리더십이 있어야 하며, 시스템 측면에서 아이디어를 구축하여 기업 구성원들이 다양한 동기를 부여받아 창조성을 발휘하도록 지원해야 한다. 또한 기업과 시스템은 최대한 자율적으로 운영되어야 하며, 경영자가 아이디어의 사업화 과정에서 신속하고 올바르게 의사결정을 내릴 수 있도록 지원해야 한다.

기업의 창조성을 향상시키기 어려운 이유는 조직의 규모가 클수록 잠재적인 창의력을 지닌 인재나 행위 요인은 많지만 기업의 지원 없이는 결합되기 힘들기 때문이다. 기업 구성원의 창조성을 자극하기 위해서는 기업 구성원을 적절한 업무에 배치시켜 내적 동기를 이끌어 내야 한다. 따라서 창조적인 업무에 적절한 창조적인 인재를 선택하여 재배치하는 것이 무엇보다 중요하다. 또한 창조경영은 작은 아이디어가 지닌 힘을 인정하는 것에서 시작되므로, 조직 구성원들이 제안하는 작은 아이디어를 소홀히 하지 않고 더 큰 아이디어로 변환시킬 수 있는 기업 문화를 형성해야 한다.

창조경영을 실현하기 위해서는 CEO의 몫도 중요하다. 우선 창조경영의 중요성을 인식해야 한다. 또 창조경영의 목표를 달성하기 위해 새로운 조직 구성, 경영 시스템, 업무, 직책 등으로 구성되는 실질적인 창조경영 기반인 기업 전략을 수립한다. 경영자의 역할은 신상품 개발을 전담하고, 각 부서의 창조성 현황을 진단하며, 기업 창조성의 문제점을 찾아내어 혁신하는 것이다. 특히 기업은 단기적인 성과를 중요시하기 때문에 장기적인 측면에서 기업 성과를 책임질 새로운 리더십을 필요로 할 수 있다. 기업의 창조경영 전략은 기업 성과를 향상시키고, 창조성을 지닌 인재를 영입되도록 한다. 이를 통해 기업의 창조경영 전략은 더욱 강화될 뿐 아니라 성과를 창출하게 될 것이다.

벤치마킹
하지 마라

입소문이 아닌
클릭으로 승부하라

독창적인 패러다임을 선도하는 기업은 경쟁사와는 차별화된 전략으로 시장을 이끌어나간다. 이러한 시장을 선도하는 차별화 전략을 고안해내는 데 유용하게 활용되는 것 중 하나로 'IT 기술'을 꼽을 수 있다.

최근 2014년 한국 EMC가 개최한 'EMC 포럼 2014'에서 실시한 설문 조사에 따르면 기업은 기업의 경쟁력을 높이고 위기를 극복하기 위한 원동력을 마련하기 위해 'IT 기술'을 핵심 도구로 활용해야 한다고 언급했다. 실제로 IT업계 종사자들과 기업 관계자들을 대상으로 한 설문 조사에서 IT 경영이 필요하다고 여기는 것으로 보아, 그만큼 IT가 생활뿐만 아니라 기업 경영의 많은 부분에서 두드러진다는 증거일 것이다.

전후 급격한 산업화로 인해 지속적으로 성장을 이어온 대한민국은 1990년대 후반부터 'IT 강국'으로 자리매김해왔다. 정보기술은 대한민국과는 떼려야 뗄 수 없는 수식어가 되었고, 정보화 시대의 리더로서 긍정적인 신호탄을 쏘아 올릴 수 있는 가능성을 내포하고 있다. 특히, IT 인프라는 인터넷 가입률이나 이용률로 볼 때 세계에서 최첨단을 달리고, 각종 첨단 전자기기들을 생산해내는 다국적 기업의 뒷받침으로 하드웨어 역시 훌륭한 수준이었다.

21세기에 들어 정보화 기술이 더욱 발달함에 따라 무형의 상품이 큰 부를 창출하면서 소프트웨어나 서비스 분야가 차별화의 핵심으로 강조되었다. 물론 하드웨어나 IT 인프라가 2000년대 중반 이후로 많은 지역에서 잘 갖추어져 있기 때문에 차별성을 나타내기 어려운 점도 있겠지만, 구글이 모토로라 모빌리티를 인수한 사례나 마이크로소프트 사가 한때 세계를 제패하던 핸드폰 제조사인 노키아를 매입한 사례는 소프트웨어 및 서비스 분야의 성장 속도가 놀라울 정도라는 것을 보여준다.

이런 시대적 흐름과 함께 기업 경영에서 IT 소프트웨어를 활용하여 수익의 기회로 삼는 시도가 늘어나고 있다. 기업의 경영을 혁신적으로 변화시킬 IT 핵심 요소로 클라우드, 빅데이터, 소셜미디어 등 의견이 분분하지만, IT를 통해 경영 환경이 변화할 것이라는 사실에 누구나 동의할 것이다.

그래서 기업의 입장에서 IT, 첨단 소프트웨어 등을 어떻게 활용하는지 소개하려 한다. 다양한 사례를 통해 독자들의 이해를 돕고, 빠르게 변화하는 경영 환경에 적응하기 위해 기업에 필요한 것은 무엇인지 살펴보자.

특히 기업과 고객 사이의 접점인 'MOT(Moment-of-Truth)'의 개념과 이것에 어떻게 IT가 활용되는지 알아보고, CRM의 개념과 사례를 설명하면서 기대 효과까지 살펴보도록 하겠다. 고객 주도 마케팅의 개념과 '구전 효과'의 영향력, 고객들이 주도하는 마케팅의 힘도 알아보려 한다.

고객과의 관계에 IT를 활용하는 방법에 대해 압축적으로 살펴본 후, 서비스 시대의 IT 역할을 살펴보도록 한다. IT 산업의 신기술로 각광받는 '클라우드 컴퓨팅'이 만연한 환경에서 기업은 어떻게 생존할 것인지, 제한된 시간과 자원을 효율적으로 활용하는 '소셜 큐레이팅 서비스'가 기업에 어떠한 가치가 있는지 살펴보는 것도 도움이 될 것이다.

마지막으로 빅데이터 분석으로 고객의 마음을 읽으며 기업 경영 및 제품 기획·마케팅에 활용하는 사례를 살펴보고, 기업의 전략, 미래를 예측하는 데까지 활용되는 기업의 핵심 경쟁력으로서의 빅데이터를 살펴보자.

이런 개념들은 기업 경영을 뒤바꿀 IT 혁명의 요소임은 분명하지만, 동전에도 양면이 있듯이 첨단 기술의 활용 역시 그림자가 있을 것이다. 따라서 "IT가 항상 최선의 선택"이라고 무작정 받아들이기보다는 신중한 접근이 필요함을 잊지 말아야 한다.

공기업의 미래는 고객에 있다

<입소문 마케팅(Word of Mouth Marketing: How Smart Companies Get People Talking)>의 저자 앤디 세르노비츠는 기업 경영에서 가장 중요한 순간이 MOT라고 주장한다. MOT는 진실의 순간(Moment of Truth)의 줄임말로, 원래 투우사가 황소를 데리고 재주를 부리다가 황소의 급소에 칼을 꽂는 찰나를 일컫는 용어다. 비즈니스에서는 '고객 접점'으로서 기업이 고객과 처음 만나는 순간을 의미하며, 이때 그 고객이 충성 고객이 되는지, 불만 고객이 되는지 여부가 결정된다고 한다. MOT에서 만족하지 못한 고객이 평균 10~15명의 다른 사람들에게 나쁜 경험을 하소연하고, 이 하소연이 입에서 입으로 퍼진다고 가정해보자. 기업의 이미지는 순식간에 추락하고, 시장은 그 제품과 서비스를 외면할 것이다.

모바일 인터넷과 SNS가 일상으로 자리 잡은 요즘, 입에서 입으로 전해지는 입소문보다 빠른 것이 바로 클릭이다. 스마트폰이 대중화되고 사람들의 일거수일투족이 SNS에 올라오는 이 시대에는 세상의 사건·사고, 의견을 뉴스 속보보다 빠르게 실시간으로 받을 수 있다. 모든 것이 온라인과 SNS에서 눈 깜짝할 사이에 퍼지는 만큼, MOT에서

고객에게 인식되는 기업, 제품 및 서비스의 이미지는 그 어느 때보다 중요하다. 고객 접점에서 안 좋은 이미지를 심어주게 되면 온라인을 통해 순식간에 전 세계로 퍼지고, 그에 대한 악영향은 대응할 준비를 마치기도 전에 기업을 덮치고 이미지는 추락할 것이다.

이러한 사태를 예방하고 대비하기 위해 삼성, LG, 현대 등의 사기업은 자사 제품과 서비스에 대한 칭찬과 불만을 실시간으로 모니터링하고 고객의 요구를 충족시킬 수 있는 인터넷 게시판, 콜센터 등을 운영하는 등 고객들의 마음을 이해하고 만족시키려 최선을 다하고 있다. 결국, MOT는 기업에 가장 중요한 고객을 위하는 마음, 즉 고객 중심적 경영을 뜻한다. 이처럼 고객 중심적 경영은 고객을 끊임없이 감동시켜야 지속적인 경쟁력을 확보할 수 있다는 기업 경영의 원칙이기도 하다.

최근 사기업뿐 아니라 공공 영리를 목적으로 하는 공기업에서도 MOT를 강조하는 모습을 볼 수 있다. 대규모 자본을 투자한 제품과 서비스의 판매로 매출을 올려 이익을 내는 것이 목표인 사기업에 고객의 의미는 항상 그 무엇보다도 중요하다. 하지만 공기업의 경우, 제품이나 서비스를 판매하는 것이 아니라, 공공복지를 위해 정부에서 받은 예산을 넘치지도, 부족하지도 않게 잘 쓰는 것이 목표다. 그렇기 때문에 과거에 공기업은 경쟁과는 거리가 먼 집단으로 여겨졌지만, 상황이 달라졌다. 최근 공기업의 경영 혁신과 민영화가 끊임없이 도마에 오르면서 공기업도 경쟁선상에서 다시 출발해야 하는 처지가 되었다.

이런 세태를 반영하듯 공기업도 CRM을 도입해 운영하는 곳이 늘어나고 있다. 이를 실천하는 공기업 중 하나가 한국전력공사다. 한국전력은 고객 전용 시스템을 구축하여 효율적인 CRM 실행 기반을 조성하고, 사이버 지점을 통해 모든 민원을 사내 영업 정보 시스템과 연계해 실시간으로 처리한다. 고객으로부터 받은 민원에 대해 한 고객이나 특정 지역을 위한 솔루션만 제공하기보다는 영업 정보 시스템을 통해 전 지역의 비슷한 민원을 통합하여 제도 및 시스템의 문제를 해결함으로써, 근본적인 불만 요인을 없애고 끊임없는 서비스의 질 향상을 기대할 수 있다. 또한, 모든 고객 상담을 1시간 이내에 처리하는 시스템 환경을 구축하여 빠른 민원 해결로 고객 감동 경영을 실천하고 있다. 그 결과, 2007년 공기업 고객 만족도 조사에서 최고 등급을 받았고, 아직도 CRM을 잘하는 공기업으로 평가받고 있다.

한국광물자원공사 또한 고객 만족의 중요성을 느끼고 고객 중심의 서비스를 제공하기 위해 통합 고객 관리 시스템을 구축하고 고객 콘택트 센터를 도입했다. 이는 단순히 전화 업무만 해결하던 콜센터에 CRM을 접목해서 문자서비스, 온라인 상담, 이메일 문의 응대 등 고객이 기업에 접촉할 수 있는 다양한 접점을 활용하는 서비스 센터다. 최근 스마트폰 및 모바일 기기의 발전과 SNS 열풍으로 지금까지의 멀티채널 이외에도 스마트폰 애플리케이션 및 소셜미디어를 사용하여 고객과 소통한다. 이를 통해 새로운 정보와 의견을 받아들이고 고객 경험 관리를 실천하며 효율성을 높이고 있다. 이처럼 한국광물자원공사는 콘택트 센터를 통한 멀티채널을 이용하여 고객과 소통하며 고객 접점을 효율적으로 관리하고, 고객 관리 업무 개선, 고객 서비스 향상, 그리고 비즈니스의 경쟁력을 강화하며 고객 중심 경영을 실천한다.

한국공항공사는 김포국제공항을 비롯해 전국 14개 공항을 관리 및 운영하는 공항 운영 전문 기업으로, 현재 고객의 입장에서 생각하는 현장 경영을 통해 지속적으로 발전하고 있다. 먼저, 공항 중심의 서비스 활동이 아니라 고객 요구에 기반을 둔 서비스를 제공하기 위해 통합 VOC 시스템인 '하늘소리'를 구축했다. VOC 시스템이란 관리 시스템 콜센터에 접수되는 불만 사항을 접수부터 처리까지 실시간으로 관리하고 그 결과를 지표화하여 관리 및 평가함으로써 고객의 체감 서비스를 향상시키는 것이다. 이런 관리 시스템을 통해 고객의 불편과 제안 등 다양한 의견을 신속하게 수집 및 분류하고, 최고경영자를 비롯한 전 사원이 실시간 모니터링을 실시하여 체계적이고 효과적으로 고객을 관리하고 있다. 또한, 축적되는 자료를 활용하여 VOC 불만 예보제와 집중 발생 VOC 관리 제도를 운용한다. 비슷한 민원이 3개월 연속 매월 2건 이상 발생하거나 월 5건 이상 같은 불만이 발생하면, 이를 불만 예보 관리 대상으로 지정해 현장 직원에게 미리 알려줌으로써 불만에 대비하고 향상된 서비스를 제공하도록 하는 방식으로 현장 대응력을 높이고 있다.

이 밖에도 모바일 애플리케이션 서비스를 지원하여 고객들이 어디서나 편리하게 서비스에 접근할 수 있게 하고, 지능형 주차 관리 시스템을 도입하여 더욱 쉽고 빠르게 주차할 수 있게 해주며, 교통 약자 프로그램을 도입하여 몸이 불편한 고객에게도 편의와 서비스를 제공하는 등 새롭고 다양한 서비스를 선보이며 고객 만족도를 높이고 있다. 또한 한국공항공사는 전국 공항 통합 CS센터와 CRM을 도입하는 등 전문적인 고객 관리 체계를 구축하며 고객 경영을 실천하기 위해 노력한다. 이 결과, 한국공항공사에서 운영하는 김포공항은 2010년 국제공항협회가 주관하는 세계공항서비스평가에서 같은 규모의 공항 가운데 1위로 선정되기도 했다.

이처럼 많은 공기업이 각 기업의 업무와 특징을 살린 고객 관리를 실행하여 고객에게 맞는 제도 개선과 서비스 개발로 만족도를 높이는 데 힘쓰고 있다. 또한 CRM, 사이버 지점을 통한 민원과 사내 영업정보 시스템의 연계, 콘택트 센터 도입, VOC시스템을 활용한 불만 예보제와 집중 발생 민원 관리, 그리고 모바일 애플리케이션 서비스와 편의 서비스 도입 등, 다양한 방법으로 고객과의 접점을 확장시켜 고객 중심 경영을 통해 비즈니스 경쟁력을 키우고 있다. 하지만 고객을 최우선으로 생각하는 사기업의 고객 관리 시스템과 비교한다면 아직 갈 길이 멀다. 그러나 공기업에도 고객이 갖는 의미와 중요성이 나날이 커지고 있기 때문에 발전의 동기와 역량은 충분하다. 가장 중요한 것은 실천하고자 하는 의지와 실행력이다.

공기업의 경영 혁신과 민영화에 대한 목소리가 높아지는 이유 중 하나는 경쟁의 필요성이 절박하지 않아 효율적이지 못하고, 공익을 위하지 않는 공공복지 제공으로 국민들의 불만과 요구가 늘어났기 때문임을 부정할 수 없다. 하지만 CRM을 통한 고객 경영으로 누구를 위하는 제도와 시스템인지 몰랐던 구식의 방식을 고객의 요구에 응답할 수 있는 새롭고 향상된 서비스로 발전시킨다면, 고객의 만족도도 높아지고 더 경쟁력 있는 기업으로 탈바꿈할 수 있을 것이다.

이렇듯 민간 기업뿐만 아니라 공기업도 기업의 가치를 고객에 두고 고객의 관점에서 목표를 세우며 고객을 위한 서비스와 제도를 개선하는 등 고객 가치 제고를 위해 노력한다면, 경영 혁신과 민영화에 대한 목소리가 칭찬과 격려의 목소리로 바뀌고 밝은 미래를 기대할 수 있을 것이다.

고객이 해주는 마케팅, 입소문

입소문 마케팅은 고객들이 기업 혹은 시장에서 보낸 메시지나 자료를 자발적으로 기타 사람(친구, 지인 등)에게 전달하여 기업이나 시장의 잠재적인 판매나 구매에 대한 영향력을 키우는 것이다. 이는 제품이나 서비스가 좋아야 한다는 것을 전제로 한다.

고객은 제품이나 서비스를 구매할 때 제품 품질과 사용에 대한 기대치도 작용하지만, 자신과 가까운 주변 사람의 조언을 귀담아 듣는다고 한다. 한 시장 조사 기업의 분석에 따르면 기업의 제품이나 서비스에 대해 신뢰하는 정보 채널은 제품 설명서가 아닌 주변 사람들의 추천이나 온라인에서 포스팅된 신뢰도 높고 영향력 있는 콘텐츠인 것으로 조사되었다.

2008년 <아시아경제신문>에 "온라인쇼핑, '제품 구매 시 의견 교환이 중요'"라는 기사를 살펴보자.

DMC미디어는 전국의 인터넷 이용자 1,352명을 대상으로 온라인 쇼핑에 대한 설문 조사를 실시한 결과, 응답자의 85.5%가 온라인 쇼핑을 할 때 제품 이용 후기를 읽고 구매 의사가 변화한 것으로 나타났다고 밝혔다.

또 구매 시 고려 사항으로 52%가 가격을, 27%가 이용 후기를 꼽았다. '부정적 내용의 후기로 구매를 보류했다'고 답한 응답자가 61%, '긍정적 이용 후기로 구매를 결정했다'는 응답자가 44.4%로 상품에 대한 부정적 의견이 구매 의사 결정에 미치는 영향이 더 큰 것으로 조사됐다.

한편 11번가는 채핑(chatpping) 서비스를 도입, 친구나 상품 구매자와 제품에 대해 실시간 대화를 할 수 있도록 했다. 현재 하루 평균 접속자 수 8만 명인 서비스 개시 이후 방문자가 홈페이지에 머무는 시간이 평균 23% 늘었고 페이지뷰는 62% 증가했다고 업체는 전했다.

이처럼 고객은 인터넷상에서 많은 정보를 획득하므로, 정확하고 신뢰할 만한 정보를 얻기 위해 고민한다. 이러한 고민을 덜어주기 위해 정확하고 느낌 있는 입소문 마케팅을 이용하면 기업의 경영 성과를 창출하는 데 긍정적인 역할을 할 수 있다.

고객 간의 입소문, 특히 지인이나 가족의 입소문은 신뢰감을 준다. 고객들은 비즈니스적인 정보보다는 친구나 지인이 더욱 믿을 만하다고 생각하므로 입소문에 대한 정보는 막강한 힘을 갖는다. 고객 간의 입소문은 오프라인 광고와 같이 일방적인 소통보다 양방향적인 소통이다. 그래서 교류하는 과정에서 자신이 알고 있는 분야를 상대에게 알려주거나 질문할 수 있고, 지인이나 친구의 충고를 통해 구매 과정에서 태도에 대한 의심을 버리거나 확신을 갖게 된다. 입소문으로 얻은 정보는 구매와 관련하여 리스크를 줄여주기 때문이다. 그러므로 직장 동료, 친목, 동창 모임 등 고객이 관계되는 그룹 내에서 이루어지는 의사소통은 제품이나 서비스의 선택과 구매 과정에 중요한 영향을 미친다.

입소문은 큰 노력 없이 획득할 수 있고 빨리 전파되며, 유대가 강할수록 정보는 큰 힘을 발휘한다. 유대가 약하면 리스크가 큰 제품이나 서비스의 경우에는 정보원의 정확도와 신뢰도가 부족하기에 구매 행동으로 이어지지 않기도 한다. 또한 긍정적인 입소문보다 부정적인 입소문이 더 잘 퍼지고, 수신자의 구매 행동에 더 큰 영향을 미친다. 부정적인 입소문은 더 많은 고객들에게 전파되고 구매 행동에 영향을 미칠 확률이 더 크므로 마케터에게 치명적이다.

입소문 마케팅에서 제품에 대한 전문인, 또는 제품에 대한 전문 정보를 가진 판매 직원도 권위자이지만, 특정 영역에서 신뢰성이 있거나 유명인과 같이 매스컴을 통해 일반 고객들에게 영향을 미치는 사람들도 큰 위력을 발휘한다. 권위자는 고객에 큰 영향을 미치지만, 전문가에게 입소문을 부탁하기는 어렵다. 그들은 사회적인 공신력을 지속적으로 유지하고 싶어 하므로 제품이나 서비스의 품질이나 이를 만든 조직을 신뢰하지 않을 때는 입소문을 내주지 않기 때문이다. 그래서 제품이나 서비스를 실제로 써보고 제품이나 서비스에 대해 평가해주길 부탁하기도 한다.

예를 들어, LG전자는 출시 전부터 4,000명의 체험단을 모집하고 입소문 마케팅에 나섰다. 국내뿐만 아니라 미국, 중국, 일본 등 15개국을 대상으로 체험단을 선발해 국가별 SNS 등에 공유해 입소문 마케팅에 활용했다.

삼성전자도 대규모 체험 공간을 통해 입소문 마케팅에 사활을 걸었다. 국내에서는 서울 영등포 타임스퀘어에 핸드폰 체험관을 설치했고, 미국 뉴욕 등에서 갤럭시 스튜디오를 마련했다. 그랜드힐튼 서울, 쉐라톤 서울, 디큐브시티 등 특급 호텔들도 웨딩이나 여행 후기를 올리면 추첨을 통해 숙박권이나 레스토랑 식사권 등을 제공하는 SNS 구전 마케팅을 활용하고 있다.

한편 롯데건설은 아파트 분양을 위해 지역에 사는 주부 60명을 '주부 카운슬러'로 선발해서, 사람이 많이 모이는 공원이나 주부 모임 등에서 아파트에 대해 입소문을 내게 하고 일당을 지급하기도 했다.

잘 사용하면 입소문 마케팅은 웬만한 광고보다 더 큰 위력을 발휘하므로, 어떻게 입소문을 잘 내고 관리하는가가 기업의 이미지와 성공에 직결될 것이다.

소셜미디어 비즈니스 시대

　오늘날 스마트폰이 빠르게 대중화되면서, 사람들은 소셜미디어를 통해 정보를 공유하고 활발하게 소통한다. 특히 소셜미디어는 오프라인의 관계를 온라인으로 연결할 뿐만 아니라, 사람들의 활동과 생각, 감정까지 전파한다는 측면에서 적극적이고 역동적이라는 특성이 있다. 그 결과 대중은 소셜미디어의 영향력 아래에서 정보의 소비뿐만 아니라 생산과 유통에까지 관여하며 정보 재생산자로 활동한다.

　전 세계적으로 소셜미디어 이용자 수는 수십억 명에 달하며, 스마트폰을 기반으로 나이와 성별, 국가를 초월한 소셜미디어 혁명이 이루어지고 있다고 할 수 있다. 국내 시장의 경우 과거에는 20~30대 젊은층만이 소셜미디어를 활용했다면 현재는 카카오스토리, 네이버밴드의 성장세와 더불어 중장년층도 소셜미디어 혁명에 동참하고 있다.

　기업 차원에서도 소셜미디어는 소통 채널을 넘어 혁신의 도구로 진화하고 있다. 예전에는 소셜미디어를 상품 홍보와 브랜드 이미지 향상을 위한 일방향 채널로만 활용했다. 하지만 이제는 소셜미디어에 전략적인 관점으로 접근하고 있다. 특히 오늘날 소셜미디어는 단순한 소통의 도구로만 사용되는 것이 아니라 전자상거래, 디지털 콘텐츠, 광고

산업 등 다양한 분야에서 파급력을 갖기 때문에, 경쟁 우위 및 시장 주
도권을 확보하기 위해서는 소셜미디어 비즈니스에 대한 이해가 필수적
이다. 그래서 소셜미디어를 통해 기업 이미지를 향상시키는 데 그치지
않고, 소셜미디어 전담 부서를 구성해 고객과 쌍방향으로 소통하며 충
성도를 높이고 브랜드 이미지를 향상시키는 등 다양한 노력을 기울이
고 있다.

이러한 소셜미디어의 영향력을 통해 새로운 비즈니스 기회를 포
착한 중국의 IT 기업 샤오미의 사례는 매우 흥미롭다. 국내 소비자들
에게도 많이 친숙해진 샤오미는 중국의 애플이라고 불릴 정도로 혁신
적인 기업이다. 스마트폰뿐만 아니라 스마트 밴드, 스마트 체중계, 공
기청정기, 보조 배터리 등 다양한 종류의 제품을 출시하며 빠르게 성
장하고 있다. 특히 샤오미는 저렴한 가격과 독특한 마케팅 방식으로
시장과 소비자의 마음을 사로잡는다.

그런데 샤오미의 성공에 빼놓을 수 없는 존재가 샤오미에 열광하
는 열성 소비자 집단인 Mi Fan이다. Mi Fan의 규모는 약 7천만 명 수
준으로, 구매자를 넘어 제품의 연구 개발, 마케팅, 홍보 등에 직접 참여
하면서 샤오미 브랜드 확산의 원동력이 되고 있다. 샤오미는 소셜미디
어의 개방형 커뮤니케이션 시스템을 차용한 포럼을 구축하여 Mi Fan에
서 공개적으로 다양한 피드백을 수용하고 있다.

놀랍게도 샤오미는 소셜미디어를 통해서만 제품 출시, 이벤트 소
식 등을 알린다. 기존의 광고 채널 대신 소셜미디어를 통해 충성고객
을 키우는 전략을 선택했고, 이 전략은 IT와 모바일 환경에 익숙한 젊
은 소비자들에게 엄청난 호응을 얻었다. 샤오미는 정보화 시대의 소비
자가 과거에 비해 훨씬 똑똑하며, 적극적으로 정보를 탐색하고 소통한

다는 점에 주목했다. 오늘날 소비자들은 일방적인 커뮤니케이션 방식에 매력을 느끼지 않고, 참여와 소통, 재미를 추구한다. 뿐만 아니라, 일부 사용자들은 전문가 수준으로 제품의 특징을 분석하고 다른 이용자들과 정보를 공유하기도 한다.

샤오미는 이런 트렌드를 십분 활용하여 이용자들의 호응을 얻기 위해 노력했다. 우선 서비스와 상품을 개발하는 과정을 모두 홈페이지에 공유하고, 사용자가 운영 과정에 참여할 수 있도록 장려했다. 그리고 고객들의 피드백을 바탕으로 제품 업데이트 방향을 결정한 후, 매주 홈페이지와 소셜미디어 채널을 통해 전파했다. 보통 스마트폰 제조사는 펌웨어 업데이트를 자주 하지 않지만 샤오미는 매주 한 번씩 새로운 소프트웨어 버전을 개발해 소비자의 반응을 실시간에 가깝게 접하고 끊임없이 개선한다. 신제품 기술에 대한 정보 유출을 극도로 꺼리는 기존 제조사로서는 도저히 생각할 수 없는 방식이다.

이렇듯 샤오미는 소셜미디어를 중요한 전략적 비즈니스 수단으로 여기므로, 100여 명의 마케팅 직원을 뽑아 별도의 전담 부서를 마련하여 소셜미디어 운영에 집중한다. 소셜미디어 운영을 외주업체에 맡기거나 소수의 직원에게 전담하는 우리나라 업체의 방식과는 대조적이다. 무엇보다 소비자들이 샤오미를 자신의 일부라고 생각하게끔 하는 마케팅 전략이 눈길을 끈다. SNS를 통해 신제품이나 경영 정보를 끊임없이 공유하면서 소비자들이 샤오미를 가까운 존재로 느끼게 만드는 것이다. 이를 통해 제품에 대한 관심을 고조시키고 인지도를 끌어올린다.

소셜미디어의 활성화는 광고비뿐만 아니라 유통비 절감에도 기여했다. 샤오미는 소셜미디어를 이용한 새로운 제품 생산 및 수요 예측 시스템을 구축했는데, 소셜미디어에 올린 신제품 판매 계획 정보에 대한 대중의 호응도를 분석해 생산량을 미리 예측하고, 이에 맞추어 제품을 생산한다. 이러한 방식은 재고 부담을 낮추는 효과가 있으며, 전체적인 물류 및 생산 비용 절감에도 크게 기여했다. 이렇듯 샤오미는 소셜미디어를 쌍방향 소통으로 활용하고 있을 뿐 아니라, 비즈니스에 적극적으로 개입시켜 혁신의 기반으로 삼고 있다.

공공 부문에서도 소셜미디어의 역할은 대단히 중요하다. 서울시의 경우 전 세계에서 가장 소셜미디어를 잘 활용하고 있는 지자체로 꼽히는데, 소셜미디어를 전담하는 부서가 있을 뿐만 아니라 소셜미디어 통합 사이트를 운영하며 '응답소'라는 이름의 VOC 서비스까지 효과적으로 운영하고 있다. 서울시는 시민들의 문의 사항이나 민원에 대해 소셜미디어를 통해 실시간으로 대응하며, 2015년 기준으로 4만 9,000건에 달하는 민원이 해결되었다.

초기에 서울시는 기존에 운영하던 서울시 SNS 계정 42개와 서울시장 명의의 SNS 계정 2개를 합친 소셜미디어센터(SMC)를 구축했으나, 2014년 이후로 서울특별시 민원 처리 통합 시스템 '응답소'로 개편 및 통폐합하여 운영하고 있다. 서울시는 SNS 계정으로 들어오는 시민들의 다양한 의견을 수집한 후, 다시 각 해당 부서에서 답변을 처리하게 하고 처리 과정 및 결과까지 누구나 편리하게 확인할 수 있게 한다.

그래서 많은 시민들이 트위터를 비롯한 소셜미디어를 통해 편리하게 시정에 참여한다. 생활 속에서 발견하는 각종 불편 사항을 간단하게 스마트폰으로 민원을 제기할 수 있기 때문이다. 건축물의 붕괴, 잘못된 표지판, 가로등의 고장 등을 쉽게 제보하고 해결할 수 있는 것이다. 이렇게 소셜미디어를 통해 시민들의 불편 사항을 빠르게 개선함으로써 시정에 대한 만족도를 끌어올렸고 사회적 비용 또한 줄이고 있다.

그렇다면 오늘날 기업들이 소셜미디어를 효과적으로 활용하는 데 중요한 것은 무엇일까? 무엇보다도 소셜미디어 전담 조직을 마련하고 CEO부터 일선 직원에 이르기까지 소셜미디어의 중요성을 인지하는 것이 필수적이다. CEO의 적극적 지원과 참여뿐만 아니라, 다양한 분야를 담당하는 직원들의 자발적인 참여가 소셜미디어를 더욱 풍성하고 역동적으로 만들 수 있다.

하지만 이러한 활발한 소셜미디어 활동은 위기 및 평판 관리와 함께 이루어질 필요가 있다. 실제로 오늘날 소셜미디어의 이용자 수가 많아지고 채널이 다변화되면서 소셜미디어상의 이슈는 더욱 예측하기 힘든 방식으로, 더욱 자주, 빠르게 발생하고 있으며, 공들여 쌓은 기업과 브랜드에 대한 평판이 순식간에 무너지고 고객들이 이탈할 수 있다는 것을 염두에 두어야 할 것이다.

실제로 최근 <하버드 비즈니스 리뷰>에 실린 '평판 전쟁 (Reputation Warfare)'이라는 칼럼에서도 평판 관리의 중요성을 강조하고 있다. 특히 한국에서는 청소년부터 중장년층까지 누구나 스마트폰을 보유하고 있으며, 소셜미디어에 대한 접근성 또한 대단히 높기 때문에 어떤 시장보다도 위기 정도가 높다고 할 수 있다. 따라서 기업들은 이러한 잠재적인 소셜미디어 이슈에 대처하기 위해 미리 위기관리 시스템 및 프로세스를 마련하고, 운영 가이드라인 또는 매뉴얼을 마련할 필요가 있다.

더불어, 소셜미디어를 효과적으로 관리하기 위해서는 현실적인 KPI와 다양한 측정 도구를 활용하여 장기적 관점에서 소셜미디어 전략을 구축하고 운영할 필요가 있다. 물론 소셜미디어의 성과를 측정하는 것은 대단히 어려운 과제다. 단순히 좋아요 수, 팔로워 수, 게시물 노출량과 같이 1차원적인 정량적 수치를 통해 소셜미디어 비즈니스의 성과를 진단하면 쉬울지 몰라도 이를 비즈니스 성과나 전략적 목표와 연계하기가 까다롭다. 그래서 일부 기업들은 고객들의 반응을 긍정/부정으로 나누어 감정 분석을 실시하거나, 신규 방문, 재방문 및 정기적 방문 등 고객의 유형을 나누어 세부적인 분석을 시행하거나, 고객들과의 상호작용 및 피드백의 질을 정성적으로 평가하는 등 소셜미디어 성과 측정을 위한 새로운 방안을 모색하고 있다.

하지만 이보다 중요한 것은 빠르게 변화하는 소셜미디어 비즈니스의 트렌드를 이해하고 미래 지향적인 소셜미디어 전략을 수립하는 것이다. 오늘날 소셜미디어 비즈니스의 트렌드는 처음 소셜미디어의 등장 당시와는 달리 모바일 미디어가 주도권을 쥐고 있다는 사실을 이해할 필요가 있다. 미국 에릭슨에 따르면, 페이스북/유튜브/넷플릭스/인스타그램 네 개의 소셜미디어 서비스가 미국 전체 모바일 트래픽의 절반 이상을 차지하고 있을 정도로, 모바일 미디어에 모든 시장의 사활이 걸려 있다. 뿐만 아니라 모바일 네트워크 기술이 발전하면서 텍스트 중심의 소셜미디어가 영상 중심의 멀티미디어 플랫폼으로 빠르게 진화하고 있다. 이미지 중심의 인스타그램은 현재 소셜미디어의 대세로 급부상했으며, 동영상 중심 플랫폼 또한 빠르게 성장하고 있다.

또한 새로운 소셜미디어 플랫폼의 성장과 더불어 콘텐츠 제작 역량의 중요성이 대두되고 있다. 콘텐츠 크리에이터라는 직업과 MCN이라는 새로운 시장이 등장했고, 기업들 또한 이러한 트렌드에 맞추어 재미있고 가치 있는 콘텐츠를 제작하는 데 자원을 투자하고 있다. 과거에는 자사의 블로그, 페이스북, 트위터 등 소셜미디어 채널을 통해 이벤트 홍보나 제품 소개를 했다면, 지금은 소셜미디어 전쟁의 양상이 전혀 달라진 것이다. 실제로 삼성전자의 경우 이미 몇 시즌에 걸쳐 다양한 장르의 웹드라마를 제작하고 있다. 이렇게 이용자들의 관심을 끌수 있고 이용자들의 관여도를 향상시킬 수 있는 콘텐츠를 통해 브랜드의 가치를 향상시키는 것이 최근의 소셜미디어 비즈니스의 트렌드라고할 수 있다.

그렇다면 과연 미래의 소셜미디어 비즈니스는 어떻게 또 변화의물결을 맞이하게 될까? 어떠한 기술과 융합하여 새로운 가치를 창출하게 될 것인가? 소셜미디어는 가상현실(VR) 기술이나 사물인터넷(IOT) 등새로운 기술 트렌드에 맞추어 또다시 진화하게 되지 않을까 전망해본다. 그리고 그 변화의 물결 속에서 새로운 비즈니스 기회를 모색하는기업만이 새로운 소셜미디어 비즈니스의 경쟁에서 승자로 자리매김할수 있을 것이다.

서비스 시대에 IT의 역할

서비스 산업이 제조업의 보조적 위치에서 벗어나 새로운 경제성장을 이끌 주춧돌로 주목받고 있다. 지식 기반 경제의 도래와 글로벌화 및 정보통신기술의 발전으로 각 국가 간의 서비스 경쟁이 가속화되고 제조업이 성장의 한계를 넘어서지 못하면서 새로운 고용 창출의 역할을 담당할 축으로 부상하는 듯하다.

OECD 국가의 서비스산업 비중은 70%에 근접하고, 주요 국가의 서비스 인력 비중도 70%에 달한다. 더구나 자유무역협정이 보편화되면 서비스 인력과 산업의 이동이 더욱 자유로워져서 서비스산업의 경쟁력이 국가의 생존에 결정적인 영향을 미칠 수도 있다.

전통적인 서비스 개념과 달리 새롭게 부상하는 확장된 서비스는 제품과 서비스의 통합으로 고객의 가치를 높이는 일에 초점을 맞추는 것이다. 발상의 전환으로 서비스를 제품화하거나, 역으로 제품을 서비스화해 제품의 수명이 다하기 전에 다양한 고객 가치를 창출해낼 수 있다. 다시 말하면, 제조회사는 고객이 제품을 구매하기 전후의 활동에 대한 서비스를 강화해야 하는 것이다. 이를 위해 서비스 사이언스 개념을 바탕으로 고객의 요구를 과학적으로 분석하고 새로운 서비스를 발굴해내야 한다.

일례로 전자회사는 단순히 전자제품을 만들어 고객에게 배달하는 회사가 아니라, 고객이 필요에 의해 제품을 구매하고 활용하기까지 전 분야에 걸쳐 고객의 가치에 기반한 창의적인 서비스를 발굴해 기존 제조 업무에 추가함으로써 서비스 회사로 다시금 포지셔닝할 수 있다.

스티브 앨런 미국 노스캐롤라이나 주립대 교수는 "미래 제조업의 성패는 기술과 함께 경영 과학, 비즈니스 전략, 사회과학, 법과학, 문화, 예술 등을 얼마나 효율적으로 접목시킬 수 있는지에 달려 있다"고 주장한다. 서비스는 친절해야만 한다는 전통적 시각에서 나아가 제품과 관련된 모든 서비스 요인을 총량화해서 제품 생산은 물론이고 판매, 판매 후 고객 관리 등에 활용해야 제품이 성공을 거둘 수 있다는 말이다.

이처럼 서비스 산업의 본질을 규명하고, 이를 바탕으로 혁신과 서비스산업의 생산성을 향상시켜 기존 제조업까지 성장시킬 수 있는 새로운 동력이 '서비스 사이언스'다. 이는 서비스 산업을 혁신시키기 위해 기술, 경영, 사회과학, 경제, 산업공학 등 여러 분야의 지식을 종합하려는 시도에서 비롯한 진일보한 개념이다.

각국의 정부가 산업적 발전을 바라는 가운데 서비스 사이언스가 새로운 패러다임으로 우리 경제에 조속히 자리 잡기 위해서는 IT의 이해와 폭넓은 인프라 및 활용이 뒷받침돼야 한다.

IT의 발전은 온라인 교육, 원격 의료, 영상회의, 홈 네트워크 등 새로운 서비스를 활성화시킬 수 있을 뿐만 아니라, 제조업에서 서비스적 측면을 부각시켜 기업 서비스 환경을 바꾸고 혁신시킬 수 있다. 물론 지금도 기업 활동 전반에 IT가 접목돼 구매, 제조, 생산, 마케팅, AS 등 기존의 서비스 부분의 효율성을 증대시키고 있다. 이러한 서비스가 온라인으로 진행되고 이를 가능하게 해주는 보안 서비스 및 결제 서비스 등도 모두 IT 기반이 탄탄히 구축돼 있을 때만 현실화된다.

이와 같은 이유로 서비스 사이언스의 성공 이면에는 IT의 역량 수준과 확장성 등이 반드시 필요하다. 특히 최근과 같은 IT 컨버전스의 확대로 방송통신, 복합형 서비스의 출현이 기대되는 시점에 IT의 고도화는 서비스 성공을 위한 필요 조건이 됐다.

IT는 기업의 생산성을 향상시키기 위한 과학적 도구에 접목돼 유용하게 사용되고 있다. 대표적으로 IT를 활용한 사례는 전자상거래로 알려져 있는 온라인 비즈니스다. 옥션, 다음, G마켓 등의 쇼핑몰은 소비자의 구매 패턴을 바꾸었을 뿐만 아니라 영향력과 파급력이 증대되면서 젊은 층을 중심으로 한 쇼핑 문화의 변화를 선도하고 있다.

고객 관리 역시 많은 고객의 데이터를 분석하는 데이터마이닝, 데이터웨어하우스가 없다면 마케팅 캠페인까지 일관되게 수행될 수 없다. 또 요즘은 아웃소싱을 통해 전 세계적으로 구매가 일어나는데, 모든 부품의 스케줄링이 웹페이지에서 통합되지 않으면 제품의 주문에서 인도까지 걸리는 시간은 길어지고 글로벌 경쟁력을 잃고 말 것이다. 수요 관리 역시 그러하다. 과거의 데이터 분석을 기반으로 한 수요 예측 모델과 고객에 대한 예약 시스템 등 모든 수요 관리 서비스는 IT의 도움 없이 불가능하다. 바꿔 말하면 IT의 고도화가 서비스 사이언스에서 경쟁력을 획득할 수 있을지, 서비스 사이언스 분야에 꽃을 피울 수 있을지를 결정할 바로미터가 될 것이다.

지금 시대의 IT는 가장 기본적인 의식주는 물론이고 생활에는 없어서는 안 될 중요한 부분을 차지하고 있다. 예를 들면 핸드폰과 연동된 아이비콘은 거리를 걸을 때 나의 위치를 파악하여 바로 옆의 매장에서 새로운 제품이 나왔음을 알려준다. 백화점에서 쇼핑할 때는 당일 이벤트를 확인할 수 있고, 할인 쿠폰을 다운받아 할인받을 수 있다. 음식 배달을 원하면 주변 위치를 검색하여 주문 배송도 빠르고 쉽게 받을 수 있다. 이렇게 IT는 우리에게 공기와도 같은 존재가 되었다.

금융산업에서도 대혁신이라고 할 만한 새로운 흐름이 시작됐다. 바로 금융(Finance)과 기술(Technology) 결합으로 탄생한 핀테크(Fintech)다. 핀테크는 자금 결제나 송금, 개개인의 자산 관리, 대중으로부터 자금을 모으는 크라우드 펀딩에 이르기까지 휴대전화, SNS, 빅데이터 등의 정보 기술을 기반으로 하는 새로운 형태의 금융서비스다. 핀테크 산업은 최근 세계적으로 폭발적으로 성장하고 있다.

핀테크의 대표적인 사례는 휴대전화를 이용한 간편 결제 서비스다. 휴대전화에 아이디와 패스워드만 입력하면 가입자 간에 자금 이체나 대금 결제를 손쉽게 할 수 있는 것이다. 일부 은행은 아파트 관리비 부담을 줄일 수 있는 스마트폰 앱을 개발해, 이용자가 화면 속의 광고를 보거나 앱에서 소개하는 상점을 이용할 경우 포인트를 적립하여 아파트 관리비 등을 지불할 수 있도록 하고 있다. 모바일 뱅킹 전용 환전 우대 서비스도 활용할 수 있다. 모바일 전용 환전 우대 기간에는 미국 달러와 엔, 유로 등 주요 통화의 경우 환전수수료를 창구 거래 시의 10%만 내면 된다. 위안화와 홍콩 달러 등 기타 통화는 환전수수료 우대율이 50%다. 이처럼 핀테크란 과학 기술의 발전이 가져다준 첨단 금융서비스다.

현재 비즈니스의 변화에 즉시 대응할 수 있는 민첩성과 확장성은 IT 환경의 상식으로 자리 잡고 있다. 시간이 갈수록 기업이나 사회에서의 IT 역할이 크게 변화하고 있다. 과거에는 IT가 일종의 사업을 지원하는 수단이나 도구의 역할이었다면, 현재는 IT가 새로운 비즈니스 모델을 제시하거나 새로운 사회적 트렌드를 주도하고 있다. 최근에 선풍적인 바람을 일으키고 있는 스마트폰을 보더라도 IT 기술이 새로운 문화 및 시대적 트렌드를 낳으며, 금융업계에서도 이런 기술을 활용한 새로운 비즈니스 모델이 연구되어 시도되고 있다. 그러므로 IT는 새로운 시각과 소비자 욕구의 흐름을 읽는 눈으로 비즈니스와 문화를 선도해나가야 한다.

그렇다면 미래에 IT 역할은 어떻게 바뀔 것인가?

가트너는 스페인 바르셀로나에서 진행된 '심포지엄/IT xpo 2012'에서 미래의 IT 역할에 대해 네 가지 시나리오를 제시했다.

첫째, IT 조직은 통합된 공유 서비스 부서로서 IT 서비스 및 엔터프라이즈 비즈니스 프로세스를 제공하고, 중앙화된 조직으로서 비즈니스 가치에 중점을 두고 마케팅 관점을 채택할 것이다.

둘째로, IT 조직은 기술 및 시장 추이의 모니터링, IT 자산 최적화, 소싱 및 벤더 관리와 IT 재무 관리에 관한 전문적인 지식 구축에 중점을 둘 것이다. 또한 상시적으로 비용을 개선하고, 적은 비용으로 동일한 IT 역량을 제공할 수 있는 새로운 방법을 모색해내며, 변화하는 비즈니스 요구에 재빠르게 대응할 것이다.

셋째, 정보는 비즈니스의 명시적 제품이거나 비즈니스 제품과 분리할 수 없다. 비즈니스는 프로세스나 기능이 아니라 정보 흐름을 중심으로 구성되므로, IT 조직은 모든 비즈니스에서 발견되는 지원 서비스를 가능하게 할 뿐 아니라 가치 사슬 내에서 혁신을 일으킬 것이다.

넷째, 비즈니스 리더와 개별 참여자들은 정보와 기술을 공격적으로 사용하여 전통적인 비즈니스 경계를 허물고 협업을 추진할 것이다.

성숙도가 높은 비즈니스는 이러한 모델을 채택해 협업 및 혁신 잠재력을 발휘할 것이고, 역동적인 기업, 신생 기업 및 R&D, 지역 사회 벤처 등 비전통적인 기업 형태에서 성공을 거둘 것으로 보인다.

가트너는 "새로운 CIO는 IT 조직의 미래를 규명하는 데 중요한 역할을 할 것이며, CIO들은 이에 따라 자신의 역할이 어떻게 바뀔지 파악하고 개인 로드맵 계획을 시작할 수 있을 것이다"라고 주장했다.

우리 경제에서 서비스 사이언스의 성공 가능성은 매우 높다. 세계 5위권의 전자 정부를 보유하고 있고, 앞으로도 지속적인 발전이 예상되기 때문이다. 기업이 소비자들이 원하는 가치를 제공하기 위해서는 기술적인 가치뿐만 아니라 브랜드 가치, 제품 디자인, AS, 정보제공 등 다양한 분야의 가치를 제공할 수 있는 서비스 사이언스에서 우위를 차지해야 한다. 많은 기업이 IT에 대한 바른 이해와 실천을 바탕으로 우리나라를 서비스 대국으로 발전시키기 위한 원동력으로 활용해야 할 것이다.

클라우드 컴퓨팅 시대에 기업의 대응 전략

사실 클라우드 컴퓨팅은 어느 날 갑작스럽게 나타난 개념은 아니다. 이전부터 클라우드 컴퓨팅 개념은 IT업계에서 보편적이었다. 다만, 최근 전 세계적인 경기불황 여파로 기업들이 비용 절감을 위한 전략적 방안 중 하나로 클라우드 컴퓨팅에 관심을 보이기 시작하면서 이슈로 떠오른 것이다.

클라우드 컴퓨팅은 넓은 의미로 렌탈 비즈니스의 한 형태라고 볼 수 있다. 일반적으로 기업의 IT 자원은 회계상 자산으로 등재된다. 물론 임차료를 지불하고 일정 기간 임대하는 경우도 있지만, IT 장비에서 소프트웨어에 이르기까지 IT 자원을 기업에서 돈을 지불하고 구매하면 자산으로 책정된다. 하지만 웹이 갈수록 발전하는 데다 기존과는 전혀 다른 새로운 비즈니스 모델이 등장하면서 'IT장비는 곧 자산'이란 공식이 바뀌게 된다. 특히 일정 기간 자원을 사용하고 거기에 해당하는 비용만 지불하면 되는 구조인 유틸리티 구조는 IT업계에도 큰 영향을 미치게 된다. 유틸리티가 가능하기 위해서는 렌탈 비즈니스에 대한 업계의 인식 변화가 큰 영향을 미치게 된다.

클라우드 컴퓨팅의 근원이라 할 수 있는 렌탈 비즈니스는 사실

2000년대 초부터 등장한 개념이다. 렌탈 비즈니스란 말 그대로 기업의 전산 환경을 구성하는 소프트웨어와 하드웨어, 네트워크 장비, 인터넷 망 등 인터넷을 비롯해 IT 관련 제품이나 기술에 대해 직접 구매하는 대신에 별도의 사용료만 지불하고 빌려 쓰는 것을 일컫는다. 특히 IT 전문가가 부족하고 개발 비용에 부담을 느끼는 중소업체 입장에서 렌탈 비즈니스는 적은 비용으로 최대의 효과를 누릴 수 있다는 점에서 주목을 받아왔다.

초기 렌탈 비즈니스는 다양한 형태로 구현되는데 대표적인 것은 ASP(Aplication Service Provider)와 서버 호스팅 사업이었다. 특히 ASP는 최고 수준의 애플리케이션과 경험을 전문가 그룹에 위탁함으로써 경영 자원을 한곳에 집중할 수 있다는 장점이 있다. 더욱이 애플리케이션을 일일이 개발하지 않아도 되어 획기적인 비용 절감 효과를 기대할 수 있다.

또한 클라우드 컴퓨팅이 가능하게 된 기술적 배경에는 가상화(Virtualization) 기술이 존재한다. 서로 다른 공간에 위치한 IT 리소스를 하나의 시스템을 통합하기 위해서는 가상화 기술이 중요한 핵심 기술이다. 가상화 기술은 종전의 평면적인 클라우드 컴퓨팅 수준을 입체적 수준으로 끌어올리는 데 지대한 공헌을 했다.

이런 측면에서 클라우드 컴퓨팅은 그리드나 SaaS와 유사한 개념으로 인식된다. 즉, 웹을 통해 각종 애플리케이션 프로그램이나 문서 프로그램 등 각종 소프트웨어를 별도의 사용료만 지불하고 이용하는 형식은 SaaS와 유사하며, 흩어져 있는 컴퓨팅 자원을 통합해 제공하는 것은 그리드와 유사한 개념이다. 물론 이용자 입장에서는 이런 것은 중요하지 않으며, 최적의 컴퓨팅 환경만 제공받으면 된다.

싱가포르와 중국의 공공부문에서는 클라우드 컴퓨팅을 다양하게 이용하고 있다.

싱가포르의 OneInBox 서비스는 개인을 대상으로 하는데, 정부기관에 대한 단일한 의사소통 창구 역할을 하는 이메일 시스템이다. 이 서비스는 e-Citizen 포털 사이트를 통해 제공된다. 공공요금 및 민원에 관련된 이메일을 청구하고 받을 수 있으며, 모든 대민 서비스를 전자적으로 지원한다. 해외에 거주하는 싱가포르 국민에게도 편의를 제공하며, 기존의 하드 카피본 증명서와 같은 대민 관련 자료도 전자 문서로 대체할 수 있는 기능을 가지고 있다.

기존의 이메일 시스템의 한계를 극복하기 위해 싱가포르 교육부는 클라우드 기반 이메일 시스템을 구축했다. 기존의 시스템은 개인당 100메가 정도로 쉽게 확장할 수 없었고 안정적이지 못해서 교육부 산하 기관 간의 프로젝트를 수행할 때 문제가 많았다. 그러나 클라우드 기반의 구글 플랫폼을 이용하여 학교 운영 시스템을 제공하면서 다양한 정보 기기들을 이용하여 접근할 수 있고, 협력적 프로젝트를 위한 환경이 조성되었으며, 정보 공유가 쉬워졌다.

청소년올림픽위원회는 청소년올림픽의 경기 소개, 내용, 일정과 같은 모든 프로세스들을 웹사이트를 통해 제공하기 위해 웹사이트를 구축했는데, 많은 미디어 및 정보의 원활한 공급 및 확장을 위해 클라우드 시스템을 선택했다. 시스템 용량과 자유로운 확장성을 제공할 수 있고, 청소년올림픽 경기를 다양한 미디어로 전달하기 위해서는 확장성 및 시스템 안정성이 중요하기 때문이다.

중국 우시 지방정부는 경제 개발 프로젝트의 일환으로 소프트웨어 파크를 건립하면서 파크 내 우시 클라우드 컴퓨팅 센터를 구축하고 소프트웨어 파크 내 입주사를 대상으로 소프트웨어 개발 환경을 비롯해 테스트 환경, 배포 환경 등 PaaS와 IaaS 서비스를 제공한다.

국가지식재산권국(State Intellectual PropertyOffice)은 특허 업무와 해외 지적 재산권 문제 조정을 담당하고 있는 2,000여 명의 심사관들에게 재택근무를 지원하고 핵심 애플리케이션을 중앙에서 관리하기 위해 가상 데스크톱 환경을 구축했다. 청두 지방정부는 2009년 12월 전자정부(e-government) 및 과학 연구 지원을 위해 청두 클라우드 서비스 테스트베드를 구축했다.

국제 전자비즈니스센터는 충칭시 및 각급 정부 부문의 IT 기반 공공서비스와 재난 방지 시스템을 위해 구축된 중국 최초의 정부 종합 비즈니스센터다. 중국 둥잉 지방 정부도 소프트웨어 산업 경쟁력 강화 및 클라우드 기술을 활용한 헬스케어 서비스 보급을 위해 3단계 황하 프로젝트를 추진 중이며, 이를 위해 황하 델타 클라우드 컴퓨팅 센터를 구축했다.

이처럼 클라우드 컴퓨팅은 IT 인프라에 대한 초기 투자 비용을 절감하고, 시장 및 사업 환경 변화에 유연하게 대처할 수 있도록 확장성을 제공하며, 상시적인 협업 체계 구축을 통해 업무 효율성과 생산성을 향상시킨다. 이러한 장점 때문에 클라우드 컴퓨팅은 전 세계 IT 산업을 이끌 신기술로 각광받고 있다.

MOT 관리가 기업 성패를 좌우한다

1970년대 말 석유 파동으로 연간 800만 달러의 적자를 낸 스칸디나비아항공에 CEO로 취임한 얀 칼슨은 '15초의 중요성'에 주목했다. 그는 부임하자마자 직원들이 고객을 만나는 첫 15초가 MOT라고 강조했다. 첫인상, 즉 대면 서비스의 중요성을 간파한 것이다. 승객이 기내식을 이용할 때 불결한 접시나 쟁반, 식기류를 보는 순간, 자신이 타고 있는 비행기뿐만 아니라 서비스 전체에 대해 부정적인 감정을 가지게 될 수 있다. 거꾸로 말하면, 그만큼 디테일이 중요한 것이다. 이처럼 MOT는 극히 짧은 시간에 제품이나 서비스, 나아가 회사 전체에 대해 이용자가 가지는 인상을 좌우하는 중요한 순간이라고 할 수 있다.

MOT는 스웨덴의 서비스 경영 및 마케팅 전문가인 리처드 노만이 스칸디나비아항공의 전략 고문으로 일하던 시기에 처음 고안한 것이다. 얀 칼슨은 스칸디나비아항공의 성공은 무엇보다도 일선 직원이 고객에게 제공하는 서비스의 품질에 달려 있다고 인식하고 고객 지향적 기업을 목표로 혁신을 지속했다.

실제로 스칸디나비아항공은 모든 자원과 서비스 프로세스를 면밀히 분석한 이후, 위기에 처한 기업을 회생시키기 위해 놀라운 전략을 발표했다. 비용을 절감하고 인력을 줄이는 대신, 다양한 서비스 혁신 프로젝트와 수천 명이 넘는 직원에 대한 서비스 교육, 유로클래스 요금제의 신설 및 비즈니스 고객을 위한 전용 대합실과 수속 창구에 대한 투자 등 서비스 혁신을 위한 투자에 집중한 것이다. 이렇듯 결정적 순간을 강조한 결과, 스칸디나비아항공은 1년여 만에 7천만 달러의 흑자를 내는 우량 회사로 탈바꿈할 수 있었다.

전 세계에서 가장 유명한 테마파크인 디즈니랜드 또한 최고 수준의 MOT 관리로 유명하다. 디즈니는 모든 접점의 고객 경험을 총체적으로 관리하여 차별화된 경험을 제공하기 위해 최선을 다하고 있으며, 실제로 방문객들은 디즈니랜드에서의 서비스 경험에 대해 대단히 높은 만족도를 보이고 이는 꾸준한 재방문으로 이어지고 있다. 디즈니의 놀이기구 대기 시간 관리 사례를 살펴보자. 디즈니는 놀이기구 이용 시 필연적으로 발생하는 대기 시간을 줄이기 위해 퍼레이드 등 각종 볼거리를 제공하고, 내부 디자인과 고객 경험에도 신경을 써서 방문객들이 지루함을 덜 느끼도록 한다. 또한 일종의 예약 서비스인 패스트 패스라는 제도를 도입했는데, 다른 놀이기구를 먼저 즐긴 후 돌아와 예약된 시간에 탈 수 있게 해주는 것이다. 뿐만 아니라, 지금도 디즈니는 지속적으로 스마트폰과 스마트 밴드 등을 활용해서 대기 시간을 최소화하는 등 고객에게 최고의 사용자 경험을 줄 수 있도록 끊임없이 서비스 혁신을 시도하고 있다.

고객들에게 최고의 경험을 선사하기 위한 디즈니의 노력은 직원, 즉 캐스트 멤버의 행동 방침을 통해서도 확인할 수 있다. 디즈니 캐스트 멤버는 공연이나 퍼레이드 등을 연출하는 동안 완전히 캐릭터에 몰입하여, 방문객들이 환상적인 공간에 있게끔 느끼게 한다. 어떻게 보면 사소하고 당연해 보이지만, 디즈니랜드는 사소한 고객의 불편을 놓치지 않고 디테일을 관리하는 데 총력을 기울인다. 이는 디즈니랜드가 수십 년 동안 테마파크업계의 선두주자로 자리할 수 있었던 비결인 셈이다.

　미국의 신발, 의류, 가방 전문 온라인 쇼핑몰 자포스(Zappos)의 사례 또한 흥미롭다. 자포스는 고객에게 최고의 온라인 쇼핑 경험을 주기 위해 MOT 관리에 총력을 기울이고 있다. 365일 24시간 운영되는 콜센터, 편리하고 고객 중심적인 배송 및 반송 정책이 대표적이다. 실제로 자포스의 제품들은 구입 후 365일 내에 언제든지 반품이 가능하며, 반송 시 배송료 또한 모두 자포스가 직접 부담하고 있다. 당연히 고객들의 만족도와 충성도 그리고 재방문율이 높아지는 것은 자명한 일이다.

　자포스의 전 직원들은 고객 만족을 위해서라면 무엇이든 하겠다는 정신으로 무장되어 있다. 실제로 자포스의 콜센터 직원들은 최대한 고객의 말에 귀를 기울이며 시간에 구애받지 않고 최고의 서비스를 제공하려 노력한다. 매출 실적이나 고객 콜 숫자 같은 정량적인 지표보다는 고객 만족이라는 가치에 집중하는 것이다. 자포스는 대부분의 고객들이 인터넷으로 물건을 주문하더라도, 문제가 생길 경우에는 대부분 전화를 통한 빠른 상담을 원한다는 것을 깨달았다. 많은 기업들이 이러한 고객 상담을 불편하게 여기는 반면, 자포스는 이를 결정적 순간으로 인식한 것이다.

　더욱 재미있는 것은, 자포스의 콜센터에는 정해진 매뉴얼이나 기계적인 대본이 없다는 것이다. 직원에게는 최대한의 자율성과 권한이 부여되어 있으며, 고객의 만족과 행복을 위해서라면 무엇이든 할 수 있다. 사고로 다리를 다친 고객에게 신발과 함께 꽃바구니를 보낸다거나, 급한 행사에 신발이 필요한 경우에는 당일 배송 서비스를 추가 비용 없이 제공한다거나, 불의의 사고를 당한 고객에게 직접 위로의 말과 함께 반품하러 간다거나 하는 등 거짓말 같은 고객 서비스가 실제로 이루어지고 있다.

이렇듯 자포스의 직원들은 자사의 서비스를 통해 고객들에게 놀라운 경험을 선사하는 것을 목표로 하고 있다. 중요한 것은 자포스의 직원이 이러한 고객 서비스를 자발적이고 주도적으로 제공한다는 점이다. 이러한 노력으로 인해 지금도 수많은 고객들이 자포스에 재방문하며, 자포스는 최고의 쇼핑 서비스 경험을 소비자들에게 제공한다.

국내에서 MOT 관리를 통해 최근 소셜커머스 시장에서 이목을 끌고 있는 '쿠팡맨' 사례 역시 주목할 만하다. 쿠팡은 업계 최초로 배송 직원을 내부 직원으로 채용하고, 자가 차량을 운영해 직접 배송하는 '쿠팡맨 로켓배송' 서비스를 실시한다. 특히 주부들이 정기적으로 구매하는 육아용품과 생필품을 중심으로 서비스를 제공한다. 빠른 배송과 더불어 타의 추종을 불허하는 감동적인 서비스도 쿠팡맨 로켓배송의 특징이다. 쿠팡의 행복 전도사라고 불리기도 하는 쿠팡맨들은 고객에게 직접 감사 카드를 쓰거나 집 안에 쌓인 배송 박스를 수거하는 등 기존에 경험할 수 없었던 서비스를 제공함으로써 고객들에게 큰 감동을 준다. 이렇게 상품 판매부터 배송까지 직접 책임지는 온라인 유통 모델은 세계적으로도 이례적인 도전이자 실험이다. 쿠팡맨의 친절한 서비스는 이미 인터넷 커뮤니티 등의 고객 후기를 통해 빠르게 입소문을 타고 있다.

"제가 외국에 살다 오기 전 주소로 배송지가 설정되어 있는 것을 모르고 주문을 했는데, 쿠팡맨이 직접 지금 살고 있는 곳으로 다시 물품을 배송해주었습니다. 게다가 예전 주소로 잘못 배송된 타사의 물품까지 같이 배송해주어서 얼마나 감동이었는지…. 앞으로 쿠팡만 애용하겠습니다!"

"둘째를 뱃속에 둔 만삭의 직장맘입니다. 늘 퇴근하고 어린이집에 있는 22개월 딸을 안고 17층까지 가야 하기 때문에 택배 보관실에 있는 택배는 제때 챙겨 갈 엄두도 못 냅니다. 그런데 쿠팡맨이 제 사정을 듣고는 바쁘실 텐데도 가던 길을 되돌아와 택배 물건을 우리 집 문 앞에 두고 가주시네요. 웃으면서 인증샷까지 찍어주셨어요. 너무 감동받았답니다. 이제 기저귀랑 분유는 쿠팡에서만 구매하는 걸로!"

"절대 비교 불가 로켓배송! 참 감사합니다. 내일 또 쿠팡맨이 오실 텐데 내일도 행복할 것 같네요. 쿠팡의 직원 관리도, 이미지 메이킹도, 마인드 교육도 좋고, 직원분의 마음가짐도 훌륭하네요. 비행기에서 고급 기내 서비스를 받은 느낌입니다."

"휴지 사고 눈물 나긴 처음입니다. 저도 서비스업에 근무하는 입장에서 고객에게 이런 서비스를 제공한다는 게 얼마나 힘들고 어려운 일인지 잘 알고 있습니다. 진심이 아니면 이렇게 고객을 생각하는 서비스는 나올 수 없다고 생각해요. 쿠팡맨 정말 대단해요!"

"아기가 아파 병원에 입원한 후 기존에 쓰던 기저귀를 급하게 병원으로 주문했는데, 정말 뜻하지 않은 곳에서 감동을 받았답니다. 그 감동에 처음 보는 쿠팡맨 앞에서 울어버리고 말았어요. 아기가 병원에 있다며 장난감과 음료수에, 심지어 힘내라고 피로 회복제까지. 이 따뜻한 마음 영원히 간직하며 우리 아이도 베풀 줄 아는 아이로 키우겠습니다."

쿠팡 자사 보고서 COUSTORY에서 인용

이용자들이 쿠팡을 지속적으로 이용하는 이유는 가격 경쟁력이
있다거나 사이트 이용이 편리해서가 아니다. 물건의 배송 과정의 편리
성이나 서비스의 품질 때문이다. 이렇듯, MOT를 관리하고 고객에게
감동을 주는 것은 사업의 성패를 가를 수 있다. '영혼이 담긴 서비스',
즉 진정성 있는 서비스만이 고객에게 울림과 감동을 줄 수 있다는 것
을 경영자들은 명심할 필요가 있다.

기업을 위한 소셜 큐레이팅 서비스

큐레이션은 주로 예술 분야에서 사용되는 용어로, 예술 작품의 컬렉션 관리, 해석, 수집 및 전시 활동 등을 통칭한다. 그러나 최근에는 더 넓은 영역에서 큐레이션이라는 표현이 사용되고 있다. 큐레이팅이란 용어가 미디어 분야에서 사용될 때는 정보를 수집하고 수집한 정보에 '가치'를 더해 보여주는 것인데, 큐레이션 서비스업체에서는 '큐레이터'처럼 이용자의 입맛에 맞게 정보를 수집, 정리하여 고객들에게 제공하고 있다. 특히 다양한 정보가 홍수처럼 범람하는 현대 사회에서 제한된 시간과 자원을 효율적으로 활용하는 '큐레이팅'의 가치는 점점 높아지고 있다.

미디어 큐레이션 또는 콘텐츠 큐레이션은 이미 전 세계적인 트렌드다. 미국의 경우 <허핑턴포스트>, <버즈피드> 등의 큐레이팅 전문 매체가 <뉴욕타임스>와 같은 기성 매체를 위협할 정도다. 실제로 현재 전 세계 뉴스 시장의 최강자는 CNN도, <뉴욕타임스>도, <월스트리트저널>도 아니다. 2006년 미국에서 설립된 큐레이팅 전문 서비스 <버즈피드>는 지난해 1억 달러 이상의 매출을 올리며, 전 세계

1위(방문자 수 기준) 뉴스 사이트로서 자리를 굳혔다.

O2O(Online to Offline) 서비스의 발전과 더불어 큐레이션 서비스는 오프라인에서도 진화를 거듭하고 있다. 실제로 최근 개점한 롯데마트 경남 창원 양덕점은 소비자 트렌드 변화를 반영해 새로운 생활을 제안하는 오프라인 큐레이션 중심의 '제3세대 대형 마트'를 표방하고 있다. 홈퍼니싱 전문 매장인 룸바이홈, 카페형 원예 서적 매장 '페이지 그린' 등 생활 제안형 특화 매장을 갖추고 있다. 롯데마트 관계자는 큐레이션 기능을 강화한 매장의 수를 점차 늘려갈 것이라고 언급한 바 있다.

또 롯데백화점은 최근 LG생활건강과 함께 화장품 구독형 큐레이션 서비스를 선보인 바 있다. LG생활건강 화장품 브랜드 빌리프 제품에 한해 소비자가 60만 원을 낼 경우 6개월간 기초 화장품을 골라 보내주는 방식으로, 미국의 버치박스나 글로시박스와 같은 구독형 화장품 서비스의 장점을 차용했다는 점에서 색다른 접근이라고 할 수 있다.

이러한 큐레이션의 트렌드는 '소셜 큐레이팅' 서비스로 발전하고 있다. 믿을 수 있는 전문가 또는 취향이나 관심사가 비슷한 지인이 큐레이터로서 소셜 네트워크 서비스를 통해 정보를 수집, 편집, 공유하는 것인데, 이용자의 주관과 역량이 뚜렷하게 드러나기 때문에 큐레이팅된 정보는 상대적으로 정보의 품질과 정보에 대한 만족도가 높다. 소셜 큐레이션 서비스는 핀터레스트, 인스타그램 등의 소셜미디어의 등장과 함께 주목받고 있다. 핀터레스트는 관심사를 사진을 통해 공유하는 플랫폼으로 다양한 카테고리를 제공하며, 카테고리를 클릭하면 그와 연관된 사진들을 볼 수 있고 공유할 수 있는 큐레이팅 서비스다. 반면 인스타그램은 사진 기반의 SNS로, 관심사를 공유 태그인 '해시태그(#)'로 묶을 수 있다. 이러한 '관심사 공유'가 트렌드가 되면서 이것이 큐레이션 서비스의 큰 흐름이 된 것이다.

그런데 왜 소비자들은 큐레이션 서비스에 열광하는 것일까? 이는 오늘날의 대중들이 정보의 홍수 속에서 살아가고 있기 때문이다. 선택지가 너무 많아 결정에 어려움을 겪는 것이다. 소셜 큐레이팅 서비스들은 정보의 검색 및 분류를 편리하게 해줌으로써, 기존 SNS 서비스와는 다른 방식으로 운영된다. 예를 들어, 기존의 SNS 서비스는 정보의 휘발성이 강하고 정보의 탐색이 어렵다는 한계가 있어서, 축적된 데이터를 바탕으로 의미 있는 정보를 찾고 도움을 얻기가 어려웠다. 반면, 소셜 큐레이팅 서비스는 기존 SNS 서비스에 비해 정보의 열람과 검색이 훨씬 쉽다.

또한 소셜 큐레이션은 다양하고 세분화된 사람들의 취향을 쉽게 반영할 수 있다. 예를 들어 핀터레스트에서 자신이 선호하는 이미지를 선택하면 같은 선호를 가진 사람들의 목록과 그들의 콘텐츠를 쉽게 찾을 수 있으며, 취향이 유사한 사용자 간의 상호 구독을 통해 취향에 맞는 정보만 편리하게 소비할 수 있다. 2011년 5월에 정식 서비스를 시작한 핀터레스트는 1년도 채 지나지 않아 사용자 수천만 명을 돌파하며 큐레이션에 대한 사회적 니즈를 증명했다.

이외에도 빅데이터 기술의 발전과 함께 더욱 스마트한 큐레이션 서비스들이 계속해서 등장하고 있다. 사용자의 소비 이력 및 개인 정보, 그리고 소셜 데이터 등을 바탕으로 이용자의 관심사와 취향을 자동으로 분석한 후 일대일 맞춤 서비스를 제공하는 것이다. 실제로 세계적인 동영상 스트리밍 서비스인 넷플릭스는 사용자에게 최적의 콘텐츠를 추천해주는 알고리즘을 핵심 경쟁력으로 삼고 있는데, 사용자가 과거에 시청한 콘텐츠 목록을 바탕으로 선호하는 장르, 스토리, 배우

등을 분석하여 콘텐츠를 추천한다.

그렇다면 기업 내, 또는 기업 간 커뮤니케이션에 소셜 큐레이션을 결합하면 어떨까? 메모디스는 ㈜이즈포유가 개발한 지식 관리 커뮤니케이션 서비스로, 일상에서 사용하는 노란 포스트잇을 온라인에서 사용할 수 있도록 한 서비스다. 최문성 이즈포유 대표는 "직접 글을 생산하던 시대에서 작성된 글을 선별·활용하는 지식 큐레이션 시대로 변하고 있다"고 말하면서, "메모디스는 메모 하나로 인터넷상의 모든 자료를 모으고 공유할 수 있는 새로운 패러다임을 제시할 것"이라며 메모디스의 가능성을 강조했다.

특히 대학, 연구소 정부 기관, 기업에 메모디스 기반의 시스템을 도입할 경우, 인터넷을 통해 검색된 직관적이고 풍부한 정보를 통합된 형태로 간편하게 저장, 열람, 공유할 수 있어서 기관 내의 각종 협업 활동에서 정보의 공유가 간편하고 체계적으로 이루어질 수 있다. 최근 대학, 기업, 정부 기관 내 활동에서 각종 웹 콘텐츠에 대한 의존도가 높아지고 있는 만큼, 이러한 공유 서비스의 가치는 꾸준히 증대될 것이다.

또, 메모디스 서비스는 소셜 레이어 기술을 기반으로 포털 검색, 뉴스, 소셜미디어, 커뮤니티 등 다양한 채널의 정보들을 수합하고 해당 정보를 종합적으로 분석하여 최적의 정보를 제공함으로써 의사결정 지원 시스템으로도 활용이 가능할 것이다. 소셜 레이어는 메모디스만의 특허 기술로, 필요한 웹페이지의 원하는 위치에 멀티미디어 형식의 메모(소셜 레이어)를 붙여 URL과 함께 활용할 수 있게 한다. 추후 큐레이션 서비스뿐만 아니라 지식 관리 서비스 및 전자상거래 서비스로도 확장될 가능성이 무궁무진하다. 특히 소비자가 만드는 지식정보(정보 생산/유통/관리) 및 큐레이션 서비스라는 점에서 다양한 소비자 행태 분석(관심사, 선호도, 입소문 등)을 통한 소비자 정보 수집, 분석 및 이를 통한 차별화된 서비스 제공이 가능할 것으로 보인다.

물론 장점만 있는 것은 아니다. 큐레이션 서비스는 자신의 선택에 누군가가 개입하는 것이므로, 선택에 제한이 생길 수밖에 없다. 물론 정보 과잉 속에서 누군가가 의미 있는 정보를 제공하는 것은 좋다. 그렇지만 정보 선택권을 타인에게 빼앗기는 것은 긍정적이지만은 않다.

또한 저작권 무시와 무분별한 큐레이션 남발로 인해 신뢰성이 떨어지는 것도 단점이 될 수 있다. 큐레이션은 정보를 편집하는 과정에서 주관이 포함될 수 있다. 따라서 큐레이션에 '빅데이터'라는 키워드가 중요해진다. '빅테이터'를 기반으로 하여 큐레이션을 한다면 신뢰성이 확보되고, 이용자 목적에 맞는 서비스를 제대로 제공할 수 있을 것이다. 또한 이는 이용자의 관심사를 타기팅할 수 있는 '커스터마이징(Customizing)' 서비스의 토대가 될 수 있다.

심리학에는 "대안이 많아질수록 소비자들은 오히려 불만족하고, 더 나아가 선택 자체를 포기한다"는 '선택의 역설'이 있다. 실제로 기술이 발달하고 정보의 양과 폭이 폭발적으로 증가할수록 소비자의 현명한 선택을 돕는 큐레이션 서비스는 더욱 주목받게 될 것이다. 하지만 기업의 입장에서 이러한 변화가 반가울 수만은 없다. 큐레이션 서비스를 통해 구매 의사결정이 기업이 아니라 소비자에 의해 좌우될 경우, 기존의 마케팅 전략 및 패러다임이 붕괴될 수 있기 때문이다. 뿐만 아니라 가격이나 성능이 아니라 정량적으로 평가하기 어려운 취향이나 느낌, 공감과 같은 요소들을 기반으로 정보가 선별되고 소비된다는 점 또한 중요하다. 이러한 새로운 변화를 중심으로 기업은 고객과 지속적이고 솔직한 커뮤니케이션을 지속하면서, 소비자들의 취향과 관점을 반영하여 제품과 서비스를 기획하고 홍보할 필요가 있다.

이렇듯 큐레이션 시대에 맞는 기업 경영 활동을 펼치는 기업만이 새로운 시대에 살아남을 수 있을 것이다.

빅데이터 분석, 고객의 마음을 읽어라

2014년 여름, 해태제과는 '허니버터칩'이라는 새로운 감자칩을 시장에 내놓았다. 오리온과 농심에 밀려 감자칩 시장에서 주춤하고 있었던 해태제과는 허니버터칩으로 단숨에 시장을 장악했다. 허니버터칩을 맛본 소비자들이 소감을 SNS 및 온라인 커뮤니티에 올리면서 입소문은 빠르게 퍼져나갔고, 물량이 부족할 정도로 인기가 치솟았다. 한때는 물량 부족으로 단가보다 훨씬 높은 가격에 온라인 옥션사이트 등에서 거래되기도 했다. 허니버터칩 열풍은 출시 3개월 만에 매출 103억 원, 850만 개 판매 달성으로 이어졌고, 해태제과의 모회사인 크라운제과의 주가마저 52%나 올랐다.

이렇듯 허니버터칩이 '대박'을 칠 수 있었던 원동력은 해태제과의 빅데이터 분석을 통한 제품 기획이었다. 제품 기획 단계에서 빅데이터 분석을 통해 감자칩의 주요 구매층이 10~20대 여성이라는 것, 여성들이 단맛과 버터향을 좋아한다는 분석 결과를 기반으로 제품 개발에 착수하게 된 것이다. 빅데이터 분석을 통해 과감한 도전을 한 해태제과는 맛의 차별화를 내세우며 시장을 장악했다.

이처럼 빅데이터 분석으로 고객의 마음을 읽으며 기업 경영 및 제품 기획·마케팅에 활용하는 사례가 늘고 있다. 빅데이터 분석이란 방대한 양의 사용자 정보·데이터를 축적하고 유형별로 분석한 뒤, 필요한 용도에 따라 활용하는 것을 말한다. 2012년 IT업계에서 이슈가 되기 시작했고 점차 여러 산업 분야로 확대되면서, 현재 국내에서 고객의 마음을 읽어 트렌드 변화를 선도하기 위한 목적으로 많이 활용되고 있다.

빅데이터 분석은 오프라인보다 SNS와 다양한 온라인 채널을 통해 의견과 정보를 주고받고 소통하는 현 세대의 마음을 읽는 데 최적화되어 있다. 무작위 설문 조사를 통해 고객의 의견을 모아 분석하던 방법으로는 고객의 마음을 읽는 데 한계가 있었다. 고객이 설문 조사에 성실히 임하는지, 거짓말을 하는지 알 수 없었기에 결과는 불확실하고 오차 범위도 컸다. 하지만 빅데이터 분석은 고객의 정보와 활동을 기반으로 데이터를 수집하기 때문에 과거 방식의 단점을 줄이고 더 정확하게 고객의 마음을 읽고 객관적으로 의사결정을 할 수 있도록 도와준다.

또한, 고객의 마음을 읽는 데 그치지 않고 가까운 미래를 예측하고 트렌드를 주도할 수 있도록 한다. 고객들이 필요로 하는 제품이 무엇인지, 원하는 서비스는 어떤 것인지 분석하여 새로운 제품·서비스를 기획하거나 마케팅에 활용할 수 있다. 반대로 고객들이 선호하지 않는 제품이나 서비스, 불만 사항 등을 예측해서 마케팅 전략을 기획하는 데 도움을 줄 수도 있다. 이런 장점 덕분에 많은 기업이 제품·서비스를 기획하는 데 빅데이터 분석을 활용하고 있는 추세다.

빅데이터 분석을 잘 활용하고 있는 국내 기업은 CJ제일제당이다. CJ는 2013년 하반기부터 빅데이터 분석으로 고객의 입맛과 트렌드가 무엇인지 분석하여 제품 개발에 도움을 주는 트렌드전략팀을 구성하여 운영하고 있다. 트렌드전략팀은 SNS나 블로그에 올라오는 정보와 의견을 분석해 소비자들의 관심 사항을 파악하고, 이를 각종 시장 데이터와 접목시켜 마케팅 및 영업에 반영한다. 그렇게 나온 대표적인 제품으로는 '햇반 슈퍼곡물밥'과 디저트 제품인 '쁘띠첼 스윗푸딩'이 있다.

먼저 '햇반 슈퍼곡물밥'은 빅데이터 분석을 통해 현대인들이 건강에 관심이 많고 렌틸콩, 퀴노아 등의 슈퍼곡물을 많이 검색한다는 결과를 바탕으로 제품을 개발한 사례다. 2015년 3월 출시된 '햇반 슈퍼곡물밥'은 소비자들의 큰 관심을 받으며 한 달 만에 10억 원의 매출을 달성했다. 한편 '쁘띠첼 스윗푸딩'의 '피곤한 월요일 2시 16분, 푸딩하자'라는 광고 문구 역시 빅데이터를 활용한 마케팅 전략이다. SNS와 온라인 채널에서 가져온 6억 5,000만 건의 데이터를 분석하여 요일별, 시간별 피로도를 분석해보니 '월요일 오후 2시 16분'이 가장 피곤하다는 결과가 나왔고, 이때 많은 사람들이 달콤한 음식을 찾는다는 결과를 바탕으로 광고 문구를 만든 것이다. 이런 정확한 분석은 소비자의 마음을 두드렸고, 2013년 11월 출시된 이후로 꾸준한 매출 상승세를 보이며 출시 11개월 만에 누적 판매 수량 1천만 개를 기록하고 '국민 디저트'로 불리게 되었다.

넷플릭스(Netflix)는 1988년 DVD 대여 사업으로 시작하여 현재는 190개국 7,400만 고객에게 스트리밍 서비스를 제공하는 세계 최대의 스트리밍 서비스 업체다. 넷플릭스가 DVD 대여 사업에서 스트리밍 서비스로 성공적으로 돌아설 수 있었던 이유는 DVD 대여 시절부터 고객의 데이터를 수집해 'CineMatch'라는 독자적인 빅데이터 분석 시스템을 개발했기 때문이다. 시청자의 정보와 정확한 취향을 분석하여 영화, 드라마 및 다양한 콘텐츠를 추천하는 알고리즘으로, 시청자가 추천 콘텐츠를 시청하는 비율은 75%에 달한다. 또한 매년 100만 달러의 상금을 걸고 추천 알고리즘 대회를 열어 더 정교한 알고리즘을 만들기 위해 공을 들이고 있다.

　넷플릭스가 세계로 진출할 수 있게 해준 드라마 <하우스 오브 카드(House of Cards)>는 2013년에 제작한 정치 스릴러 드라마로, 영국 BBC에서 1990년에 방영한 드라마를 리메이크한 작품이다. 넷플릭스는 빅데이터 분석을 통해 많은 시청자들이 이 원작 드라마에 많은 관심을 가지고 있고, 데이비드 핀처 감독과 배우 케빈 스페이시를 선호한다는 결과를 얻었다. 그래서 이를 바탕으로 감독과 배우를 섭외하여 드라마를 제작했고, 결과는 대성공을 거뒀다. 데이비드 핀처 감독은 에미상 감독상을, 케빈 스페이시는 골든글로브 TV드라마 부문 남자주연상을 차지했고, 작품은 2014년과 2015년 연속으로 골든글러브를 수상했다. 넷플릭스는 드라마의 성공으로 2013년 37억 5천만 달러(약 3조 8,175억 원)의 순이익을 기록하기도 했다.

　빅데이터는 다양한 업계에서 활용되고 있다. 영국의 최대 유통업체인 '테스코(TESCO)'와 미국의 최대 유통업체인 '월마트(Walmart)'도 빅데이터 분석 시스템을 적극적으로 운용한다. 회원의 소비 패턴과 취향을 분석하여 개개인이 구매하고 싶은 제품을 예측하고 고객 맞춤형 할인 쿠폰을 제공한다. 예를 들어, 한 고객의 최근 구매 패턴을 분석해보니 고객이 임신 중이며 곧 태어날 아기를 위해 준비하고 있다면, 기저귀, 분유, 아기용품 등 고객의 관심을 끌 만한 제품의 할인쿠폰을 보내 소비를 유도하는 것이다. 그 결과, 소비자의 할인쿠폰 사용률이 4배로 늘어났고 매출 또한 증가했다.

　이렇듯 빅데이터를 활용하려면 먼저 광범위하고 다양한 데이터를 축적해야 한다. 그래야 정확하고 객관적으로 분석하고, 제품을 기획하며, 마케팅 전략을 수립할 수 있기 때문이다. 수많은 정보와 의견이 온라인상에서 생성되는 정보화 시대인 만큼, 빅데이터는 기업의 미래 경쟁력을 좌우하는 핵심이라고 할 수 있다.

입소문이
아닌

클릭으로
승부하라

저자 약력

김수욱

서울대학교 경영대학 경영학과 졸업
서울대학교 대학원 경영학과 석사 졸업
미국 Michigan State University 경영학박사(Ph.D)

현) 서울대학교 경영대학 교수
현) 한국 산업엔터테인먼트융합 경영학회 회장, 한국 자동차산업학회 차기회장,
　　한국 중소기업학회 부회장, 한국경영과학회 부회장, 한국생산관리학회 부회장,
　　한국품질경영학회 부회장
현) 국방부 군수혁신위원회 위원, 고용노동부 사회적기업육성위원회 위원,
　　행정자치부 정부청사혁신위원회 위원, 국토교통부 국가교통정책심의위원회 위원

서울대학교 경영대학 부학장 역임
서울대학교 경영정보연구소 소장 역임
기획재정부 공공기관경영평가위원 역임
미국 Columbia University 방문교수

주요 저서: 혁신을 위한 경영트렌드, 한국형 강소기업 육성전략, 오픈이노베이션
시대의 공급망 경영전략, 금융SCM, 서비스 운영관리

나쁜 기업이 되라

초판인쇄	2016년 9월 10일
초판발행	2016년 9월 15일
지은이	김수욱
펴낸이	안종만
편 집	전채린
기획/마케팅	조성호
표지디자인	조아라
제 작	우인도·고철민
펴낸곳	(주) **박영사**
	서울특별시 종로구 새문안로3길 36, 1601
	등록 1959. 3. 11. 제300-1959-1호(倫)
전 화	02)733-6771
f a x	02)736-4818
e-mail	pys@pybook.co.kr
homepage	www.pybook.co.kr
ISBN	979-11-303-0328-4 03320

정 가   14,000원